海事信息学导论

胡勤友　杨　春　编著

INTRODUCTION
TO MARITIME INFORMATICS

人民交通出版社
北　京

内 容 提 要

作为连接航运学科与信息技术的桥梁,本教材系统阐述了海事信息学这一新兴交叉学科的知识体系与技术应用,重点介绍了船舶自动识别系统(AIS)核心技术的原理与应用。本教材精选真实案例,系统整合了海事信息领域的核心知识。通过深入浅出的方式介绍对海运业产生重大影响的技术创新,详细阐述其原理、实施方法和实际应用,并前瞻性地探讨未来发展趋势,为读者构建了较完整的海事信息学知识框架。

本教材主要面向航海技术、交通运输工程、计算机科学与技术等相关专业的本科生和研究生,同时也可供航运企业信息化管理人员、海事监管机构技术人员以及从事智能航运研究的专业人士阅读参考。

图书在版编目(CIP)数据

海事信息学导论/胡勤友,杨春编著.—北京:人民交通出版社股份有限公司,2025.6.—ISBN 978-7-114-20412-8

Ⅰ. D997.4

中国国家版本馆 CIP 数据核字第 20250PU459 号

Haishi Xinxixue Daolun

书　　名:海事信息学导论
著 作 者:胡勤友　杨　春
责任编辑:黄　蕊
责任校对:赵媛媛　魏佳宁
责任印制:张　凯
出版发行:人民交通出版社
地　　址:(100011)北京市朝阳区安定门外外馆斜街 3 号
网　　址:http://www.chinasybook.com
销售电话:(010)64981400,65290033
总 经 销:北京交实文化发展有限公司
印　　刷:北京科印技术咨询服务有限公司数码印刷分部
开　　本:787 × 1092　1/16
印　　张:12.75
字　　数:284 千
版　　次:2025 年 6 月　第 1 版
印　　次:2025 年 6 月　第 1 次印刷
书　　号:ISBN 978-7-114-20412-8
定　　价:86.00 元

前言

PREFACE

最早的海事信息，主要体现在通过人工目测、手动记录的方式获取船舶数量信息，记录港口水域的水文气象信息；通过查阅相关航海图书资料获取相关航线潮汐、天文、气象等信息。1908年德国安修茨博士在1910年制造出了第一台在舰船上能真正实际应用的陀螺罗经。因为陀螺罗经可以输出船首向电信号，至今仍为船首向感知的重要设备。20世纪30年代舰载雷达出现后，雷达技术开始广泛用于商船的导航和港口监控服务，逐渐广泛用于船舶交通的信息感知。20世纪70年代全球定位系统(GPS)出现后，已广泛应用于船舶定位导航，为海事信息精确感知奠定了基础。随后，越来越多的船载感知设备(如舵角指示器、CCTV)和岸基感知设备与系统(如VTS、CCTV、航标遥感遥测系统等)应用于海上交通信息的感知。海事信息感知技术也离不开水路交通通信技术的支持。于1999年全面实施的全球海上遇险与安全系统(GMDSS)，实现了船舶与船舶之间、船舶与岸基之间的应急通信、业务通信和船舶状态信息远程感知；20世纪80年代，出现了船舶自动识别系统(AIS)技术，并于上个世纪末开始在全球推广应用。船载AIS可以向附近船只和岸台广播船舶静态信息和动态信息，是辅助船舶避碰的重要技术，也是实现海事信息感知的重要通信手段。陆上移动通信技术(2G/3G/4G/5G)也广泛用于内河和沿海船舶交通的信息感知。总体来说，海事信息感知已经完成了从粗粒度的交通流表象信息感知向细粒度的交通流要素信息感知的转变，并在此过程中发展了基本满足感知信息传输需求的海上通信技术。

早期海事信息样本少、字段少，由人工记录和处理。随着雷达、GPS、CCTV等传感器的引入和电子海图的出现，海事信息处理逐步过渡到空间数据库存取和地理信息系统展现与交互阶段，典型应用包括VTS系统、电子巡航系统等。伴随着AIS系统的普及，海事信息越来越展现出海量性和多样性等大数据的特征，早期的海事信息处理技术在日益丰富的数据面前显得力不从心，越来越多的数据清洗、数据增强、数据融合方法用于噪声数据和缺失数据的处理，数据挖掘、边缘计算、云计算、大数据、深度学习等逐步成为现代海事信息处理系统的标配，而这些大数据系统又进一步支撑了船舶轨迹时空分析、交通知识图谱、水路交通复杂网络、水路战略通道脆弱性分析等新领域的研究。在海事信息可视化和交互方面，在地理信息系统的基础上，增强现实、虚拟现实、数字孪生也已成为新的研究热点。多源数据为海上船舶交通带来了更多应用场景下的态势感知需求，但如何将多源数据表示出来且适应未来智能航运需求，已经成为亟待解决的问题之一。总体来说，海事信息处理技术已从数据库处理技术演变到大数据和智能处理的新阶段。

90%的国际贸易通过海运来完成。在海运领域逐步引入先进的信息技术，使海运更加安全、绿色、高效和透明。新兴的海事信息学领域研究信息技术和信息系统在海运中的应用。海事信息学既是一个研究领域，也是一个应用领域。作为一个应用领域，它是数据科学和人工智能创新的出口，而作为一个研究领域，它处于计算机科学和航运学科之间。它的复杂性在于这种双重性，因为它面临着学科障碍，同时要求系统的跨学科方法。旨在帮助学生和从业者轻松进入这一新领域，本书利用真实世界的案例，以分析的方式收集本科生或研究生发展该领域核心知识所需的材料，向读者介绍对海运业产生颠覆性影响的主要技术创新，描述其主要思想、操作方法和应用，并讨论未来的发展。

本书由胡勤友、杨春统筹规划，第1章由杨春、王琪编写，第2章由杨春编写，第3章由张正平编写，第4章由李鹏昊编写，第5章由向哲编写，第6章由夏文筝编写，第7章由许婉初编写，第8章由黄子硕编写，第9章由何冠豪编写，第10章由梅强编写，第11章由程培新编写。本书在写作的过程中得到了上海迈利船舶科技有限公司在素材、实验和专业知识方面的大力支持，不仅提供了本书所需要的数据和部分实验结论，也专门派员编写了本书第3、7章内容。

人类科学时代从经验总结发展到实验科学，再到理论科学和计算科学，当前已经发展到数据科学和智能科学时代，航运学科也是如此，相信本书内容对航运专业本科生和研究生了解航运科学和技术的最新发展方向和成果有一定的参考价值。望各位读者批评指正。

作　者

2025年3月

目录

CONTENTS

第1章

海事报告系统与海事数据集

船舶报告系统用于通过无线电报告提供、收集或交换信息。这些信息可以被用于多种目的,包括搜援通信、船舶交通服务、防止海洋污染等。获取与海事项目有关的数据往往并非容易,不是耗时很久就是代价昂贵。在收集数据的过程中,不同的机构之间往往由于缺乏沟通,还可能做了大量的重复性的数据收集工作。为了避免再出现这样的情况,近年来一些国际组织和研究机构将多年来精心收集的高质量的海事数据免费提供给公众。目前,全球已有数百个有一定价值的数据集可在网上免费获取。同时,研究人员和科学家们正在发掘这些数据,为提高对海上正在发生或可能发生的事情的理解提供了新的可能性。本章介绍了目前主要可用的船舶报告系统,讨论了它们的一些缺点和优点,介绍了相关公开海事数据的情况。同时,本章介绍了几种应用和潜在用途。近年来,许多海事系统在船舶穿越海洋时对船舶进行了跟踪。

一般来说,跟踪船舶的方式主要包括:船舶自动识别系统(Automatic Identification System, AIS)、船舶监测系统(Vessel Monitoring System, VMS)、船舶远程识别和跟踪系统(Long-Range Identification and Tracking, LRIT)、高频(High Frequency, HF)雷达、主动和被动声呐、地面或船上摄像机(例如热成像摄像机)以及卫星和机载地球观测(Earth Observation, EO)系统。其中,EO系统又可分为光学(通常是视觉和近红外)和合成孔径雷达(Synthetic Aperture Radar, SAR)系统。

尽管可用的跟踪系统种类繁多,且产生的大量数据流层出不穷,但通过这些数据所复现的当时航行的现场视图较为片面。在这种情况下,数据融合就显得至关重要,因为它结合了多源信息来确定数据之间的关系,从而提高对当时复杂环境的理解。这其中的数据除了上述系统所产生的之外还会涉及一些与船舶航行和安全相关的数据,包括船舶自身相关数据、受限水域或存在航行风险的海域数据、港口数据、天气预报和海洋气象数据等。

将这些不同来源的数据进行融合可以使得最终估计的船舶轨迹更为准确，具有更好的置信度，更能还原船舶航行过程中所面临的状况，可以在更短的时间内以更低的成本扩展到单个传感器。

1.1 船舶自动识别系统

船舶自动识别系统(AIS)最初是作为船舶交通服务(Vessel Traffic Service, VTS)的一个导航安全系统所开发的，但在其被采用后不久，特别是在国际海事组织(International Maritime Organization, IMO)强制要求在大量商船上安装 AIS 收发器之后，成为最受欢迎的船舶跟踪系统。在本节中，我们将简要介绍 AIS 通信协议，分析通过 AIS 收发的信息，包括样本数据集，并讨论 AIS 的常见问题。

1.1.1 AIS 设备

AIS 基于安装在船上、岸上或专用卫星上的专用设备进行使用。船舶配备了发送和接收 AIS 信息的收发器。应答器可分为 A 类或 B 类，并具有集成的全球定位系统(Global Positioning System, GPS)，可以跟踪所安装船舶的运动情况。安装在岸上的基站配备了 AIS 接收器，接收来自船舶发出的 AIS 信息，但不发送 AIS 信号。专用卫星也配备 AIS 接收器，这对于没有岸站或岸站覆盖率低的地区非常有用。

自 2004 年起，IMO 要求所有在国际航行的 300 总吨以上的商船都必须携带 A 类 AIS 应答器。其他船舶(如小型船舶、游船等)可配备 B 类 AIS 应答器。IMO 的这一要求符合 2002 年《国际海上人命安全公约》(International Convention for the Safety of Life at Sea, SOLAS)的相关强制要求。

AIS 应答器使用两个专用甚高频(Very High Frequency, VHF)频道，AIS-1(161.975 兆赫)频道和 AIS-2(162.025 兆赫)频道。A 类应答器使用自组织时分多址(SOTDMA)协议。SOTDMA 协议是基于时隙的时间划分。更具体地说，一秒被划分为 2250 个时隙，这意味着基站每 26.67 毫秒最多可以接收一次传输。每艘船舶应预留一个专用时隙以发送 AIS 电文，以避免其他船舶同时发送。B 类应答器使用载波感知时分多址(CSTDMA)协议，该协议通过优先考虑 SOTDMA 传输与 A 类传输交织在一起。

1.1.2 AIS 信息

国际电信联盟(International Telecommunication Union, ITU)1371-4 标准定义了 64 种不同类型的 AIS 报文，可以通过 AIS 收发器进行广播。其中第 1、2、3、18 和 19 类电文属于位置报告，包括纬度、经度、对地速度(Speed Over Ground, SOG)、对地航向(Course Over Ground,

COG)以及与船舶运动相关的其他信息;而第5类电文则包含静态和航行信息,其中包括IMO号码、船舶呼号、船名、船舶尺寸、船舶和货物类型。其他类型电文涉及船舶的其他补充信息,与被监测船舶的机动性无关,因此在本章中不再进一步描述。

AIS信息分为动态和静态两类。动态信息包含航行中如船位数据等频繁更新的数据。静态信息包含与船舶特征相关的信息。与静态信息中包含的信息相比,有些信息如船旗信息的变化频率更低。两种类型的AIS信息如下所述。

1)静态AIS信息

静态信息由目标船舶的驾驶船员提供,无论船舶的运动状态如何,每6分钟发送一次。静态AIS报文包含以下字段:IMO编号、呼号、船名、船型、船舶尺寸、AIS天线在船上的位置、定位系统类型(GPS,DGPS,Loran-C)、船舶吃水、目的港。

2)动态AIS信息

动态AIS信息包含以下属性:海上移动服务识别码(Maritime Mobile Service Identify,MMSI)、转向率(Rate of Turning,ROT)、SOG、船位坐标COG、艏向、UTC秒、航行状态。除了上面用以描述航行状态的值之外,还有一些保留供将来使用的值。例如,为将来对携带危险货物(Dangerous Goods,DG)、有害物质(Hazardous Substances, HS)、海洋污染物(Marine Pollution, MP)或IMO危险或污染物类别、高速船(High Speed Craft, HSC)以及地效翼(Wing-In-Ground effect,WIG)的船舶的航行状态进行修改,已经预留了相应的位置。

船舶的AIS报告率取决于其航行状态(例如,是否在航或系泊),速度和航向变化,以及是否配备A类或B类应答器。A类和B类船舶在锚泊/系泊或移动速度非常慢(2海里/小时)时,每3分钟发送一次AIS信息。航速超过2海里/小时的B类船舶每30秒发送一次AIS信息;而A类船舶的报告率较高,随着船舶加速、航向改变而增加,如航速高达14海里/小时的A类船舶需要每10秒发送一次AIS信息。

1.1.3　示例数据集

我们通过公开可用的数据集的样本数据提供示例AIS消息。表1-1显示了静态AIS电文的示例,其中包含以下属性:MMSI、IMO编号、呼号、船名、船型(与船型相对应的代码)、AIS天线距船首距离、AIS天线距船尾距离、AIS天线距左舷距离、AIS天线距右舷距离、预计到达时间、吃水、目的港,以及AIS接收器接收AIS电文的时间戳(长整型,表示自1970年至当时时间点的总秒数)。从表中可以明显看出,一些字段可能在某些消息中缺失(例如,消息2和4中的目的地),或者在其他消息中无效(例如,消息2和4中报告的吃水)。表1-2描述了来自同一数据集的动态AIS消息样本。动态消息包含以下属性:MMSI、与船舶航行状态相对应的代码、转向率、对地速度、对地航向、艏向、船舶的位置和时间戳。

静态AIS报文示例　　表1-1

MMSI	304091000	228037600	228064900	227705102
IMO注册号	9509255	0	8304816	262144

续上表

呼号	V2GU5	FIHX	FITO	FGD5860
船名	HC JETTE-MARIT	AEROUANT BREIZH	VNSAPERUR	BINDY
船舶类型(代码)	70	30	51	60
A(到船首)	130	6	21	9
B(到船尾)	30	9	54	26
C(到左舷)	6	2	6	4
D(到右舷)	18	5	10	5
预计到达时间	04-09 20:00	00-00 24:60	09-09 12:00	00-00 24:60
吃水	10.1	0	5.9	0
目的港	BREST	—	RADE DE BREST	—
时间	1443650423	1443650457	1443650471	1443650474

动态 AIS 报文示例　　表 1-2

MMSI	245257000	227705102	228131600	228051000	227574020
航行状态(代码)	0	15	15	0	15
转向率	0	-127	-127	-127	-127
对地航速	0.1	0	8.5	0	0.1
对地航向	13.1	262.7	263.7	295	248.6
艏向	36	511	511	511	511
经度	-4.4657183	-4.4965715	-4.644325	-4.4851084	-4.4954414
纬度	48.38249	48.38242	48.092247	48.38132	48.38366
时间	1443650402	1443650403	1443650404	1443650405	1443650406

1.1.4 AIS 处理难点与挑战

AIS 最初的设计目的是允许船舶自动向附近他船和海事当局提供本船信息，协助船舶值班驾驶员和海岸当局监控海上交通，从而减少碰撞风险并提高海上整体安全性。随着船舶跟踪系统的广泛应用，AIS 系统已在全球范围内用于船舶跟踪服务。这些系统收集来自世界船队的 AIS 信息流，并提供全球船舶跟踪情报服务，如 Hifleet。

然而，由于 AIS 通信系统的最初目的不是在全球范围内跟踪船舶及其活动，因此通信协议的固有特征面临了一些技术挑战。

(1)缺少唯一的船舶标识。动态 AIS 信息包括 MMSI 和 IMO 编号字段。一方面，IMO 编号是船舶、注册船东和管理公司的唯一标识符，不能修改，但不是所有船舶都拥有 IMO 编号。

有一些船型也不需要 IMO 编号，例如单纯从事渔业的船舶、没有机械推进装置的船舶和游艇等。另一方面，MMSI 是一个九位数的数字，对所有船舶都是强制性的，但它不是唯一的标识符，且在某些情况下可被人为修改。根据 ITU 的说法，任何 MMSI 号码的前 3 位数字称为海事识别数字（Maritime Identification Digits MID），并表示该船舶的船旗国。因此，当船东决定改变其航行的船旗时，其 MID 将被更新，因此其 MMSI 也将改变。由于全球船队中所有船舶都缺乏全球唯一的船舶识别码（Identity Document，ID），因此必须解析接收到的 AIS 数据，清除带有无效 MMSI 标识符的信息流，并在进行任何进一步处理之前为其余信息分配唯一 ID。

（2）容易出现人为错误。AIS 信息中包含的一些信息是由船员手动录入的。其中，报告的目的港和预计到达时间（Estimated Time of Arnval，ETA）是 AIS 信息不一致和不可靠的典型例子。例如，一艘客船每天按照相同的行程航行，有多个停靠港，AIS 的目的港可能不会及时更新为每一个停靠港，而只报告从航行开始的最终目的港。此外，当船舶前往 Piraeus 港时，报告目的港一栏输入"Piraeu""Piraeus Port""Piraeus Anchorage""Pir"或"P"这些值都是有可能的，只能使用字符串相似性度量来推断正确的目的港。与此类似，ETA 字段也容易出错，因为它可能不对应到达下一个经停挂靠港所需的时间，而是到达最终目的港所需的时间。人工录入的信息不可靠，而 AIS 数据流的处理将提供更准确的结果。例如，根据船只的速度计算 ETA，或根据其航程历史或使用行为模式分析（Pattern-of-life analysis）来确定船舶的目的港，这将使提供的信息更可靠。

（3）报告的频率。根据 AIS 通信协议，报告间隔是波动的，并取决于船舶的行为（如速度、转向速率）。使用这种规则的目的是避免发送过多重复或变化量极小的数据以限制系统通信，从而导致数据包传输阻塞和消息重传，但同时在高速移动或改变航线时发送频繁的消息，以便及时通知附近的其他船舶。从数据供应商的角度来看，当船舶处于岸站范围（大约为 50 千米）内时，数据接收速率与船舶的发送速率相同，但当船舶在公海航行时，接收速率可能会明显降低。在这种情况下，使用卫星进行监测，更新间隔可能从几分钟到几小时不等，具体取决于卫星的可用性。所有这些都导致收集到的 AIS 数据分布不均匀，在某些情况下存在明显的通信缺口，这可能导致轨迹构建得不准确。

（4）传感器故障。由于传感器的故障操作，可能会出现船舶发送错误信息的情况。为了从 AIS 数据流中排除此类信息，可行性分析至关重要，可以根据船舶过去的船位来评估当前船位的可靠性。

（5）时间戳。AIS 信息中包含的唯一与时间相关的信息是生成 AIS 信息的 UTC 时间戳的秒钟字段，这对于目标船周围船舶来说是足够的信息，但当涉及存储 AIS 信息用于历史分析的船舶跟踪的数据供应商时，每条信息都应该以时间作为参考。这通常是通过分配 UNIX 纪元法（即自 1970 年 1 月 1 日以来经过的秒数）来完成的，即在基站中收集每条信息的时刻。当信息从接收端聚集到一个数据中心时，需要进行处理以避免重复信息（即从多个站点接收的时间戳相同的信息）。此外，很可能信息到达时有可变的延迟，可能是由于网络延迟或由于从不同来源（岸站或卫星 AIS 站）收集数据不同步而造成。信息重新排序或接收流系统中有延迟的信息将解决此类问题。

1.1.5 AIS的应用

关于利用AIS数据实现航海安全和优化的方法的文献越来越多,即交通分析、异常检测、航线提取和预测、碰撞检测、路径规划、气象航线等。

在异常检测的背景下,海事领域常见的一种异常是AIS欺骗,当一艘船舶试图使用另一艘船舶的MMSI或船名来伪装自己的身份以隐藏其行踪时,就会发生这种情况。这可能是由于人为失误或故意造成的,即当船舶从事非法活动并试图"隐藏"其身份时,识别船舶特定的异常行为可以过滤和揭穿非法活动船舶。船舶徘徊行为是一种在局部空间中频繁转向的船舶运动,船舶徘徊形态与船舶运动意图相关,对船舶类型识别与异常行为检测有重要研究意义。文献[1]中,提出了一种基于AIS数据和Douglas-Peucker算法的船舶徘徊轨迹提取方法。为识别桥区船舶的异常航行状态,保障桥区水域安全,文献[2]使用AIS数据提出一种基于三次样条插值和卡尔曼滤波算法的桥区水域船舶异常行为检测方法。海上异常检测是智能船舶交通监控系统和实施海上态势感知的关键技术。文献[3]中,提出了一种结合船舶轨迹聚类和贝叶斯分类器来检测海上跟踪系统中的船舶异常行为的方法。根据AIS数据的空间和方向特征,设计了船舶轨迹之间的相似性测量,然后应用分层和k-medoids聚类方法来建模和学习港口水域内的典型船舶航行模式。

由于AIS最初是为了协助船舶避免碰撞而开发的,因此在其建立后不久,就出现了第一批自动检测碰撞的方法。文献[4]中,使用欧洲鹿特丹港附近的分道通航制(Traffic Separation Schemes,TSS)水域AIS数据对涉及碰撞的船只进行统计分析。提出了一种评估风险,并在繁忙水域避免碰撞的方法。

海事数据之间的数据融合是当今热门的研究方向,目的是弥补单一数据源数据可靠性不足或信息不完全的缺点。船舶尺寸是静态AIS信息的重要组成部分,也是识别船舶碰撞风险的关键因素。文献[5]提出了一种使用内陆水道监控视频与不依赖船舶尺寸数据的AIS信息,来提取和校正船舶轮廓尺寸信息的方法。轻量级物体检测模型用于确定船舶在图像中的位置。考虑了动态AIS信息,以生成多组控制点,求解最佳同源矩阵,并创建一个变换模型,将图像坐标映射到水面坐标上。语义分割DeepLabv3+模型用于从图像中确定船舶轮廓,并使用同源矩阵变换计算船舶轮廓的实际尺寸。

另外一个主要依赖AIS数据的相关应用程序涉及海上交通服务。海上交通实时地图显示了所有使用AIS应答器的船舶的最新位置。不同的形状代表着不同航行状态的船舶或不同类型的AIS应答器。一旦用户点击实时地图上船舶的位置,就可以看到有关船舶及其当前航程的一些额外细节。

使用AIS数据还能反向评估AIS对全球船舶的监控效果,文献[6]中根据VHF的特性和AIS设备的作用范围,分析得出不同AIS基站数下的可检测船舶数量和覆盖率情况。当船舶基站数较少时,增加其数量能够有效提高覆盖率;在船舶基站数增至2000个后,继续增加船舶基站数时,覆盖率的增长速度逐渐放缓;在船舶基站数增至3000个后,覆盖率不会随船舶基站数的继续增加而发生明显变化;在船舶基站数增至3500个后,覆盖率几乎不变,此时估算覆盖率为 84.31%。

1.2　船舶甚高频数据交换系统

自从建立了船对船和船对岸无线电通信的 AIS 协议以来，AIS 被大量用于航行安全和海上态势感知。由于 AIS 网络负载不断上升，为满足进行更大数据量交换的需求，解决 AIS 甚高频数据链路（VHF Digital Link，VDL）过载现象，同时为电子导航提供更广泛的无缝数据交换。ITU 决定修改 VHF 海事波段，增加数据传输的指定信道。在这个方向上，ITU 提出了发展甚高频数据交换系统（VHF Data Exchange System，VDES）[7]。图 1-1 显示了 VDES 的基本构成。VDES 还有望通过对 AIS 无线电通信增加访问控制和身份验证功能来提高数据安全性。这将能防止数据的干扰、欺骗等。VDES 对现有 AIS 协议的预期贡献总结如下：

（1）将拥有比当前使用的 VDL 更快的数据传输速率。

（2）既支持寻址（对特定船舶或船队），也支持广播（对附近所有单位）传输。

（3）提供了更高的可靠性，因为它经过了数据通信的优化。

（4）解决了电子航海（也称为 E 航海，eNAV）的通信需求。eNAV 旨在通过更高速率的数据交换改善泊位间导航和相关服务，提高海上贸易和运输的效率。

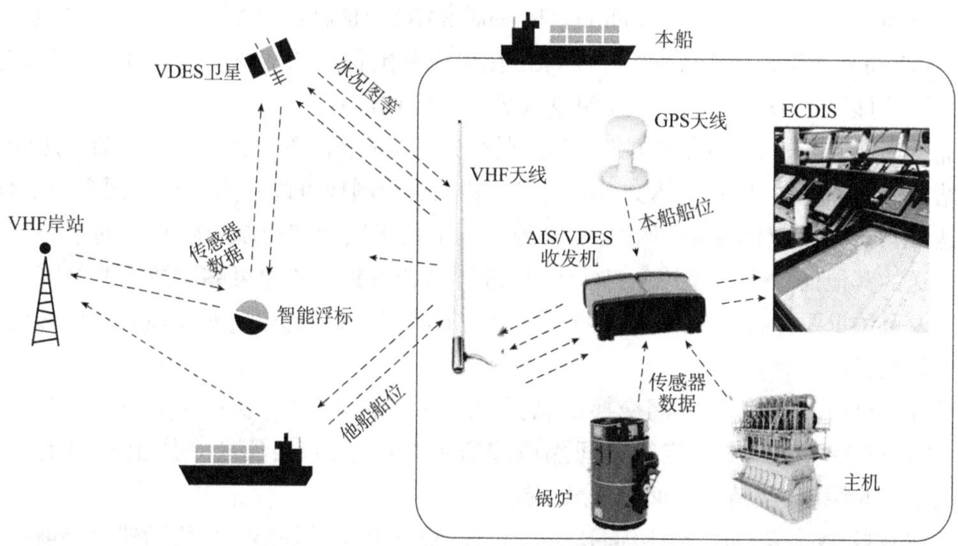

图 1-1　VDES 构成示意图

1.2.1　VDES 的构成

VDES 是一个由以下三个子系统组成的系统：

(1)AIS。

(2)应用程序特定信息(ASM)系统,它允许特定应用程序消息的交换。此类信息包括气象条件、碰撞可能性、危险区域警报和航路交换等信息。

(3)VHF 数据交换(VHF Data Exchange,VDE)组件,提供更高的数据传输速率。又分为陆地组件(VDE-TER)实现船—船、船—岸双向通信以及卫星组件(VDE-SAT)实现双向船—卫星通信。

与 AIS 的情况一致,天线用于地面和卫星链接传输和接收数据。VDES 将建立在 AIS 之上,因此 VDES 转发器和接收器将兼容 AIS 和 ASM(应用特定消息系统)。这意味着,即使在 VDES 建立后,AIS 和 AIS + 设备(如转发器和接收器)也能继续运行,但它们需要升级,以支持 VDES 支持的额外功能。AIS 岸站将升级为 VDES 岸站或在没有 AIS 站的地方新建 VDES 站。

除了交换数字电文以外,该系统还应能够接收询问呼叫。例如,船舶在被询问时应报告其位置。另外重要的一点是,它还考虑到了数据完整性机制的发展和信息的优先级,以确保重要信息(如与安全相关的信息)将具有比商业服务信息更高的优先级。

1.2.2 VDES 的应用

VDES 支持的新功能将特别适用于许多严重依赖船—舶之间数据交换和船—岸—通信的地方。

搜救通信。搜索与救援(Search and Rescue,SAR)通信将使用 VDES,特别是其卫星组件 VDES-SAT 得到改进。由于 VDES-SAT 即使在覆盖范围很低的情况下也能够接收和广播信息,因此它可以与 VDES 一起用于中继遇险警报和定位信号。

船舶交通服务。VDES 提供的高速数据服务可以显著改善 VTS 服务,有助于船舶在交通拥堵条件下的导航,以及整体交通的组织。船舶交通图像可以使用来自不同来源的信息,如雷达、AIS 和多个 VTS 中心(例如,港口等设施中负责监测和控制船舶交通的中心),以及船舶发送的其他任意信息(例如,航行计划)进行融合得到。快速可靠的数据交换能力对于 VTS 来说至关重要,因为它可以提供特定区域交通状况的最新信息,并监控某个区域的船舶航线和偏航状况。

此外,需要在不同终端之间交换信息:①船舶;②港口机构;③VTS 中心。在这个方向上,VTS 可能要求船舶按固定时间间隔或按需定期广播信息,安装在岸上和船上的符合 VDES 的外部系统应支持这方面的信息交换。

助航服务(Navigational Assistance Service,NAS),IMO 将其定义为"协助船上导航决策并监测其效果的服务"。船舶可以在特定情况下(如硬件故障)请求导航协助。

航路信息交换。船舶可以提供的最有价值的信息之一是当前正在航行的路径,以及在任何给定时间的预定航线,以便及早发现是否偏航。航线偏离可能由于多种原因(如天气条件、危险情况、设备故障等)而发生。通过这种方式,航线交换可以帮助早期发现高风险情况,有助于海上安全。目前,船舶的船员可以在航行过程中更改报告目的港。使用 VDES 并利用其提供的高数据交换速率,可以传输整个航行计划。

交换有关船舶航路的信息对海岸当局也很重要,可以便于评估有关海域拥堵的可能性。此外,通过航线数据交换可以根据外部条件(如天气和特殊条件、危险情况、航行限制和交通拥堵)对航线和速度进行调整和优化。

1.3　船舶远程识别与跟踪系统

船舶远程识别与跟踪(Long Range Identification and Tracking of ships,LRIT)系统是 IMO 根据 SOLAS 公约采用的一种国际系统,用于在全球范围内对船舶进行全面识别和跟踪[8]。图 1-2 显示了 LRIT 系统的高级体系结构。LRIT 的组成部分如下所述。

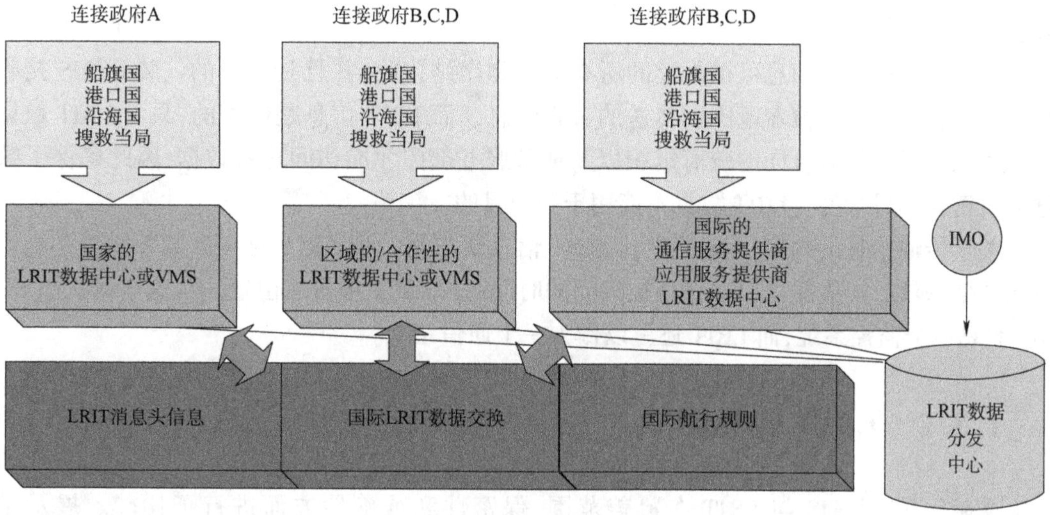

图 1-2　LRIT 系统架构(IMO 提供)

(1)LRIT 传输设备。这是为了发送和接收 LRIT 信息而安装在船上的设备。

(2)通信服务供应商。负责提供所需的基础设施和服务,以支持船舶和应用服务提供商之间的通信路径。

(3)应用程序服务供应商(Application Service Provider,ASPs)。来自船舶的信息由通信服务供应商转发给应用服务供应商。一旦信息被应用服务供应商接收,它就会被附加上其他的丰富信息。然后,完整的信息被转发到数据中心。应用服务供应商还为安装在船上的 LRIT 设备提供可供编程的接口。

(4)数据中心(Data Center,DCs)。负责接收、处理和存储发送到国际 LRIT 数据交换(IDE)的信息。船舶将 LRIT 信息发送到与其所属管理部门相对应的数据中心。

(5)LRIT 数据分发计划(DDP)。包含有关向各缔约国政府分发数据的信息。这些资料连同关于每一缔约国政府沿海水域的资料,应提供给数据中心。

(6)国际 LRIT 数据交换(IDE)。负责根据消息的地址和 URL 字段将消息路由到适当的数据中心(DC)。IDE 不负责处理消息的实际内容。在这个阶段,只读取报头内容。它不是一个实体部门,而是一个由 IMO 管理的项目。

(7)LRIT 数据用户。可以以船旗国、港口国、沿海国或搜救服务机构的身份接收或请求 LRIT 信息。船旗国是船舶根据其法律注册和获得执照的国家,并被视为船舶的"国籍"。例如,一艘悬挂希腊国旗的船舶应该在希腊法律下运营。

1.3.1 LRIT 与 AIS 的比较

AIS 和 LRIT 相互独立,互为补充。文献[9]中的工作提供了 AIS 和 LRIT 之间的详细比较。AIS 电文的频率更高,因为每艘有义务安装 AIS 应答器的船舶应根据其航行状态和速度每隔几秒或几分钟发送一次电文。另外,LRIT 覆盖离岸 1000 海里的区域,而 AIS 岸站覆盖离岸约 50 海里的区域,这个问题在使用卫星的 AIS 中得到了解决,但在 LRIT 中通信更加安全。

船舶发出的 AIS 信息可被附近的所有船站和岸站接收,并且是公开的。装有 AIS 接收机的卫星收集在卫星覆盖范围内传送的 AIS 信息。而 LRIT 信息是保密的,只对 LRIT 数据中心可见。只有签订合同的政府组织以及搜救服务部门才能访问这些数据,因此确保了数据的机密性和可信度。LRIT 数据不能用于商业目的。

关于传输信息的内容,AIS 信息比 LRIT 信息更丰富。但 LRIT 的一个显著优势是允许双向通信,所以,一艘船可以在任何被询问的时间通过 LRIT 报告其位置。从这个意义上说,AIS 只是一个监控系统,而 LRIT 还可以作为一个通信系统。

1.3.2 LRIT 的应用

文献[10]对 AIS 与 LRIT 在覆盖范围、保密性和准确性方面进行了比较。展示了 LRIT 是如何预防海事事故的,因其具备广泛的空间覆盖范围,故可以用来更早地识别潜在威胁,增加反应时间并提高海事安全。文献[11]中的统计分析表明,由于使用了包括 LRIT 在内的船舶跟踪系统,在海盗事件多发的印度洋地区,海盗袭击数量有所下降。另一项基于 LRIT 和 AIS 数据的相关研究是使用跟踪数据估计船舶排放,如文献[12]所述。在这项工作中,作者将 LRIT 和 AIS 的船舶跟踪信息与包含 EMEP 和 EDGAR 数据库中 CO_2 和 NO_x 排放分布信息的数据集进行了关联,以此生成密度图,显示了沿航线的污染物排放分布情况。

1.4 船舶监控系统

船舶监控系统(Vessel Monitoring System, VMS)是一种监控渔船的系统[13]。它使用安装在渔船上的专用船载设备,用于传输数据报告。这些报告包含有关船舶位置、速度、航向和艏向的信息。VMS还可以容纳其他助航信息(如气象条件)。这类报告既可以自动发送,也可以由操作员手动发送。数据报告被送到渔业监控中心(Fisheries Monitoring Centre, FMC),由后者进行储存、核实和分析。通过部署依靠陆地站和卫星的通信系统,船只可向FMC传输信息。其中一些系统支持船舶—FMC间的双向通信,这使FMC能够按需轮询或查询指定船舶的指定信息(如设备的位置、状态等)。

VMS的主要组成部分如下:

(1)船载VMS设备。也称为VMS单元,永久安装在船上,主要包括一对发射器和一个接收器。安装了VMS设备的船舶所传输的信息包含以下字段:与所安装设备相关的唯一标识符、船舶位置、发射机发送数据报告的日期和时间、航速、航向、艏向。

(2)渔业监控中心(FMC)。FMC接收从船舶VMS设备发送的数据报告,提取数据,执行数据验证,存储数据并使其可用于分析。从船舶传输到FMC的数据是非公开的,只有FMC的授权人员才能访问。

(3)VMS通信系统。这些系统负责安全地传输从VMS船载设备发送到FMCs的数据,同时利用太空和地面资源。根据通信服务供应商的不同,VMS通信系统可能仅支持单向通信[如Argos(CLS)]或多向通信(Inmarsat-C和Inmarsat-D+或Orbcomm)。在单向系统中,船舶以指定的间隔自动传输信息。在双向系统中,允许FMC轮询或查询船舶信息。通过这种方式,FMC能够根据需要向船舶索取信息。

值得注意的是,VMS无法与AIS进行比较,因为VMS系统是专门用于监测商业渔船的应用,而AIS系统是一种通信技术。来自VMS的数据可用于提高航行安全性,支撑VTS并可以进一步分析以获得有用的信息,例如燃料消耗等资源优化。基于VMS数据的最深刻的应用之一是渔业活动的监测,文献[14]提出了一个研究案例,评估了VMS在渔业管理中的重要性,并着重于葡萄牙拖网渔船船队的情况。另一项研究利用VMS数据进行分析,推导出地中海拖网渔业的投入和产量趋势[15]。文献[16]中也使用了类似的方法,描述了一种使用VMS数据识别和注释美国渔船在北太平洋行程的方法。在文献[17]中,一项使用VMS的相关研究揭示了海底延绳钓渔业在监管变化后捕捞效率的提高。

1.5 与船舶相关的数据集

与船舶相关的数据集主要包括船舶静态数据和交通流数据。目前已经存在着多个专门的在线数据源,它们提供了历史的和当前的国际航行船舶的有关数据。表1-3总结了一些主要数据来源。这些数据源提供了与每艘船的生命周期(即从船舶建造阶段到当前为止)有关的信息,包括船舶的适航性;船舶的所有权历史;船体结构、机械和操作特性,以及长期以来它们的变更情况;船舶近实时的位置和全球航行的历史轨迹等。

与船舶相关的主要数据集一览表 表 1-3

数据源	数据类别	数据格式	访问方式	船舶数据量	访问地址
Equasis	官方的船舶与航运公司的相关数据	纯文本,PDF	免费提供,有权限限制	100000	[18]
MarineTraffic	历史和实时船舶位置数据;船舶静态数据;航运公司和船舶建造商数据等	多种格式	部分免费,有权限限制	1000000	[19]
VesselTracker				160000	[20]
VesselFinder				350000	[21]
ShipFinder	历史和实时的船舶位置数据;船舶静态数据			不详	[22]
BalticShipping	船舶静态数据和航运公司数据	纯文本	部分免费,有权限限制	210000	[23]
Maritime Vessels Directory				22000	[24]
FleetMon	历史和实时船舶位置数据;船舶静态数据;航运公司和船舶建造商数据等	纯文本,地图数据,JSON	付费订购	500000	[25]
Lloyd's List Intelligence	历史数据(可以追溯到 1734 年)和实时船舶位置数据;船舶静态数据;航运公司和船舶建造商数据等	多种格式		据信超过 155000	[26]
AISHub	船舶实时位置数据	多种格式	共享机制	不详。因为该数据是变化的	[27]
船讯网	历史和实时船舶位置数据;船舶静态数据;船舶档案数据;船舶运力和大宗商品流向流量数据;海洋气象数据等	多种格式	部分免费,有权限限制	不详	[28]
船队在线				200000 条船舶档案数据;10 年船舶历史 AIS 数据;每日约 30 万在线船舶动态数据;全球气象海况数据等	[29]
船达通				不详	[30]
船顺网				不详	[31]
国家海事局导助航综合服务系统				不详,只覆盖了中国沿海和内河水域的船舶	[32]

1.5.1　船舶静态数据集

海事数据的收集和积累最早可以追溯到 1764 年，由当时的“航运注册商”（即现在的劳氏船级社）进行。如今，线上线下已经有了众多的来源，向公众和专业人士提供全球航行船舶详细的静态和历史数据以及航运公司的相关数据。

在这些在线数据库中，Equasis 可能是如今最著名的。它从众多主管机关或行业组织中收集了高质量的数据，并将这些信息在其门户网站上向大众提供，其目的是向大众提供每艘船舶全面且免费的数据服务。自 2020 年以来，Equasis 能够提供有关船舶的数据项有：船舶名称、船舶等级、船舶类型、船舶在 IMO 的注册号和 MMSI 号码、船旗国、船舶所有人、船籍港、船舶吨位和尺寸、船舶检验日期、载货能力、船舶营运状态、船舶建设时间、船舶动力和装置情况、船舶照片等。数据覆盖了 100 总吨及以上大约 10 万条的国际航行船舶。

上述其他几类数据源，如 MarineTraffic，VesselTracker，FleetMon 等，也都可以提供有关船舶的数据，合计约有 600 多个数据字段，包括船舶规范、船舶所有权、经营人、操作公司等。当然，要想获取这么多字段的数据或所有船舶完整的生命周期的数据，单从某几个数据源去查询是不够的，需要使用能够唯一标识船舶的 ID（例如船舶的 IMO 编号，MMSI 等），去上述数据源查询，然后将其综合起来，才能获得这些完整的字段数据。

值得一提的是，近年来，我国在这类数据源建设方面也取得了重要的成果，如表 1-3 中提到的船讯网、船队在线、船达通等，都是我国商业机构建设的数据源，它们也能提供与国外数据源同等规模和质量的数据服务，并在本土化服务方面比国外数据源具有明显的优势。

上述数据源除了能够提供与船舶相关的数据外，大多也能提供其他与海事领域相关的企业、服务商等信息，如船舶维修建造、船舶管理、操作与经营公司、船舶供应商、船舶保险和法律服务公司、海上搜救以及一些非政府组织（Non-Governmental Organization, NGO）等。

1.5.2　交通流数据集

船舶交通流数据是收集来自 AIS 发射的数据。目前，已经有多个线上的船舶跟踪系统，如 MarineTraffic、VesselTracker、船讯网、船队在线等，主要目标之一是向一般公众和船东等航运相关企业提供有关船舶运动的实时信息和历史轨迹信息。这些信息系统每秒可以从它们的 AIS 基站网络中收集数百万条 AIS 信息。

MarineTraffic 是国外知名的在线船舶跟踪系统之一。它接入了卫星 AIS 接收基站数据，每月至少记录 8 亿条船舶 AIS 信息，具有覆盖全球船舶的能力，此外还能提供航线密度图、全球海图等服务。MarineTraffic 也具有广泛的 AIS 岸基基站网络，这一基站网络依赖于一个来自世界各地的 20000 多个志愿基站的社区，也依赖于一些海事主管机关为了共同利益而安装和分享的 AIS 接收基站，这些基站将接受到的本地数据通过国际互联网发送到 MarineTraffic 的服务器。

国外类似的服务平台还有 VesselFinder、ShipFinder、FleetMon 等，它们提供的服务内容、工作机制类似。值得注意的是,VesselFinder 的 AIS 数据来自 AISHub,AISHub 是一家专注于船舶在线跟踪的服务商,并且免费地向所有与他分享 AIS 数据的人提供他获得的全部的 AIS 数据。

我国知名的在线船舶跟踪平台船讯网、船队在线、船达通等,也都是通过自建 AIS 基站,与国外同行交换 AIS 数据,购买卫星 AIS 接收基站数据等方式,获得全球船舶的实时和近实时 AIS 数据。

以船队在线为例,该在线系统自建岸基基站约 200 座,在超过 150 条船舶上安装了移动 AIS 接收基站,接入了由约 180 颗低轨卫星组成的卫星 AIS 接收基站网络的数据和约 2000 条国际航行船舶的移动基站数据,与全球其他合作伙伴交换和购买了超过 6000 座岸基 AIS 基站数据。每日处理约 2 亿条船舶 AIS 数据,并且积累了近 10 年的历史数据。

1.6 海洋相关数据

本节将从水上和水下两个角度来描述与海洋有关的数据,这些数据包括水深、海底电缆、保护区、湿地、海上人造设施等方面。

水深数据是制作海图时需要的关键数据,对于指导水面或水下航行具有非常重要的作用。这些数据在海图上往往以等深线或水深点数值的方式展示。

"海床 2030 项目"(Seabed 2030 Project)[33]提供了一份最知名的高质量水深数据集。该项目融合了来各种数据源的具有不同数据质量和覆盖范围的所有可用的水深数据,最终产生了一幅描述了世界海底的地图。普通公众可以可免费获得这份数据。然而,尽管数据集的质量不错,但是根据该项目的数据提供者的建议,为了确保海上安全,不建议将该数据集应用于导航或任何其他事关海上安全的行为上。

此外,还有一些数据集提供了多波束水深探测数据,其中最全面的是由美国国家海洋和大气管理局(National Oceanic and Atmospheric Administration,NOAA)属下的国家环境信息中心(National Centers for Environmental Information,NCEI)提供的数据集[34]。这个数据集由 2400 多次、累积航程达 900 万海里船舶巡航扫测所获得,并融合了全球其他多个类似数据源。该份数据集中同时还包括了磁场,重力以及地震等数据。由欧洲委员会发起的欧洲海洋观测和数据网络(Bathymetry Portal of the European Marine Observation and Data Network,EMODnet)的水深测量门户网站,该网站免费提供了查看和下载高质量水深数据集的服务,这份数据覆盖了欧洲水域[35]。表 1-4 简要比较了上述数据集的情况。

提供海洋水深数据的主要数据来源汇总 表 1-4

数据源	数据类别	数据格式	覆盖范围	空间分辨率	访问地址
海床 2030 项目	水深等深线	ESRI,ASCII,光栅,GeoTIFF,NetCDF 等	全球范围	15×15 弧秒	[33]

续上表

数据源	数据类别	数据格式	覆盖范围	空间分辨率	访问地址
NCEI	多波束测深数据	原始数据文件	全球范围	分辨率范围从 1/9 弧秒到 3 弧秒不等	[34]
EMODnet	水深等深线、水深测量（利用单束或多束测量）等	ESRI, ASCII, 光栅, GeoTIFF, NetCDF, Fledermaus SD	欧洲水域	3.75×3.75 弧秒	[35]

与海上油田和钻井平台位置有关的数据，在一些领域也具有重要的作用。目前人们已经在全球 65000 多块油气田上建设了 200 多万口油井。Lujala[36]等人编制了一个免费的全球数据集，包括全球所有已知的 383 个海上和 890 个陆上油气田的资料，该资料中提供了油气田的地理坐标、发现过程和生产信息。

人们已经在全球铺设了超过 200 万公里的电缆和管道，用于电力传输、通信和科学研究，以及输送石油、天然气或水等，长度足以绕地球 50 圈。在文献[37]中，我们可以找到一个公开的交互式海底电缆地图，它显示了大多数建成在用的和计划建造的国际海底电缆系统及其登陆地点。其他一些门户网站可以免费提供一些特定国家和地区的海底电缆和管道提供免费数据，如文献[38]就已经提供了一个免费的欧洲部分地区的海底管道数据集。

截至 1999 年，仅全球沉船事故就超过 300 万起。沉船网站[39]是世界上最大的在线沉船数据库。它包含了有关 186900 艘沉船的信息，但只能付费获取。文献[40]提供了一个免费的沉船事件数据库，这些沉船的残骸都已经被找到。另外还有一些其他网站也提供了有关沉船和飞机失事的详细信息，如爱尔兰文化部提供了关于大约 1200 艘沉船的详细信息[41]。

地震在海洋中很常见，海底地震可以改变海床，对海底电缆、管道等产生破坏，还可能产生海啸，对沿岸地区带来威胁。美国国家海洋和大气管理局的国家地球物理数据中心提供了一个地震的数据库[42]，其中包含了自公元前 2150 年前至今的 1 万多次毁灭性海底和大陆地震的信息。还有其他几个中心和门户网站也提供了来自全球各地的有关地震事件的实时数据，如欧洲-地中海地震中心[43]、中国地震局[44]。

由联合国环境规划署下的世界保护监测中心（UN Environment World Conservation Monitoring Centre, WCMC）发布的数据显示，全球海洋保护区的覆盖率为 7.6%。世界保护区数据库（The World Database on Protected Areas, WDPA）[45]是最全面的全球海洋和陆地保护区数据库，每月更新。MarineRegions 网站[46]也提供了海洋专属经济区（Exclusive Economic Zone, EEZ）、海洋保护区、海区范围等数据供互联网用户免费下载使用，但是其数据的权威性并未获得官方的背书。

1.7　与海事有关的陆标数据集

占地球表面约 30% 的陆地区域中，有很多区域与海事有关。最典型的就是港口。世界港口索引[47]数据库列出了全球约4000个港口,该数据集描述了港口的特点以及它们提供的设施和服务等。在该数据集中用一个经纬度点代表一个港口的地理位置,实际上该点代表的是港口的中心位置。当然,港口并不是地图上的一个点,而是一块区域,因此维基百科和其他的一些数据源提供了港口的边界(多边形)数据集。例如,苏格兰政府在网上提供了苏格兰港口范围边界数据[48]。还有一些专业机构,通过大数据技术,利用船舶的活动数据,计算出港口的“边界”或锚地区域情况。

灯塔是非常重要的导助航标志。目前有许多在线资源提供了关于灯塔的信息,如灯塔的照片、位置、灯塔历史、光照距离和光弧范围等。灯塔探索数据库[49]提供了世界各地8259座灯塔的信息,业余无线电灯塔协会(Amateur Radio Lighthouse Society,ARLHS)在其网站上[50]提供了世界上233个国家,超过15000座灯塔的数据。

虽然岛屿只占地球陆地表面的3%,但全球有超过17.5万个岛屿的表面积超过0.1平方千米。这些岛屿上居住了超过6.5亿人口,换句话说,世界上约有10%的人口生活在岛屿上。联合国环境规划署在文献[51]中按字母顺序排列了2000个地球上最重要的岛屿,其中包括了有关岛屿的基本环境和地理信息。全球所有面积在2平方千米及以下的小岛、珊瑚礁和环礁的数据集,都可以在文献[52]中找到。

海岸线是陆地和水面之间边界线。一些在线数据源提供了不同文件格式和精度水平的世界各地海岸线的数据,如美国国家海洋和大气管理局的在其网站[53]或Natural Earth的网站[54]都提供了类似数据的可供下载使用。

表1-5总结了提供可靠且免费的有关陆标数据集的来源。

提供陆标相关数据的主要来源汇总 表1-5

数据种类	数据源
港口和天气信息	[29],[47],[48]
码头	[29],[55],[56]
锚地	[29],[57]
港口之间的海上距离	[29],[58],[59]
灯塔	[49],[50],[60],[61]
重要岛屿	[51]
面积在2平方千米或以下的小岛,珊瑚礁和环礁	[52]
海岸线	[53],[54],[62~64]

1.8 海图相关数据

海图是海域及其邻近沿海地区有关情况的图形化显示,对于航线规划、跨洋或沿岸航行、进出港口都至关重要。电子海图技术由于代表了更先进的技术发展方向,目前发展势头迅猛。一些在线数据库提供免费的航海电子海图服务,如 OpenSeaMap[65]的海图服务。它是将 OpenStreatMap 的覆盖范围扩展到了内河和海洋等水体范围上。海图上显示了灯塔、侧面标、方位标志和其他导助航设施。一些港口设施也显示在了海图上,如防波堤、码头、过道、加油设施、港口机械设备等。还有一些卫生检疫设施和公用设施也展示在了海图上,如政府公共机构、修造船厂以及卫检机构等。

另有一些收费的在线电子海图服务,如船队在线[29]能够提供两种格式的在线电子海图:瓦片式(Tile map)和矢量格式(Vector map)。

瓦片式电子海图技术原理类似普通的在线电子地图,是事先将矢量电子海图光栅化,再进行切图的处理,裁剪成固定大小(一般为 256 × 256 像素)的图片,这些图片称之为瓦片(Tile),最后通过 Leaflet 或 Openlayers 等前端技术框架在网页浏览器上渲染显示。采用这种技术实现方式,能够向互联网用户提供最简单、最便捷的电子海图服务。

矢量格式电子海图,代表性的是英国水道测量部(UK Hydrographic Office,UKHO)提供的矢量英版海图服务(ADMIRALTY Vector Chart Service,AVCS)。该服务提供了超过 15800 张覆盖全球的电子海图,船队在线平台已经集成了该服务,它可以提供六种不同级别的海图服务:Overview、General、Coastal、Approach、Harbour、Berthing。

其中,Overview 级别的海图比例尺最小,其比例尺范围在 1:20000000 ~ 1:700000 不等,覆盖全球范围。

Berthing 级别的海图比例尺最大,在 1:10000 ~ 1:15000 之间,覆盖了全球主要大港的大部分港口。

表 1-6 总结了提供可靠且公开的海图和图像相关数据的来源。

提供海图和图像相关数据的主要来源汇总 表 1-6

数据种类	数据源
各国的专属经济区*	[46]
几乎所有国家的政治性边界*	[52],[66 ~ 68]
所有国家的行政区域*	[69]
电子海图	[65],[28 ~ 30],[70]
全球地图	[54],[71]、[72]
卫星图像	[72 ~ 78]

注:* 该数据的权威性未获得官方背书。

1.9 海洋气象相关数据

1.9.1 海洋天气预报

海洋气象预报技术,目前已经取得了长足的进步。人们使用复杂的计算机程序进行海洋天气预报,并通过卫星和浮标对海洋进行观测,将观测得到的数据和预报模型相结合,根据相关的专业知识和预报经验得出图形化和文字形式的气象预报数据。

目前,已经有一些线上服务,利用遍布全球的成千上万的气象观测站,向社会大众提供历史的和预报的气象数据。如开放天气地图服务[79]可以根据给定的地理经纬度坐标,提供该位置的天气数据,同时还提供了应用程序接口(Application Programming Interface,API),以JSON、XML或HTML等数据格式向应用程序提供数据服务。

World Weather Online[80]提供了海事气象数据服务,通过API接口的方式以XML或JSON的方式向用户提供付费的数据服务。它们的气象数据里提供了潮汐、涌浪、气温、降水、风、有义波高等常见的海洋气象要素,其提供的历史数据最早可以追溯到2015年。

我国中央气象台在其官方网站发布了有关海洋气象的预报信息[81],主要涵盖了台风、海区预报、北太平洋形式分析和预报、全球热带气旋监测公报等。

日本国土交通省气象厅网站[82]发布的气象地图(亚太地区地面分析图、24小时和48小时预报分析图),是在亚太地区航行的船舶上经常使用的气象传真图。

1.9.2 热带气旋(台风)预报

热带气旋(台风)是在热带海洋上常见的一种极端天气系统,它会带来强风、雷暴和猛烈的降雨。国际气候治理最佳跟踪档案(International Best Track Archive for Climate Stewardship,IBTrACS)在其网站[83]上发布了全球6000多个热带气旋的历史数据。

船队在线[29]网站采集了自2015年以来全球台风数据,其中发生在西北太平洋和中国南海的台风数据自动同步了来自中国(含港澳台地区)、日本、菲律宾、美国的气象预报机构发布的台风数据。该区域台风监测和预报数据的依据其距离我国沿海海域距离,其数据有不同更新频次。当台风中心在48小时警戒线之外时,其数据更新频次约为每4~6小时一次;进入48小时警戒线以内但是在24小时警戒线以外时,数据更新频次为每2小时一次,进入24小时警戒线以内,数据更新频次为每小时一次。

其余海域发生的台风数据自动同步了世界气象组织[84]分布在全球的6个区域专责气象预报中心(Regional Specialized Meteorological Centre,RSMC),4个热带气旋预警中心(Tropical Cyclone Warning Centres,TCWC),与世界气象组织合作的21个国家气象和水文服务机构(National Meteorological and Hydrological Services,NMHS)发布的台风监测和预报数据(表 1-7 ~ 表 1-9)。这些区域的台风数据发布时间间隔为 3 ~ 8 小时不等。一般的在每日 02 时、05 时、08 时、11 时、14 时、17 时、20 时发布监测和预报数据。

世界气象组织的 6 个专责气象预报中心　　表 1-7

序号	RSMC 名称
1	RSMC Nadi-Tropical Cyclone Centre, Fiji Meteorological Service
2	RSMC La Reunion-Tropical Cyclone Centre/Meteo-France
3	RSMC-Tropical Cyclones New Delhi/India Meteorological Department
4	RSMC Tokyo-Typhoon Center/Japan Meteorological Agency
5	RSMC Honolulu Hurricane Center
6	RSMC Miami-Hurricane Center/National Hurricane Center

世界气象组织的 4 个热带气旋预警中心　　表 1-8

序号	TCWC 名称
1	TCWC-Jakarta/Meteorological and Geophysical Agency/BMG, Indonesia
2	TCWC-Wellington/Meteorological Service of New Zealand, New Zealand
3	TCWC-Port Moresby/National Weather Service, Papua New Guinea
4	TCWC-Melbourne/Bureau of Meteorology, Australia

与世界气象组织合作的 21 个国家(地区)气象和水文服务机构　　表 1-9

序号	机构名称
1	Australia-Bureau of Meteorology
2	Cambodia-Department of Meteorology
3	China-China Meteorological Administration
4	Cuba-Cuban National Forecasting Center/Instituto de Meteorologia
5	Fiji-RSMC Nadi-Tropical Cyclone Centre, Fiji Meteorological Service
6	France-RSMC La Reunion-Tropical Cyclone Centre/Meteo-France
7	Hong Kong, China-Hong Kong Observatory
8	India-RSMC-Tropical Cyclones New Delhi/India Meteorological Department
9	Indonesia-TCWC Jakarta-Meteorological and Geophysical Agency/BMG
10	Japan-RSMC Tokyo-Typhoon Center/Japan Meteorological Agency
11	D. P. R. of Korea-State Hydrometeorological Administration
12	Republic of Korea-Korea Meteorological Administration
13	Macao, China-Meteorological and Geophysical Bureau
14	Malaysia-Malaysian Meteorological Service

续上表

序号	机构名称
15	New Zealand-TCWC-Wellington, Meteorological Service of New Zealand
16	Papua New Guinea-TCWC-Port Moresby/National Weather Service, Papua New Guinea
17	Philippines-Philippine Atmospheric, Geophysical and Astronomical Services Administration
18	Singapore-National Environment Agency
19	United States of America-National Weather Service
20	Thailand-Thai Meteorological Department
21	Viet Nam-Hydrometeorological Service of Vietnam

1.9.3 海洋气象预报数据

海洋气象预报数据是关于海洋气象条件的信息,可用于航海、海上作业、渔业和其他海洋活动的决策支持。以 Hifleet 提供的海洋气象数据为例,这些数据通常包括以下内容:

(1)海洋风速和风向。海洋风是海上航行的关键因素之一。风速和风向数据能帮助船舶和海上操作员了解风力和风向的变化,以确定最佳航行路径、调整速度和航向。

(2)海浪高度和波浪方向。海浪数据提供了有关海浪高度、周期和方向的信息,对于船舶稳定性、海上工作和浪涌影响的预测非常重要。

(3)海洋流速和流向。海洋流数据提供了有关海洋流的速度和方向的信息,对于船舶航行、油污扩散和科学研究非常重要。

(4)海洋潮汐和水位。潮汐和水位数据可用于预测海洋的潮汐变化和水位升降,对于港口进出口、海岸工程和航行计划至关重要。

(5)海冰。海冰数据用于了解海洋中的冰情,对于北极和南极地区的航行和研究至关重要。

(6)水温。水温数据用于了解海洋中的温度分布,对于渔业、船舶冷却系统和海洋环境研究非常有用。

海洋气象预测数据还包括有关大气条件的信息,如气压、降水、云量、温度等,有助于航海、气象学研究和海上作业的规划。

这些海洋气象预报数据通常由气象机构、海洋研究机构和海事部门收集、分析和发布。船舶和海上操作员可以通过各种方式获取这些数据,包括卫星通信、气象电报、互联网和气象应用程序,对于航海安全、航线优化、环境保护和海洋资源管理非常关键。

世界各地提供海洋气象预测数据的机构众多,其中一些主要的机构包括:

(1)世界气象组织(World Meteorological Orgnization, WMO)。作为联合国机构的 WMO 负责协调和促进全球气象观测和气象信息的共享。通过全球气象和海洋观测网络提供大气和海洋数据,包括气象卫星数据、气象雷达数据。

(2)美国国家海洋和大气管理局(National Oceanic and Atmospheric Administration,

NOAA)。NOAA 是美国政府的机构,负责监测和预测美国及其领海的天气和海洋条件,提供大量的气象和海洋数据,包括气象卫星数据、海洋观测数据和海洋预测数据。

(3)欧洲气象卫星组织(European Organisation for the Exploitation of Meteorological Satellites, EUMETSAT)。负责管理和操作一系列气象卫星,为欧洲及其周边地区提供气象、海洋和气候数据。

(4)日本气象厅(Japan Meteorological Agency, JMA)。负责监测和预测日本周边海域的气象和海洋条件,提供有关台风、海啸、海冰等信息。

(5)澳大利亚气象局。提供有关澳大利亚和周边海域的海洋、气象数据,包括潮汐、海浪、海洋温度等。

(6)加拿大气象局。负责监测北美大陆的气象和海洋条件,并发布相关数据,包括海洋风、气压、海冰等。

(7)国家气象中心(中央气象台)。负责监测和预测中国周边海域的气象和海洋条件,并发布相关数据,包括台风信息、海洋温度、潮汐预报等。

(8)政府间海洋学委员会(Intergovernmental Oceanographic Commission, IOC)。IOC 是联合国教科文组织的机构,负责协调国际海洋观测和数据交换。它支持全球气象和海洋数据的共享。

(9)航海气象中心(Meteorology and Oceanography, METOC)。一些军事组织如美国海军、英国皇家海军和其他海军部队都设有航海气象中心,负责为军事舰艇和作战提供气象数据和预报。

以上这些机构不仅为国内使用者提供数据,还通过国际协作将气象和海洋数据共享给其他国家和国际组织,以支持全球航海和气象活动。这些数据对于海上安全、气象预警、气候研究和海洋资源管理至关重要。

思考题

1. AIS 的主要功能是什么?它在海事安全中的作用有哪些?请结合 AIS 的静态和动态信息进行说明。

2. AIS 在处理船舶跟踪数据时面临哪些技术挑战?请列举并简要解释。

3. VDES 与 AIS 相比有哪些改进?这些改进如何提升了海上通信和数据交换的效率?

4. LRIT 与 AIS 的主要区别是什么?LRIT 在哪些方面优于 AIS?

5. VMS 主要用于监控渔船,请描述 VMS 的主要组成部分及其在渔业管理中的应用。

6. 海事数据融合的重要性是什么?请结合教材中提到的多种数据源(如 AIS、VMS、LRIT 等)说明数据融合如何提高了船舶轨迹的准确性和置信度。

7. 请列举并简要描述教材中提到的几种主要的海事数据集(如 Equasis、MarineTraffic 等),并说明它们在船舶跟踪和海事管理中的应用。

8. 水深数据在海事导航中的重要性是什么?请结合"海床 2030 项目"和 NOAA 的多波束测深数据,说明这些数据集如何帮助提高海上安全。

9. 海洋气象数据对海上航行和作业的影响有哪些?请结合教材中提到的海洋风速、海浪高度、海洋流速等数据，说明这些数据如何帮助船舶优化航线和提高安全性。

10. 电子海图技术在现代航海中的应用有哪些？请结合教材中提到的 OpenSeaMap 和 AVCS，说明电子海图如何帮助船舶进行航线规划和进出港口操作。

本章参考文献

[1] 许婉初，杨春，胡勤友．船舶徘徊轨迹 Douglas Peucker 算法提取及其深度学习分类[J]．中国航海，2024，47(2)：1-7.

[2] 黄谊文，胡勤友，董思诺．桥区水域船舶异常行为检测[J]．上海海事大学学报，2023，44(02)：1-5 + 82. DOI：10. 13340/j. jsmu. 2023. 02. 001.

[3] Zhen R, Jin Y, Hu Q, et al. Maritime Anomaly Detection within Coastal Waters Based on Vessel Trajectory Clustering and Naïve Bayes Classifier. Journal of Navigation. 2017; 70 (3): 648- 670. doi: 10. 1017/S0373463316000850.

[4] Jun Min Mou, Cees van der Tak, Han Ligteringen, Study on collision avoidance in busy waterways by using AIS data, Ocean Engineering, Volume 37, Issues 5-6, 2010, Pages 483-490, ISSN 0029-8018, https://doi. org/10. 1016/j. oceaneng. 2010. 01. 012.

[5] Huang, Z., Hu, Q., Lu, L., et al. Online Estimation of Ship Dimensions by Combining Images with AIS Reports. J. Mar. Sci. Eng. 2023, 11, 1700. https://doi. org/10. 3390/jmse11091700.

[6] 胡勤友，张蓓，杨春，等．大量海上 AIS 移动基站对全球船舶监控效果的仿真及可视化[J]．上海海事大学学报，2022，43(2)：14-18. DOI：10. 13340/j. jsmu. 2022. 02. 003.

[7] IALA.: The technical specification of VDES. Technical report IALA(2018). https://www. ialaaism. org/product/g1139-technical-specification-vdes/.

[8] IMO.: Long-range identification and tracking system. Technical report, IMO(2018). http://www. imo. org/en/OurWork/Safety/Navigation/Documents/LRIT/1259-Rev-7. pdf.

[9] Chen, Y.: Satellite-based ais and its comparison with lrit. TransNav, Int. J. Marine Na vig. Saf. Sea Transp. 8 (2), 183-187(2014).

[10] Qi, J., Guo, R., Wang, X., Zhang, H.: Research on risk long range identification for vessel traffic dynamic system. IOP Conf. Ser.: Mater. Sci. Eng. 231, 012166(2017).

[11] Vespe, M., Greidanus, H., Alvarez, M.: The declining impact of piracy on maritime transport in theindian ocean: statistical analysis of 5-year vessel tracking data. Marine Policy 59, 9-15(2015).

[12] Alessandrini, A., Guizzardi, D., Janssens-Maenhout, G., Pisoni, E., Trombetti, M., Vespe, M.: Estimation of shipping emissions using vessel long range identification and tracking data. J. Maps 13, 946-954 (2017).

[13] FAO.: VMS for fishery vessels. http://www. fao. org/fishery/topic/18103/en. Accessed 15 May 2019.

[14] Fonseca, T., Campos, A., Fonseca, P., Mendes, B., Henriques, V., Parente, J.: The importance of satellite-based vessel monitoring system(vms) for fisheries management: a case study in the portuguese trawl fleet. Maritime Engineering and Technology, pp. 19-24(2012).

[15] Russo, T., Carpentieri, P., D'Andrea, L., de Angelis, P., Fiorentino, F., Franceschini, S., Garofalo, G., Labanchi, L., Parisi, A., Scardi, M., Cataudella, S.: Trends in effort and yield of trawl fisheries: a case study from the mediterranean sea. Front. Mar. Sci. 6, 00153(2019).

[16] Watson, J., Haynie, A.: Using vessel monitoring system data to identify and characterize trips made by fishing vessels in the united states north pacific. PLoS ONE 11, 0165173(2016).

[17] Watson, J., Haynie, A., J. Sullivan, P., Perruso, L., O'Farrell, S., Sanchirico, J., Mueter, F.: Vessel monitoring systems(VMS) reveal an increase in fishing efficiency following regulatory changes in a demersal longline fishery. Fish. Res. 207, 006(2018).

[18] Equasis: The Equasis portal(2020). http://www.equasis.org/.

[19] MarineTraffic: https://www.marinetraffific.com.

[20] VesselTracker: https://www.vesseltracker.com.

[21] VesselFinder: https://www.vesselfinder.com.

[22] ShipFinder: https://www.shipfinder.com.

[23] BalticShipping: https://www.balticshipping.com/vessels.

[24] Maritime Vessel Directory: https://directory.marinelink.com/ships/.

[25] FleetMon: https://www.fleetmon.com/vessels/.

[26] Lloyd's List Intelligence: https://www.lloydslistintelligence.com/.

[27] AISHub: http://www.aishub.net/.

[28] 船讯网: https://www.shipxy.com.

[29] 船队在线: https://www.hifleet.com.

[30] 船达通: https://www.shipdt.com.

[31] 船顺网: http://www.ships66.com.

[32] 国家海事局导助航综合服务系统: https://ais.msa.gov.cn/.

[33] The Nippon Foundation: The GEBCO seabed 2030 project(2020). https://seabed2030.gebco.net/.

[34] National Centers for Environmental Information: Multibeam bathymetry, US NOAA(2020). https://www.ngdc.noaa.gov/mgg/bathymetry/multibeam.html.

[35] European Marine Observation and Data Network(EMODnet): Bathymetry(2020). http://www.emodnet-bathymetry.eu/.

[36] Lujala, P., Ketil Rod, J., Thieme, N.: Fighting over oil: introducing a new dataset. Confl. Manag. Peace Sci. 24(3), 239-256(2007). https://www.prio.org/Data/Geographical-and-Resource-Datasets/Petroleum-Dataset/.

[37] Telegeography: The submarine cable map(2020). https://www.submarinecablemap.com/.

[38] EMODnet Human Activities: Pipelines(2020). http://www.emodnethumanactivities.eu/search-results.php?dataname=Pipelines.

[39] The Wreck Site: The wreck database(2020). https://www.wrecksite.eu/.

[40] WikiPedia: Lists of shipwrecks(2020). https://en.wikipedia.org/wiki/Lists_of_shipwrecks.

[41] Department of Culture of Ireland, Heritage and the Gaeltacht: National monuments service: reck viewer (2020). http://dahg.maps.arcgis.com/apps/webappviewer/index.html?id=89e50518e5f4437abfa6284ff39fd640.

[42] National Geophysical Data Center/World Data Service(NGDC/WDS): Significant earthquake database. National Geophysical Data Center, US NOAA(2020). https://www.ngdc.noaa.gov/nndc/struts/form?t=

101650&s = 1&d = 1.

[43] European-Mediterranean Seismological Centre (EMSC): Real time seismicity (2020). https://www.emsc-csem.org/Earthquake/.

[44] 中国地震局. https://www.cea.gov.cn.

[45] https://www.protectedplanet.net.

[46] https://www.marineregions.org.

[47] National Geospatial-Intelligence Agency (NGA)-Maritime Security Office: World port index (2020). https://data.humdata.org/dataset/world-port-index.

[48] The Scottish Government: Area Management-Ports andharbours-Statutory harbour limit boundaries (2020). https://data.gov.uk/dataset/area-management-ports-and-harbours-statutory-harbour-limit-boundaries.

[49] Lighthouse Digest Magazine: The lighthouse explorer database (2020). http://www.lighthousedigest.com/Digest/database/searchdatabase.cfm.

[50] Amateur Radio Lighthouse Society: World list of lights (2020). Available at: http://wlol.arlhs.com/index.php.

[51] Dahl, A. L.: Island Directory, United Nations Environment Programme (UNEP) Regional Seas Directories and Bibliographies No. 35, 573p. (1991). http://islands.unep.ch/isldir.htm.

[52] Natural Earth: Free vector and raster map data at 1:10m, 1:50m, and 1:110m scales (2020). https://www.naturalearthdata.com/downloads/.

[53] Wessel, P., Smith, W. H. F.: A global, self-consistent, hierarchical, high-resolution shoreline database. J. Geophys. Res. 101 (B4), 8741-8743 (1996). https://www.ngdc.noaa.gov/mgg/shorelines/.

[54] Natural Earth: Free vector and raster map data at 1:10m, 1:50m, and 1:110m scales (2020). https://www.naturalearthdata.com/downloads/.

[55] Marinas.com: Marinas, The Wanderlust Group (2020). https://marinas.com/browse/marina.

[56] Wikipedia: List of marinas (2020). https://en.wikipedia.org/wiki/List_of_marinas.

[57] Global Fishing Watch: Datasets and code: anchorages (2020). https://globalfishingwatch.org/datasets-and-code/anchorages/.

[58] National Geospatial-Intelligence Agency: The distances between Ports (Pub 151), The United States Government (2001). https://maddenmaritime.files.wordpress.com/2015/01/pub151-distances-btw-ports.pdf.

[59] SeaRoutes: Route calculator (2020). https://www.searoutes.com/routing.

[60] Rowlett, R.: The lighthouse directory. University of North Carolina at Chapel Hill (2020). http://www.ibiblio.org/lighthouse/.

[61] MarineTraffic: Lights (2020). https://www.marinetraffic.com/en/data/? asset_type = lights.

[62] British Antarctic Survey Geodata Portal: Antarctic digital database (2020). https://add.data.bas.ac.uk/repository/entry/show? entryid = f477219b-9121-44d6-afa6-d8552762dc45.

[63] European Environment Agency: Coastline for analysis (2020). https://www.eea.europa.eu/data-and-maps/data/eea-coastline-for-analysis-2.

[64] US data.gov: TIGER/Line Shapefile, 2017, nation, US, Coastline National Shapefile (2020). https://catalog.data.gov/dataset/tiger-line-shapefile-2017-nation-u-s-coastline-national-shapefile.

[65] OpenSeaMap: The free nautical chart (2020). https://www.openseamap.org/index.php? L = 1.

[66] Sandvik, B.: World borders dataset, thematic mapping (2020). http://thematicmapping.org/downloads/world_borders.php.

[67] McGarva, G.: World political boundaries-coarse. University of Edinburgh(2017). https://doi.org/10.7488/ds/1789.

[68] Pope, A.: World political boundaries-detailed. University of Edinburgh(2017). https://doi.org/10.7488/ds/1934.

[69] Database of Global Administrative Areas: Maps and data(2020). https://gadm.org/index.html.

[70] US Office of Coast Survey: Find nautical charts(2020). https://nauticalcharts.noaa.gov/.

[71] NASA Earth Observatory: Earth at night: flat maps(2020). https://earthobservatory.nasa.gov/features/NightLights/page3.php.

[72] 天地图,https://www.tianditu.gov.cn/.

[73] European Space Agency: Copernicus open access hub(2020). https://scihub.copernicus.eu/.

[74] Sinergise: Earth observatory(EO) browser(2020). http://apps.sentinel-hub.com/eo-browser/.

[75] NASA: Earth data(2020). https://search.earthdata.nasa.gov/.

[76] EOS Data Analytics, Inc: Land viewer(2020). https://eos.com/landviewer/.

[77] MapBox: Remote pixel(2020). https://search.remotepixel.ca/.

[78] Google Earth. http://earth.google.com.

[79] https://openweathermap.org.

[80] https://www.worldweatheronline.com/.

[81] http://nmc.cn/publish/marine/forecast.htm.

[82] https://www.jma.go.jp/bosai/weather_map/#lang=en.

[83] https://www.ncei.noaa.gov/products/international-best-track-archive.

[84] https://severeweather.wmo.int/.

第2章

利用关系数据库处理和分析船舶动态数据

本章将介绍利用关系数据库系统管理 AIS 广播的船舶动、静态数据；对数据进行简单分析计算。利用 QGIS 软件可视化计算结果。本章内容可以为建立分析研究海上交通和船舶行为的海事数据库和数据可视化系统提供逐步的指导。

分析和处理来自自动监测技术获得的数据，如 AIS、合成孔径雷达（Synthetic Aperture Radar，SAR）、卫星和岸基雷达图像，是一个新兴的研究领域。如果将这些数据与岸线、海图、渔区、海洋保护区、海洋和气象状况等背景信息进行融合，就可以对这些数据进行进一步的分析，以了解船舶交通流、监测海上交通、揭示环境和生物资源与航行活动存在的风险等。近年来，相关的研究进展迅速，出现了许多分析技术，可以利用这些数据来实现上述主要目标。一些前沿的海事信息学研究题目主要有：

（1）船舶轨迹分析和预测。主要集中利用 AIS 数据和一些补充数据来预测和分析船舶的轨迹。

（2）交通流预测。如港口通航能力分析和港口货物吞吐量预测等。

（3）船舶避碰。通过分析船舶的航行行为来分析船舶碰撞的风险。

（4）船舶检测、分类和识别。如：利用遥感设备拍摄的图像或视频，从中检测出小目标船舶等。

（5）船舶异常行为检测。主要采用数据驱动的方法来对船舶行为建模，从而可以检测出不符合规则船舶航行行为，这些行为都可能存在潜在的威胁。

（6）分析海上人类活动行为。如捕鱼、走私、偷渡、海盗行为等。

（7）多源信息融合。将多种来源的数据进行融合，降低单一来源数据中的不确定性，提升数据整体的可靠性，从而提升数据分析结果的精确度。

(8)海运交通网络分析。聚合船舶轨迹数据，抽象出海上交通网络，分析交通模式。

在海事数据建模和处理过程中，一般有两类技术路线，其一是利用现成可用的地理信息系统(Geographic Information System,GIS)的数据分析和处理工具软件或利用编程语言(如Python,R,Matlab 等)编写自定义的处理工具，其二是利用支持空间数据的关系型数据库(Relational Database Management System,RDBMS)对数据进行分析和处理，这些支持空间数据处理的关系型数据库都已经集成了优化后的对空间数据进行索引、分析和计算的模块，也已经高效地集成在了数据库查询语言中。

本章将着重介绍后一种处理技术。由于在这些 RDBMS 中已经内置了对空间数据的支持，开发人员可以在数据库中显示的定义空间数据实体，并且执行空间查询和运算，例如对比空间对象之间的属性，计算他们的空间距离等。开发人员还可以利用数据库支持的空间数据对象扩展自定义的数据类型和函数，让他们为特定的程序或任务服务。

本章中将介绍众多结构化查询语句(Structured Query Language,SQL)，因此需要读者具有基本的有关 SQL 的知识背景。

2.1 空间数据库

在本节中，我们将概述如何使用 GIS 或 RDBMS 来处理空间数据，特别是地理数据和移动对象。首先介绍仅支持空间数据的方法和软件产品，然后介绍一些现有的时空数据系统。

2.1.1 空间数据的处理技术分类

多年以来，地理信息的表示和分析一直是 GIS 领域专注于研究的内容。GIS 系统一般都具有高效的地理可视化和渲染能力，可以与距离/缓冲区、拓扑关系查询、覆盖操作、地面和地形分析等多层空间分析功能相结合。然而，传统的 GIS 不能独自处理不断增加的数据量，也不能满足语义驱动的涉及空间和非空间属性的异构信息集成，更不能满足复杂的知识发现任务，如监督分类等。所有这些任务都需要地理和描述性数据特征的集成表示，并且需要有比传统 GIS 提供的在低水平数据操作方面具有更大的灵活性，从而使得可将地理空间数据和其他类型的数据分开管理。

为了满足新兴的空间应用程序的需求，关系数据库系统，这一曾经旨在为具有离散属性的简单对象提供有效的支持，已经被扩展到以一种自然的方式来表示和查询地理数据。例如，甲骨文(Oracle)和 Postgres(现在的 PostgreSQL)分别扩展了空间模块，分别是 Oracle Spatial(现在完全集成在主要的 RDBMS 中)和 PostGIS。现在主流的 DBMS，包括微软 SQL，MySQL,SQLite 都已经开始支持处理地理数据。

这些主流的 DBMS 当中的数据模型已根据有关国际标准和规范，被扩展为能用于管理几何数据的数据类型和结构。有关空间数据的操作已经与查询语言完全集成，同时，数据库中还提供空间数据索引技术以支持空间数据查询优化。空间数据索引通常使用B+树或R树构建，PostgreSQL还实现了通用搜索树（Generalized Search Tree，GiST）来开发定制的索引，已支持空间和非空间的查询优化。

大多数DBMS空间扩展为几何数据提供了成熟的支持。一些数据库产品还扩展了对光栅数据的支持（例如Oracle Raster以及集成在PostGIS中的pgraster）。此外，有一些数据产品还支持3D表示，如PostGIS。

这种支持可以通过新的抽象数据类型而得到进一步增强以表示空间（或时空）数据，为应用程序进行定制，类似于面向对象的数据库（Object-Oriented Database Management System，OODBMS）。这种对象—关系DBMS产品，由于充分利用了空间数据库和面向对象的优势，已经成为市场上用于存储和查询空间数据的主要产品。因此，目前大多数GIS系统都使用空间DBMS作为数据存储层。这种混合解决方案结合了GIS高效的前端优势和空间DBMS的健壮和高效的数据存储和检索能力。

很少有NoSQL（或被称为Not-Only-SQL）数据库系统，支持空间数据扩展。最近有一些NoSQL系统，如MongoDB、DocumentDB等，采用了一种半结构化的基于文档的数据模型，使得该种类型的数据库系统能定义支持GeoJSON对象的空间对象实体，从而支持地理空间查询。值得一提的是，NoSQL数据库系统放宽了一些数据建模约束来处理非结构化或半结构化数据，并根据大数据和并行处理的需要提高了数据库系统的伸缩性能。例如，为了并行地处理多个船舶轨迹和多个区域内的数据，它们能够为应用程序无缝地增加数据库的节点数量，并维护数据的副本。然而，提高效率和灵活性的代价是放松了一些在传统SQL数据库中保证数据一致性的属性（即ACID属性：原子性、一致性、隔离性和持久性）约束。

2.1.2 安装Postgresql数据库系统

虽然已经有了广泛的研究，但是如何在数据库中表示时空数据以及运动物标的数据，仍然处于研究阶段。在文献[1]中，作者提出了对象数据管理组（Object Data Management Group，ODMG）模型的时空扩展，该模型是OODBMS和对象查询语言（Object Query Language，OQL）的实际标准模型。另外一个比较有名的时空数据模型是SECONDO[2]数据库系统中使用的那种，它利用抽象的数据类型来建模移动对象[3]和它们之间的时空操作。

PostgreSQL结合了PostGIS的扩展，很自然地集成了对时空数据的支持。此外，还有两种实现方案。第一种是使用支持时间序列的DBMS，例如TimescaleDB。它是一个开源的时间序列DBMS，作为PostgreSQL的扩展开发，它完全兼容SQL和PostgreSQL，也可以集成PostGIS，能够有效地处理时空时间序列数据，如物联网传感器收集的数据。给定一个含有时间和空间位置数据的数据表，它将根据数据的时间和空间维度对其进行转换并对数据进行分区，并且能够向表中添加索引以提高访问性能。它还提供了一些分析函数，可以与PostGIS的功能联合使用。

第二种是使用对时空数据提供了完全支持的数据库系统，例如PosgGIS-T就是在规范的时空代数上扩展了 PostgreSQL 的数据库产品。类似地,Pg-Trajectory 是一款由佐治亚州立大学数据挖掘实验室开发的、扩展了 PostgreSQL/PostGIS、设计用来处理时空数据的另一款数据库产品。

本章及后续章节,将利用 PostgreSQL/PostGIS,介绍海事信息数据库的建立和操作。PostgreSQL 是一个开源的、符合标准的、健壮的 DBMS。它采用并扩展了结构化查询语言(Structured Query Language,SQL),用于数据操作和查询。PostgreSQL 可以在所有主要的操作系统上运行,并且可以处理大的数据集。PostgreSQL 是高度可扩展的,即用户可以定义自己的数据类型,构建自定义函数,并通过查询语言 SQL 与 DBMS 交互,也可以使用不同的编程语言,如 C、Perl、Java、Python、R、JavaScript 或使用 shell 脚本与 DBMS 交互。

Postgresql 的下载地址如下:

https://www. enterprisedb. com/downloads/postgres-postgresql-downloads。可根据计算机的操作系统选择对应的安装版本,如图 2-1 所示。

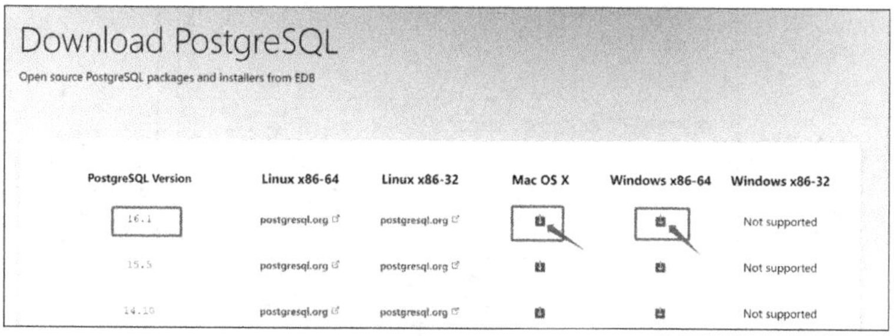

图 2-1 根据计算机操作系统下载对应的安装文件

在安装和配置 Postgresql 数据库中,关键步骤如下:

(1)安装路径选择。为了避免出现意外异常,请选择无中文字符的安装路径,如图 2-2 所示。

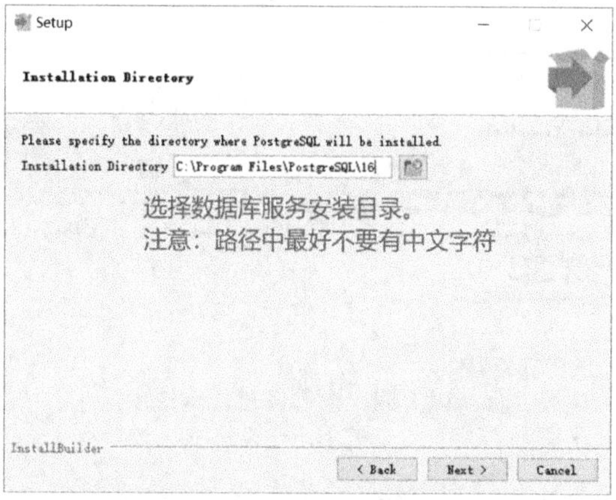

图 2-2 数据库安装路径选择

(2)赋予安装路径文件夹完全的权限。在 Windows 10 操作系统下安装 Postgresql 数据库时,可能会在安装的最后阶段出现"The database cluster initialisation failed."报错的警告。这通常是因为没有给安装路径的文件夹赋予完全的控制权限。可以在安装初始阶段参照图 2-3 的方式给安装文件夹授权。

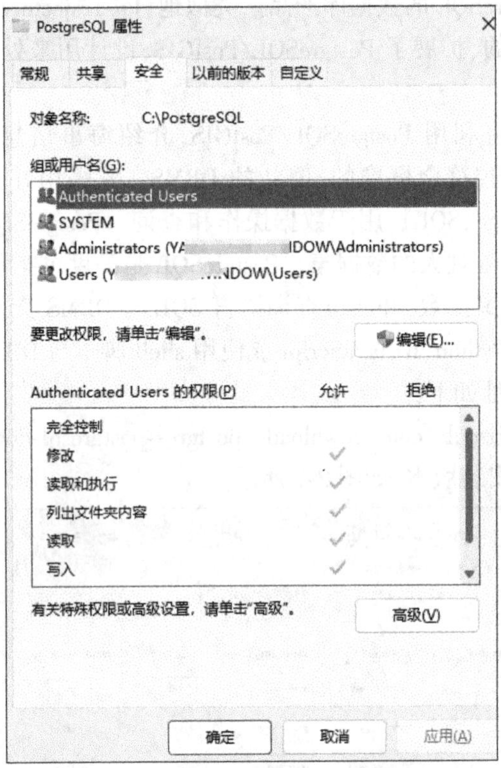

图 2-3　给安装目标文件夹赋予完全控制权限

(3)安装组件的选择。为了能获得 Postgresql 数据库系统的完整功能,在安装动能选择时,建议选择全部的功能组件(图 2-4),尤其是 pgAdmin。它是连接和操作 Postgresql 数据库常用的客户端软件。

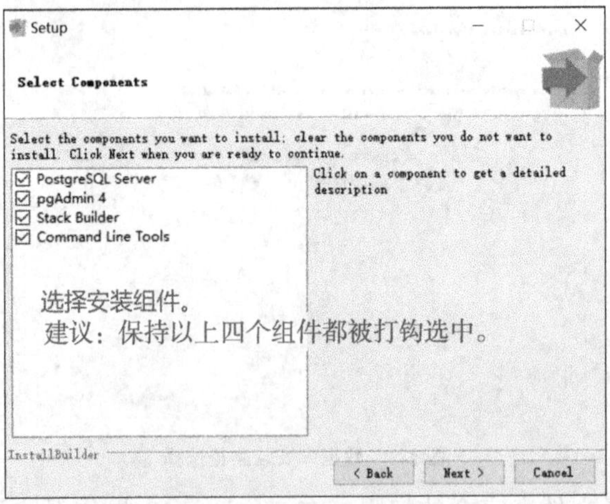

图 2-4　勾选安装重要的组件

(4)选择合适的保存数据目录的路径。由于数据库中可能存储较多的数据,数据文件应该选择存储在磁盘剩余空间较大的路径下,如图 2-5 所示。

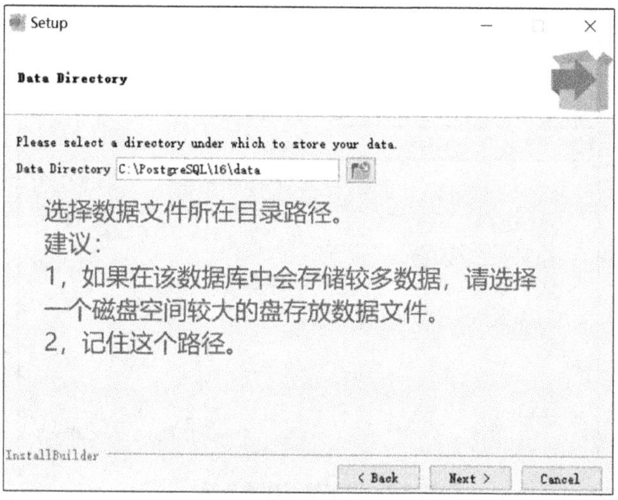

图 2-5　选择数据库数据文件存放目录

(5)数据库初始用户名、密码和默认端口。Postgresql 数据库系统的超级用户名为 postgres，在安装过程中，当出现图 2-6 时，需要为该用户名设定密码，请牢记该密码。

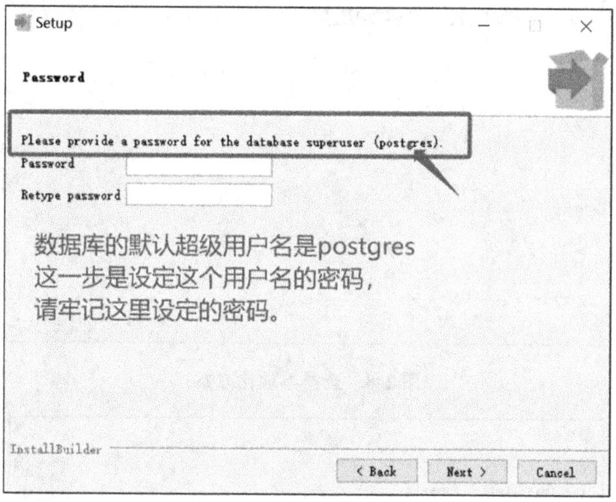

图 2-6　牢记数据库超级用户密码

图 2-7 显示数据库的默认服务端口为“5432”。在安装过程中如果更改了该端口，请牢记更改后的端口号。一般情况下，如无特殊情况可以不用改变该默认端口。

(6)选择本地化方案。为了避免在安装过程中发生意外的错误，在选择本地化方案时，选择“C”。如图 2-8 所示。

(7)安装预备。当完成上述配置和选择后，安装引导程序会在安装正式开始前显示前面选择的各项配置信息。如图 2-9 所示。

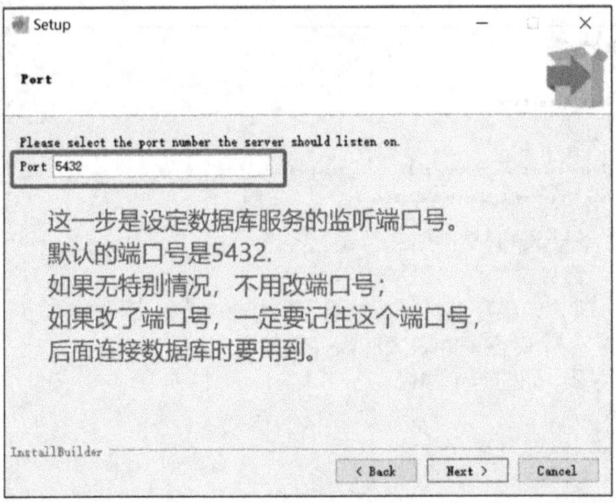

图 2-7　设定数据库服务端口

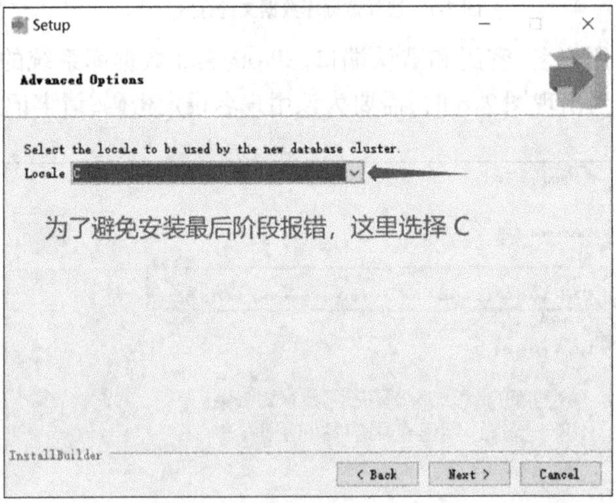

图 2-8　选择本地化方案

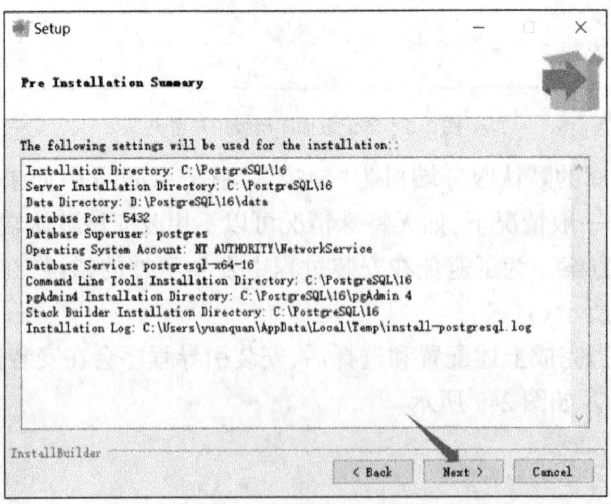

图 2-9　安装前显示配置信息

当点击“Next >”后，图 2-10 显示安装正式开始。

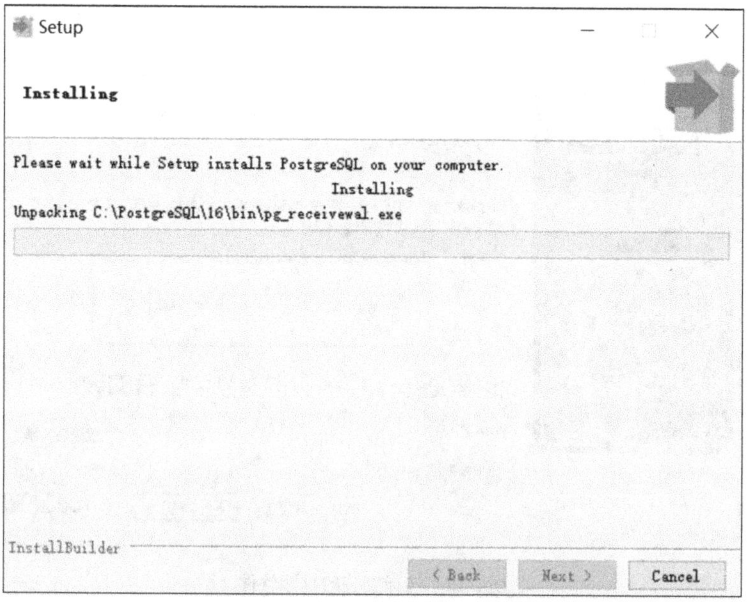

图 2-10　正式开始安装 Postgresql

(8)自动下载和安装 PostGIS，pgAgent 等重要组件。在安装结束时，在图 2-11 中应该保持选中“Launch Stack Builder”。数据库安装向导将根据需要，提醒用户下载安装或自动安装需要的关键组件，尤其是 PostGIS。

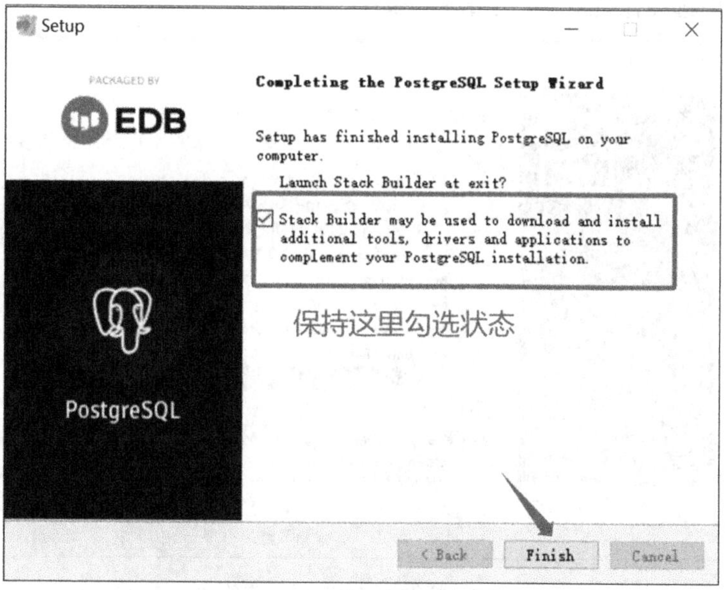

图 2-11　勾选“Stack Builder”

勾选“Stack Builder”后，安装向导需要用户选择安装软件目标。此时应该选择刚刚安装好的 Postgresql 数据库。由于后续要安装的 PostGIS，pgAdmin 等组件需要联网下载安装，因此必须要保证安装计算机可以联网。如图 2-12 所示。

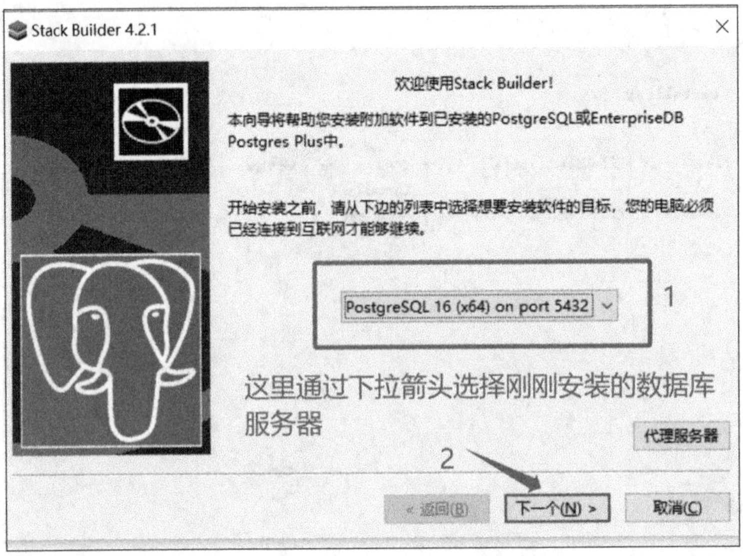

图 2-12　选择安装的目标软件

展开 Add-ons, tools and utilities, 勾选 pgAgent for PostgreSQL。pgAdmin 组件是 PostgreSQL 数据库服务器的客户端软件,后续将通过该客户端操作数据库。

展开 Spatial Extensions,勾选图 2-13 中的 PostGIS 3.4 Bundle for PostgreSQL,这个是 PostgreSQL 的空间数据扩展组件。只有安装了该组件,才能通过 PostgreSQL 管理和使用空间数据。在图 2-14 中选择保持默认的下载目录即可。

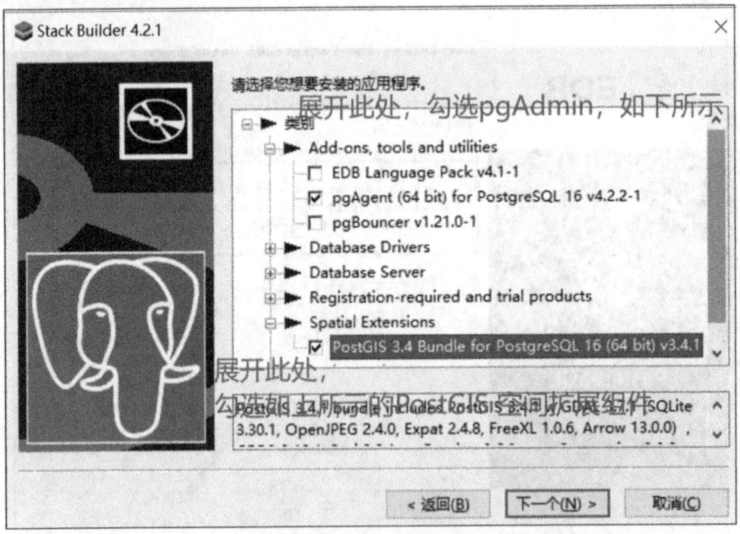

图 2-13　勾选安装 PostGIS 组件

安装 pgAgent 和 PostGIS 需要较长时间,图 2-15 的出现表示正在下载安装包,此过程需要耐心等待。

在下载结束后,需要执行安装,因此不能勾选图 2-16 中的“Skip Installation”。

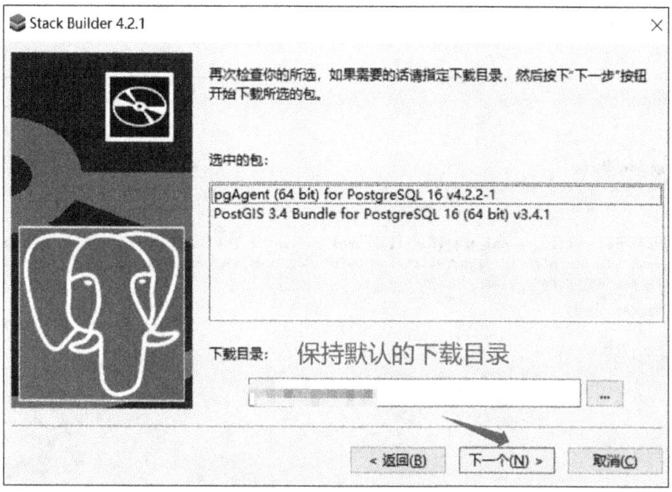

图 2-14　选择组件的安装目录

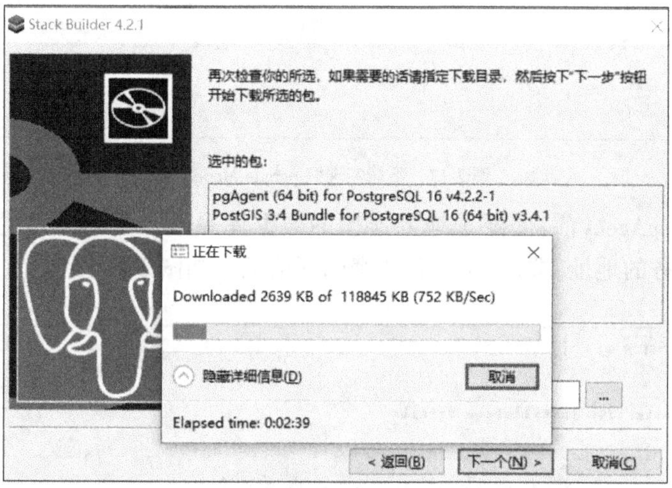

图 2-15　开始联网下载安装勾选的组件

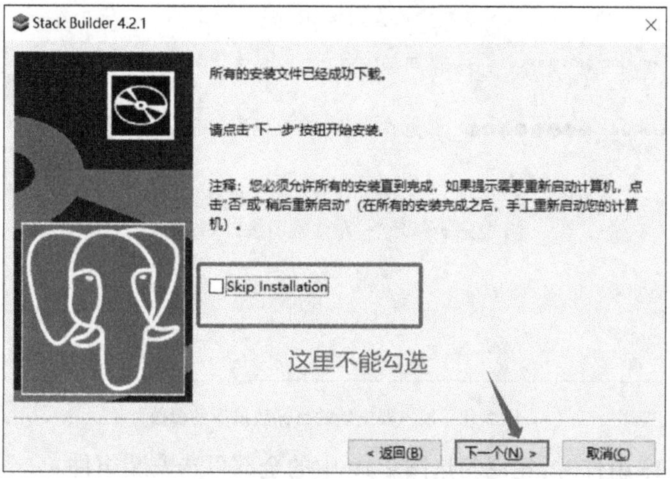

图 2-16　不能勾选"Skip Installation"

在安装 pgAgent 时，不能勾选图 2-17 中的“Upgrade Mode”。

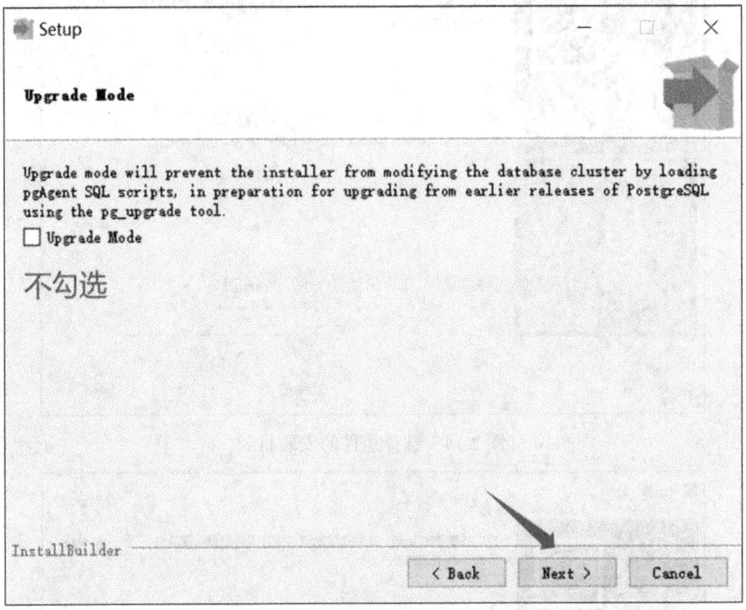

图 2-17　不能勾选“Upgrade Mode”

在开始安装 pgAgent 前，需要选择要连接的数据库系统。根据之前的配置，填入 PostgreSQL 数据库服务的地址、端口、用户名和密码等信息。如图 2-18 所示。

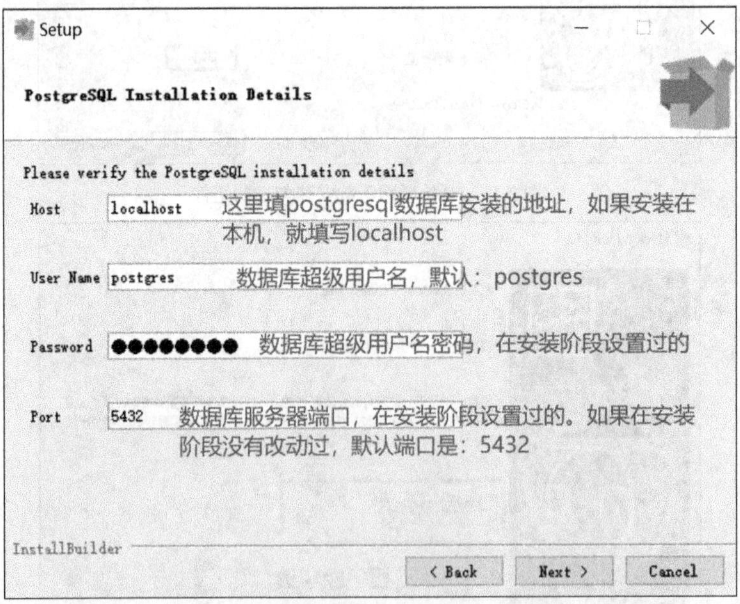

图 2-18　填入要安装的目标数据库的参数

在安装 PostGIS 组件时，建议勾选图 2-19 中的全部可选安装组件。

如无特殊情况，在选择 PostGIS 安装路径时，建议保持默认选择。如图 2-20 所示。

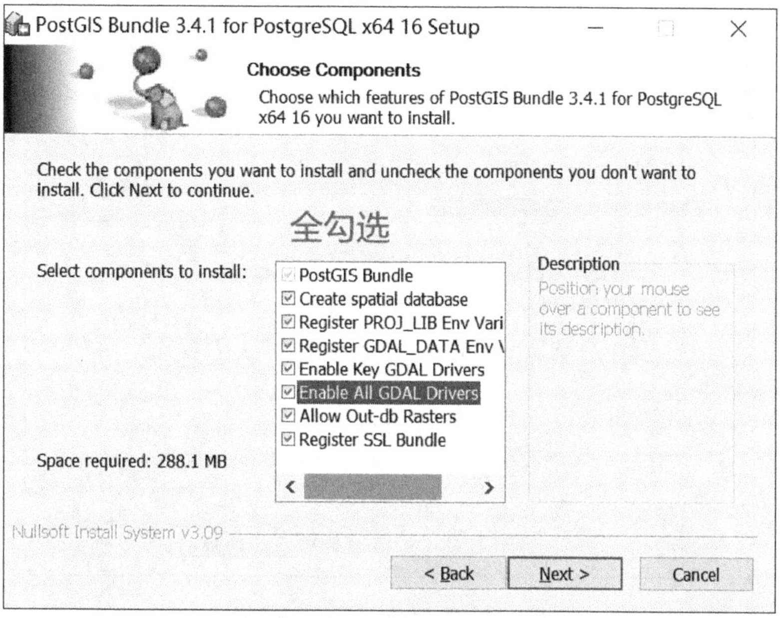

图 2-19　建议选择全部可选安装组件

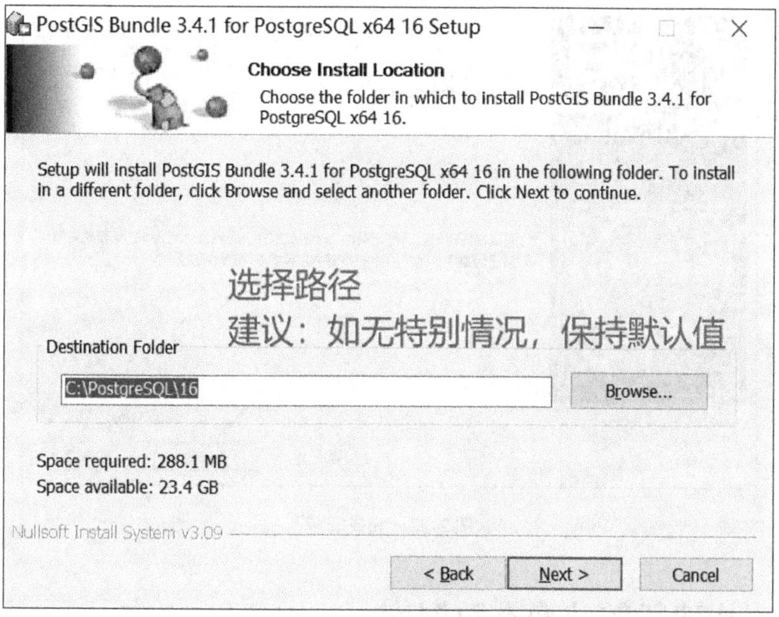

图 2-20　建议选择默认安装路径

PostGIS 会自动创建示例空间数据库。如无特别情况，建议保持如图 2-21 中所示的默认的示例空间数据库名。

点击“Install”，将开始执行安装 pgAgent 和 PostGIS 组件。安装结束，会出现如图 2-22 所示的安装完成界面。

安装和配置 Postgresql 数据库系统的完整详细步骤，请参考船队在线社区知识帖[4]。

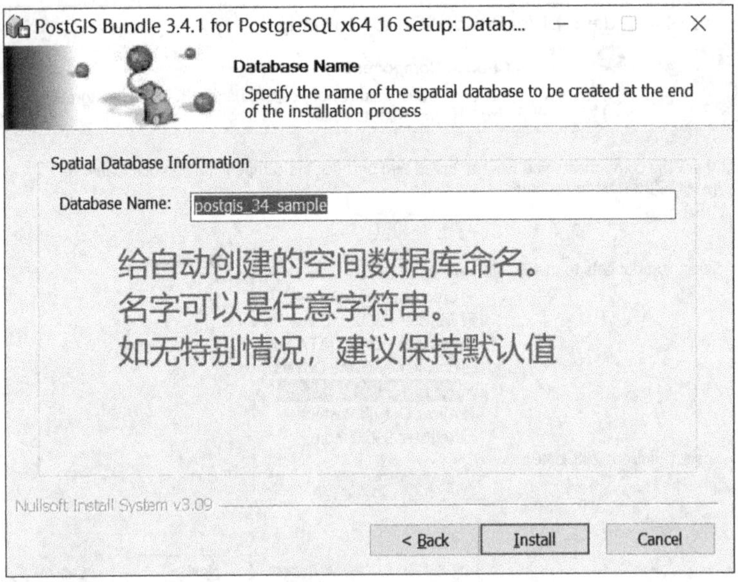

图 2-21　建议创建示例空间数据库

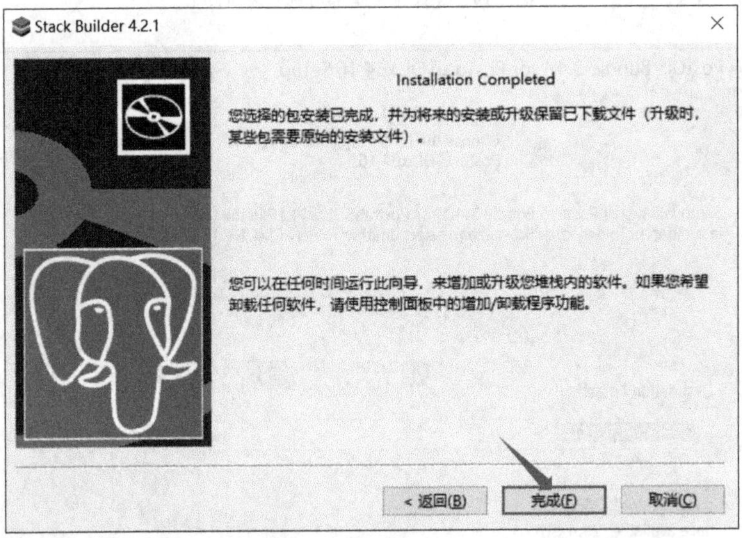

图 2-22　完成安装

2.1.3　构建船舶动静态数据库

按照上节的介绍，在安装了 PostgreSQL 数据库系统及其两个重要的组件后，可以通过 pgAgent 连接数据库系统，建立数据库表，并使用船队在线社区提供的船舶 AIS 动静态数据[5-6]，建立动静态数据库。

船舶 AIS 动态数据集中包含的船舶动态位置消息，他们来自是 ITU-1、ITU-2、ITU-3、ITU-8 和 ITU-19 等类型的 AIS 消息（International Telecommunication Union，ITU，国际电信联盟）。

船舶 AIS 静态数据集中的数据主要是来自 ITU-5、ITU-19 类型的 AIS 消息,少数 ITU-24 类型的消息。静态数据中包含了船舶名称、航次目的地、船舶的 IMO 编号和水上移动业务标识(Martime Mobile Service Identity,MMSI)等。

船队在线社区提供的船舶动静态数据分别示例如下。

1)船舶动态数据

```
5970 413833608  1567325862  120.457766666  32.0678166  186.5  0  511  0  5
```

上述数据按照如下字段排列:

ID,MMSI,timestamp,longitude,latitude,course_over_ground,speed_over_ground,true_heading,rate_of_turn,navigation_status

示例数据各字段的值说明如下:

5970:数据 ID;

413833608:船舶 MMSI 号;

1567325862:船舶位置数据的时间;

120.457766666:船舶位置经度,东正西负,单位:度;

32.0678166:船舶位置纬度,北正南负,单位:度;

186.5:船舶航向,单位:度;

0:船舶航速,单位:节;

511:船舶船首向,单位:度,511 为船舶 AIS 系统播发的船首向的默认值,表示无可用船首向值;

0:船舶转向率,单位:度/分钟;

5:船舶航行状态,其含义请参考船舶 AIS 系统相应的技术规范[7]。

2)船舶静态数据

```
705 25707153 9268863 LAHM8 KRABBSUND 70 103 9 5 8 2019-09-02 15:00:00
3.4 TAU 1567331671
```

上述数据按照如下字段排列:

ID,MMSI,IMO_number,callsign,ship_name,ship_type,offseta,offsetb,offsetc,offsetd,estimated_time_of_arrival,draught,destination,timestamp

示例数据各字段的值说明如下:

705:数据 ID;

25707153:船舶 MMSI 号;

9268863:船舶 IMO 注册号;

LAHM8:船舶呼号;

KRABBSUND:船名;

70:船舶类型代码,其含义参考船舶 AIS 相关规范[7];

103:船舶定位天线在船舶上的安装位置距离船首的距离,单位:米;

9:船舶定位天线在船舶上的安装位置距离船位的距离,单位:米;

5:船舶定位天线在船舶上的安装位置距离左舷的距离,单位:米;

8:船舶定位天线在船舶上的安装位置距离右舷的距离,单位:米;

2019-09-02 15:00:00:船舶 AIS 系统播发的预计抵达目的港的时间,该时间由船员在船舶开航前在 AIS 系统中手动输入。按照船舶 AIS 规范,应该输入预计抵港的世界时,但是不排除有些船舶输入的是抵港时的当地时间;

3.4:该航次船舶的最大静态吃水,由船舶驾驶员手动在 AIS 系统中输入;

TAU:船舶该航次的预计抵港信息,该信息由船员手动在 AIS 系统中输入。经常输入的有港口名称,港口代码等;

1567331671:该条 AIS 静态数据的接收时间。

这两份示例数据集涵盖了北京时间 2019 年 8 月 31 日 12 时 0 分至北京时间 2019 年 9 月 1 日 23 时 59 分,航行在杭州湾、长江口及长江江苏段部分水域内的所有船舶 AIS 动态和静态数据。

3)将数据导入数据库

为了能将上述数据导入到 PostgreSQL 数据库中,需要使用上节安装 pgAgent 连接数据库,在数据库中建立相应的库表,再使用数据库的相关命令将数据导入,以便于后续的研究使用。

(1)利用 pgAdmin4 连接 PostgreSQL。当安装好 pgAgent 组件后,会自动安装好 pgAdmin4 这一典型的 PostgreSQL 数据库客户端软件。参照图 2-23 打开 pgAdmin4 客户端。

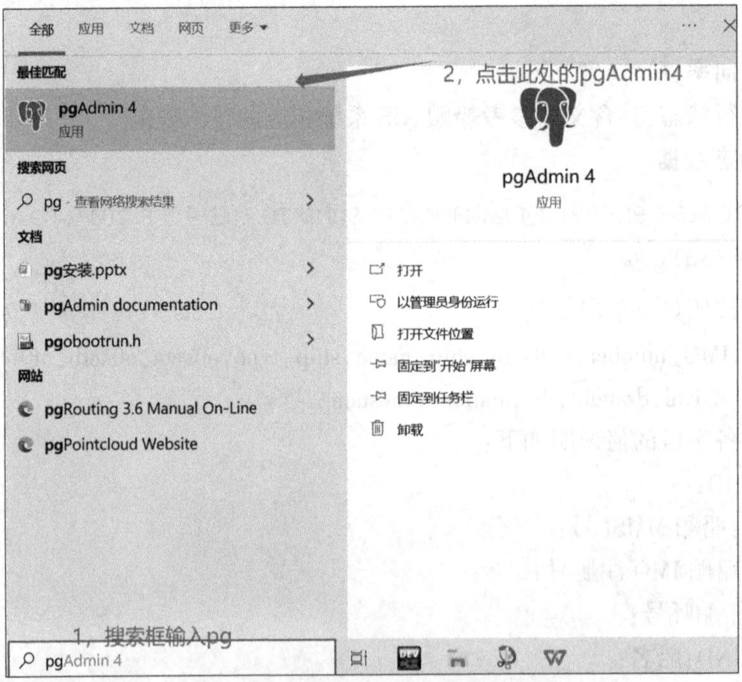

图 2-23　寻找和打开 pgAdmin4 客户端

首次使用 pgAdmin4 时,需要输入要连接的 PostgreSQL 数据库的 postgres 用户的密码,如图 2-24 和图 2-25 所示。

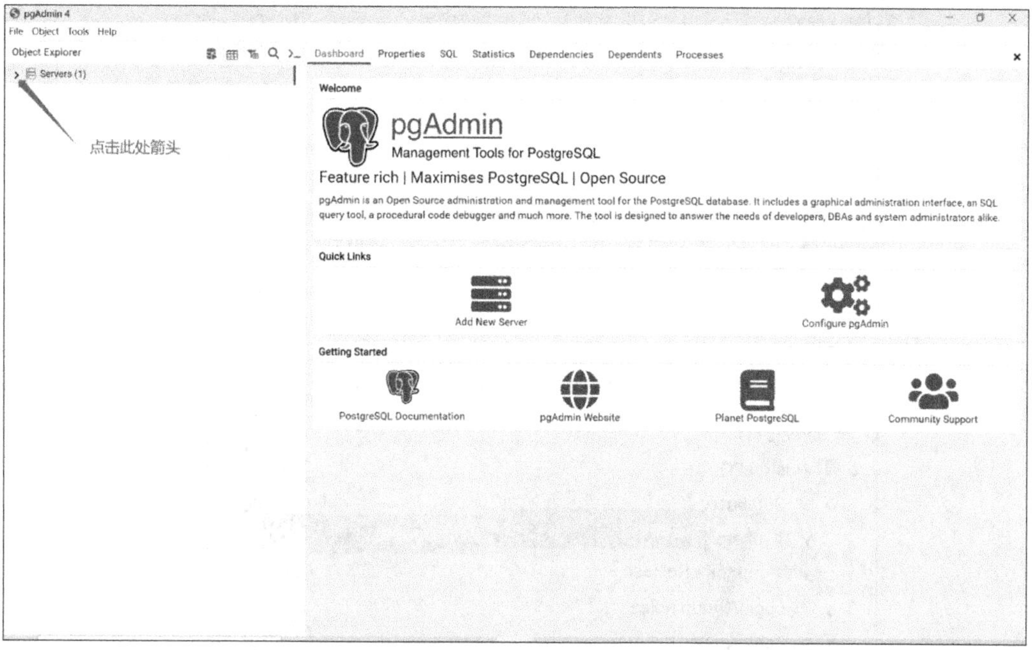

图 2-24　选择要连接的数据库

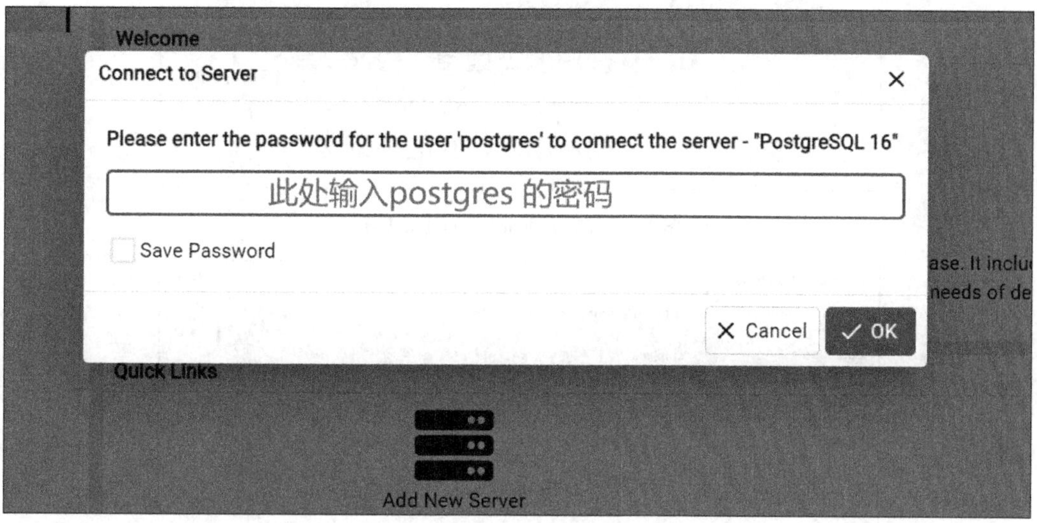

图 2-25　输入 postgres 用户的密码

登录成功后，点击“Databases”，可以展开该数据库系统已经存在的数据库列表。在安装 PostGIS 时，由于选择让 PostGIS 组件创建示例的空间数据库，此时可以在图 2-26 所示的界面上看到在安装过程中创建的该实例空间数据库。

（2）创建数据库。建议创建新的数据库用于保存船舶 AIS 动静态数据。在 pgAdmin4 中，参考图 2-27 和图 2-28 中的操作方法，创建新的数据库。

点击“Save”后，pgAdmin4 会在 Postgresql 中创建新的数据库，如图 2-29 所示。

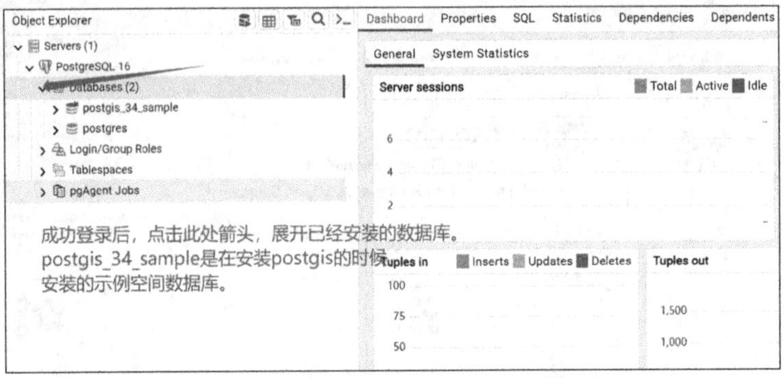

图 2-26　查看 PostGIS 创建的示例空间数据库

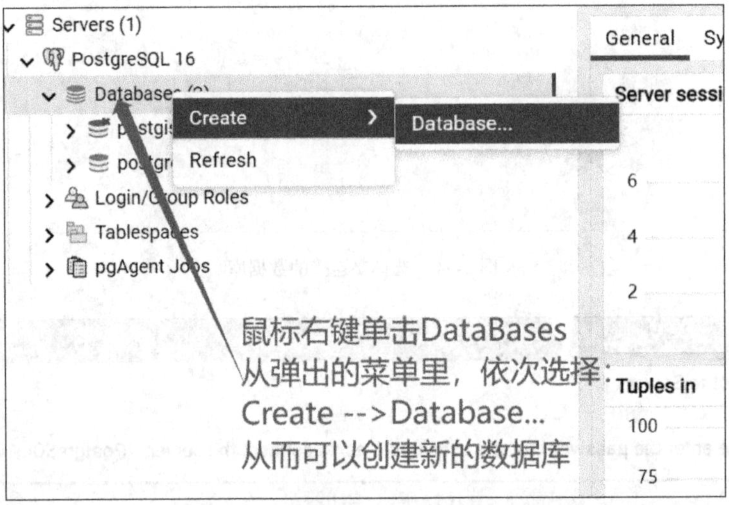

图 2-27　在 pgAdmin4 中新建数据库

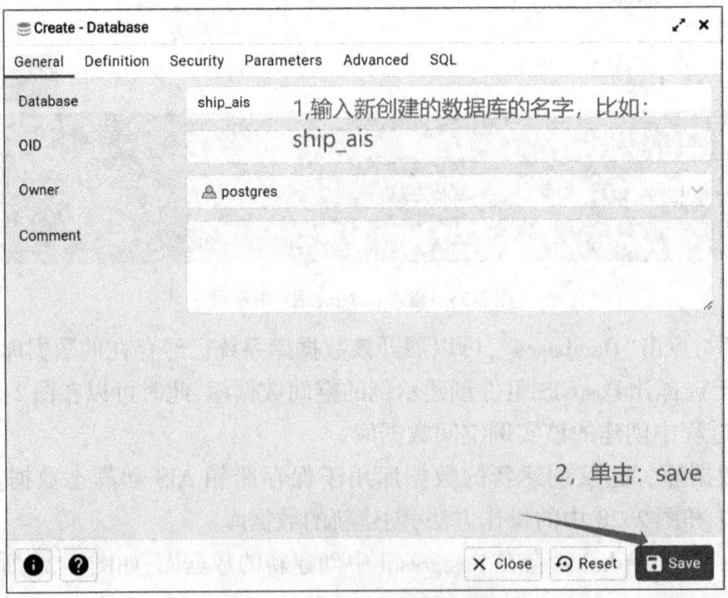

图 2-28　给新创建的数据库命名

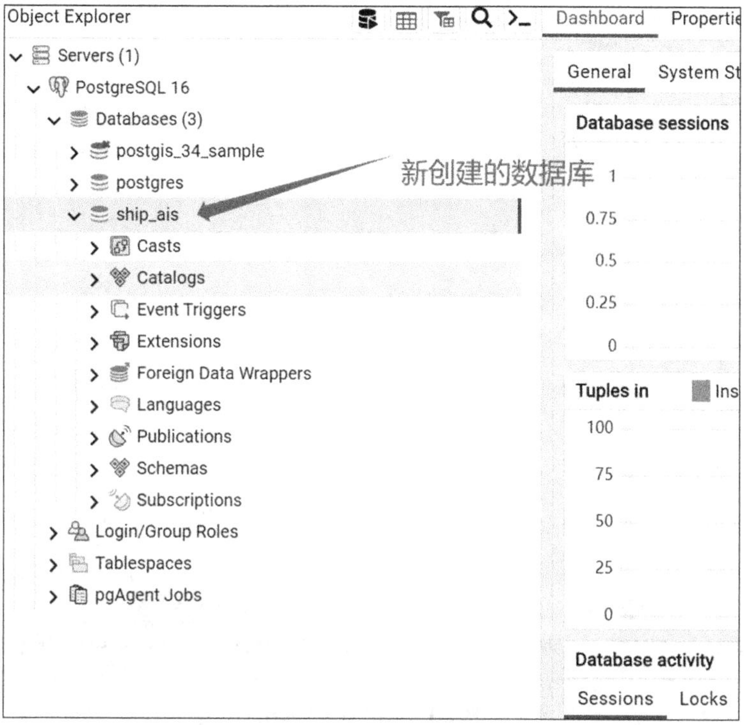

图 2-29　新数据库创建成功

(3) 在数据库中创建 Schema。在 PostgreSQL 中，数据表的组织形式是：Database → Schema → Tale。因此参照图 2-30～图 2-32 所示的步骤在新创建的数据库中创建 Schema。

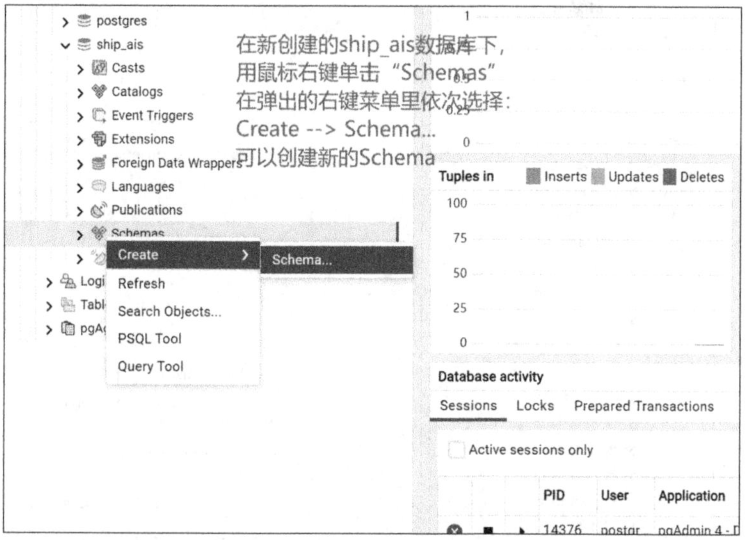

图 2-30　创建 Schema

(4) 创建船舶静态数据表。在新创建的 schema 下创建新的数据表用于保存船舶 AIS 动静态数据。首先参照图 2-33～图 2-36 所示的步骤，创建存储数据的数据表，并给数据表添加相应的字段。

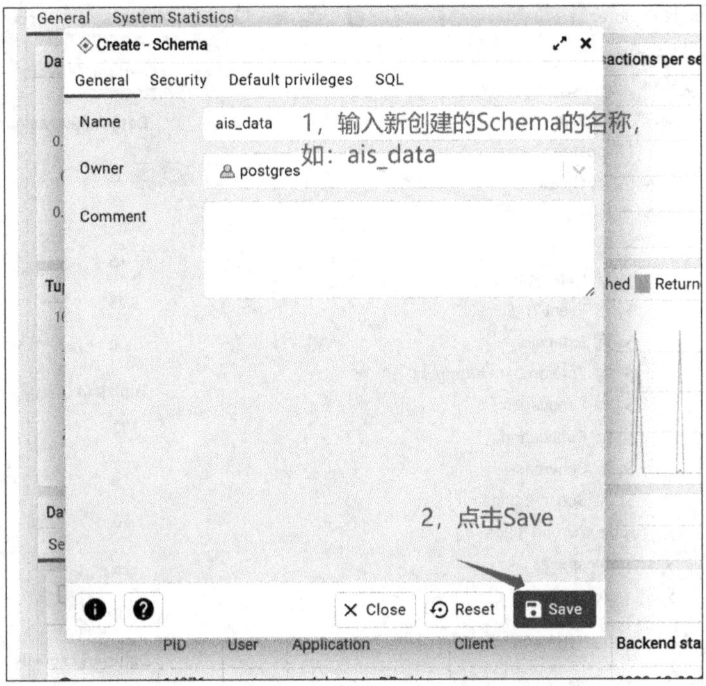

图 2-31　给 Schema 命名

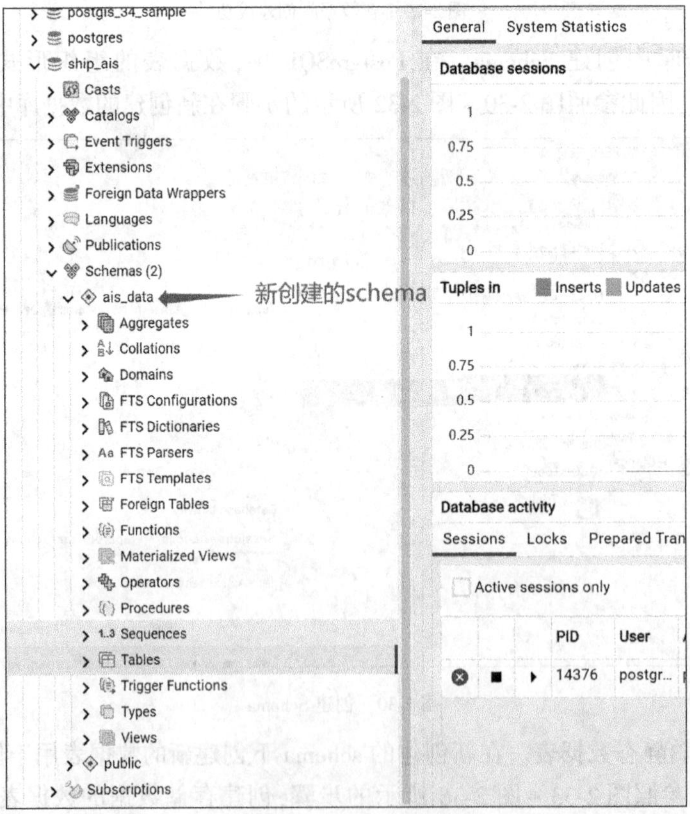

图 2-32　Schema 创建成功

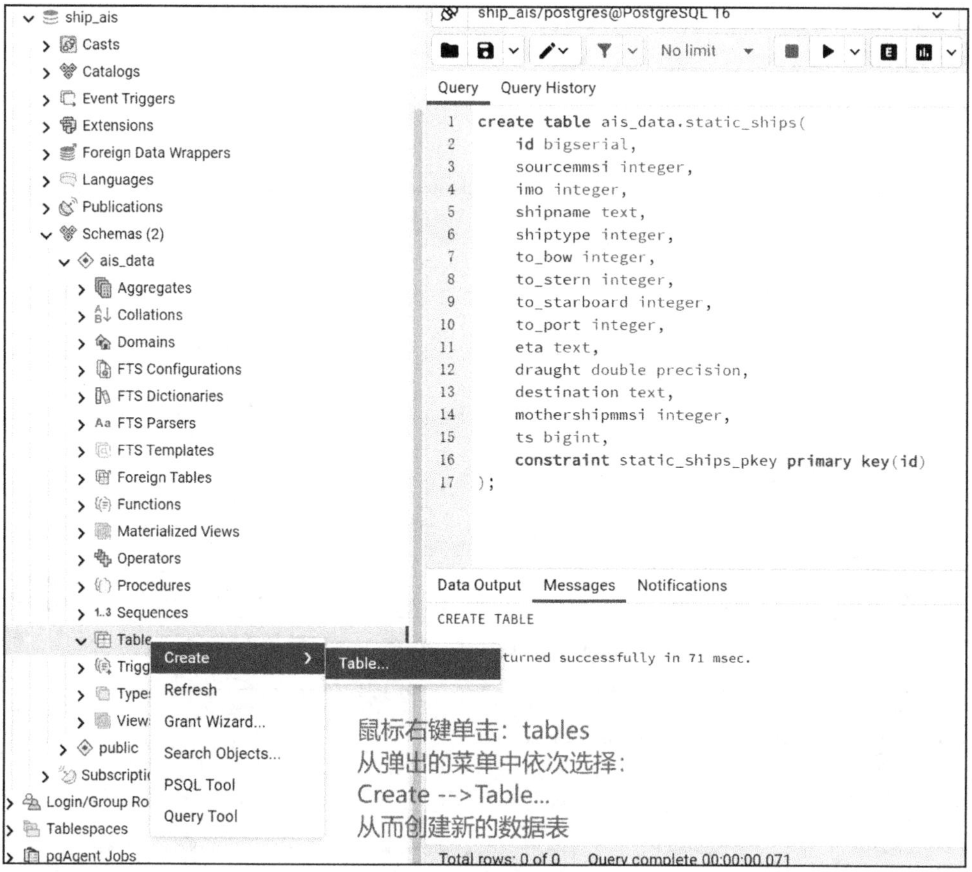

图 2-33　选择创建数据表

图 2-34　给保存船舶静态数据表命名

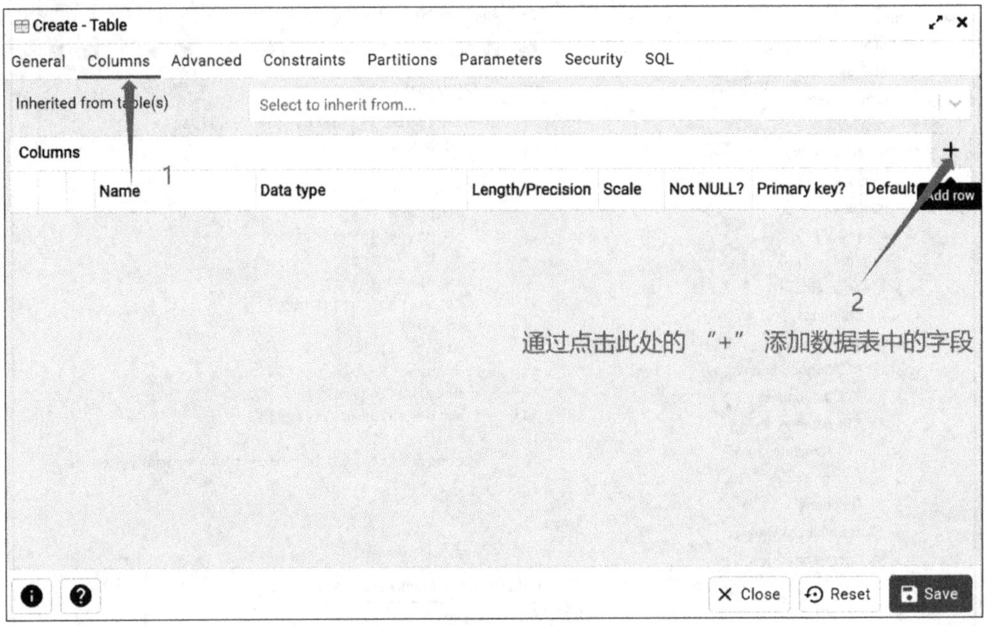

图 2-35　根据船舶静态示例数据创建数据表的各字段

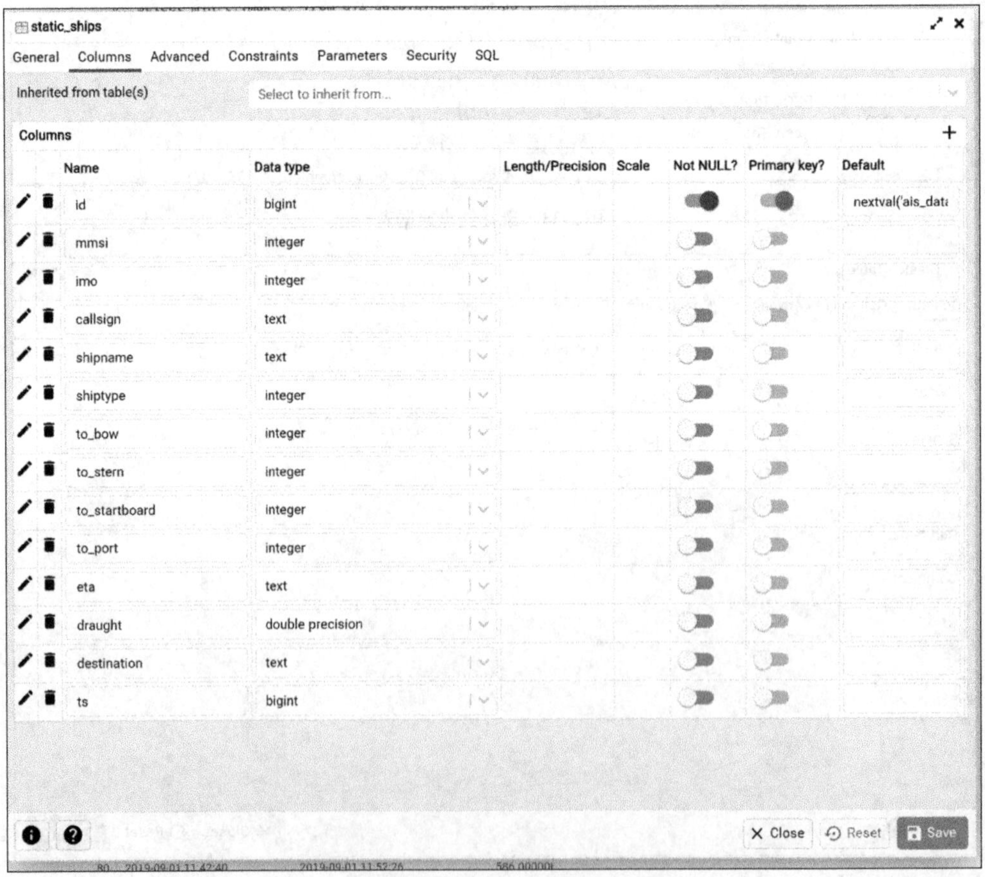

图 2-36　船舶静态数据表的各字段及字段类型

参考图 2-37 和图 2-38 给船舶静态数据表设置主键字段。

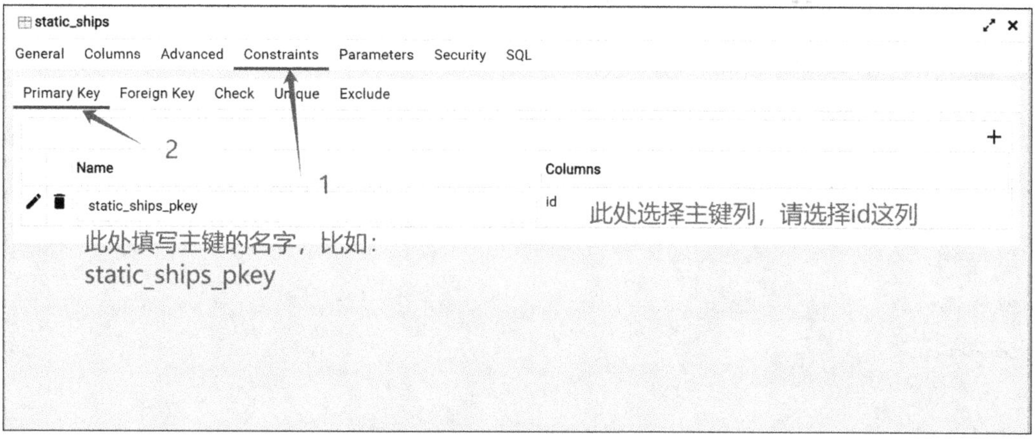

图 2-37　船舶静态数据表的主键字段

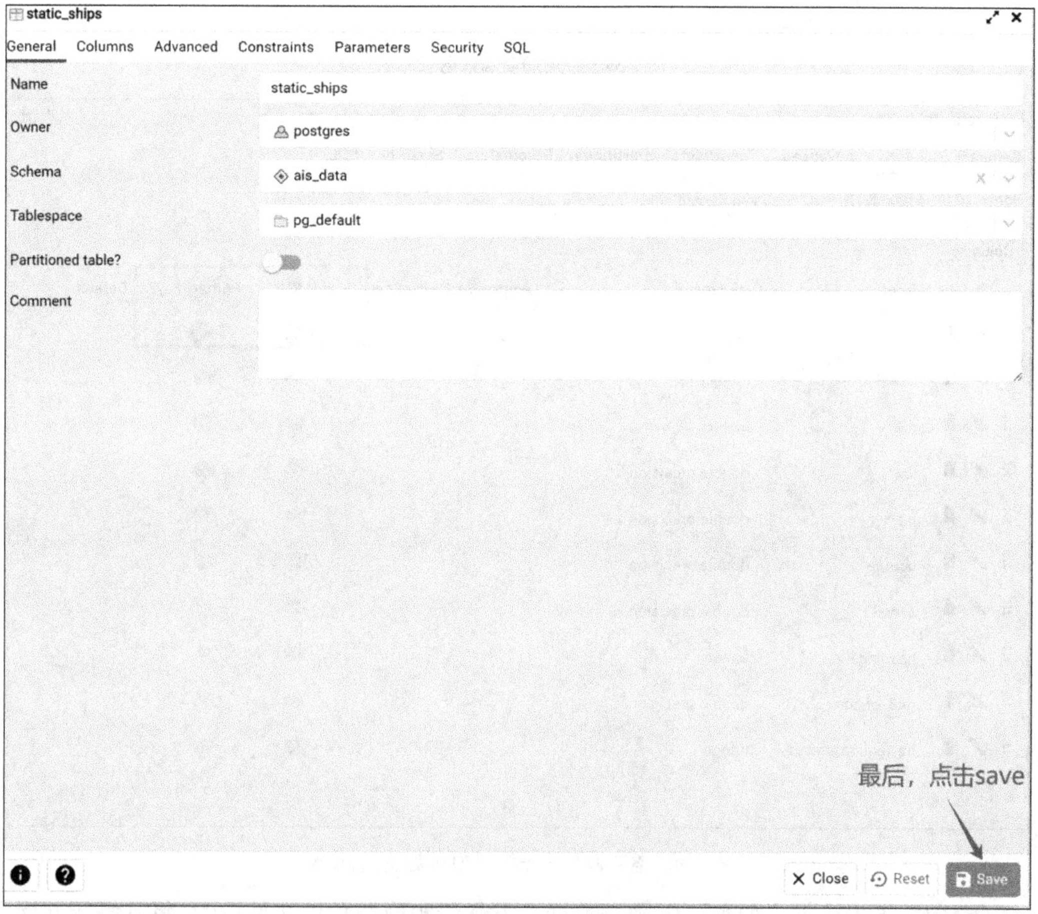

图 2-38　船舶静态数据表创建成功

（5）创建船舶动态数据表。参考创建船舶静态数据表的方式，创建船舶动态数据表用于保存船舶 AIS 动态数据。船舶动态数据表的名称、字段及各字段的类型、数据表主键的设置，请参考图 2-39～图 2-41。

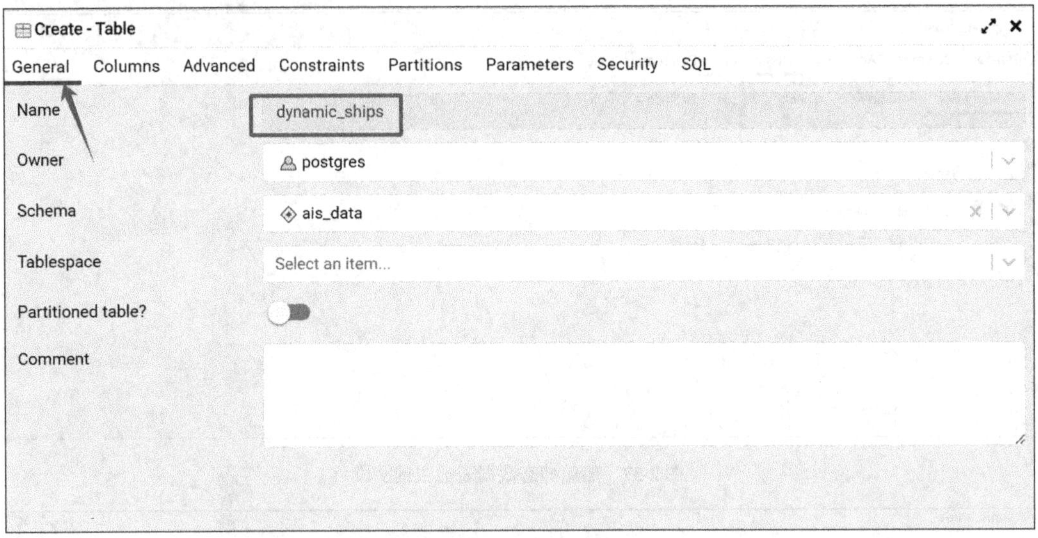

图 2-39　给船舶动态数据表命名

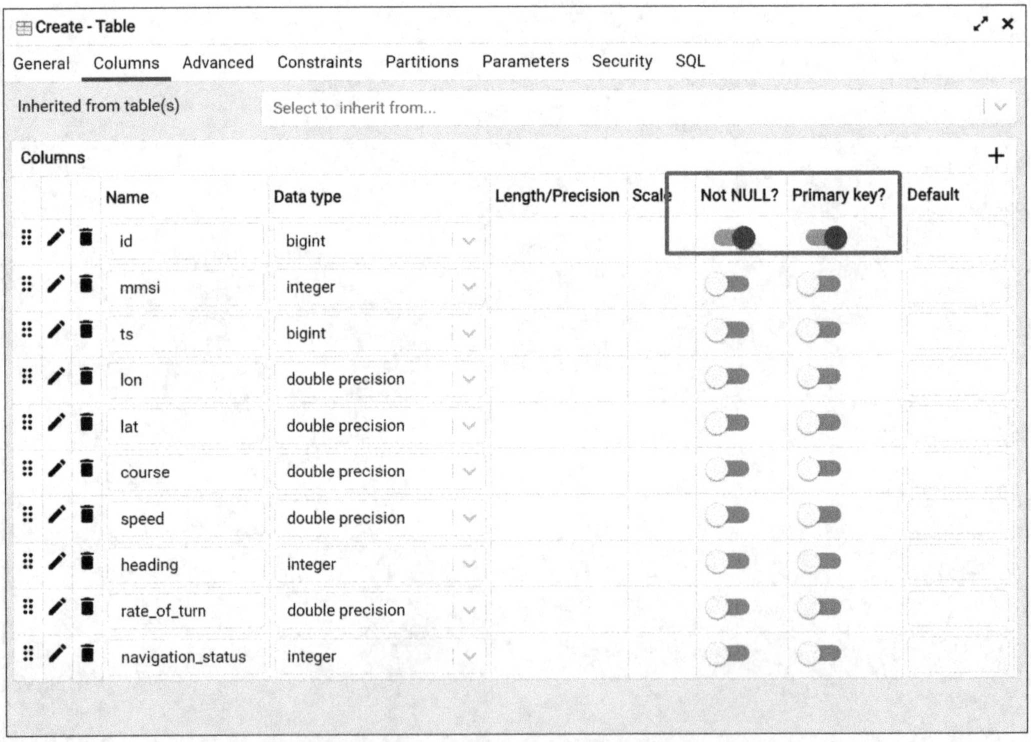

图 2-40　各字段名称、数据类型和表的主键设置

(6) 向数据表中导入船舶 AIS 静态数据。下载船舶静态数据文件后[5]，将其解压并保存到磁盘，文件解压后会得到 txt 格式的文件，请记住解压后的保存路径。

如图 2-42 所示，在 pgAdmin 中打开 Query Tool 界面。Query Tool 界面是执行数据库命令的处所。

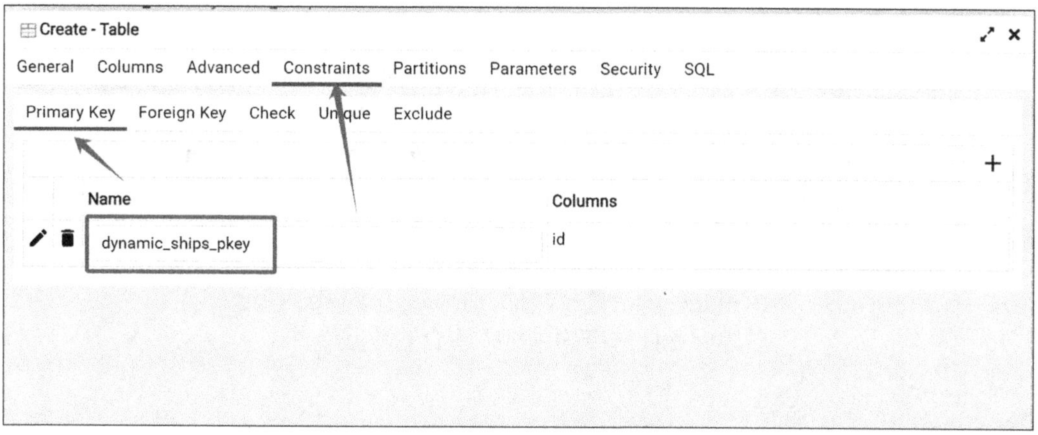

图 2-41　数据表的主键字段约束

图 2-42　打开 Query Tool

在 Query Tool 中选择正确的目标数据库。以上节创建的 ship_ais 为例，此处选择"ship_ais"，如图 2-43 所示。

在 Query Tool 界面的编辑区域，输入如下命令：

```
COPY AIS_DATA.STATIC_SHIPS
(ID,MMSI,IMO,CALLSIGN,SHIPNAME,SHIPTYPE,TO_BOW,TO_STERN,TO_STAR-
BOARD,TO_PORT,ETA,DRAUGHT,DESTINATION,TS) FROM'[path_to_your_un-
zipped_txt_file]';
```

其中[*path_to_your_unzipped_txt_file*]应该替换成解压后保存的 txt 的文件路径。并且选中该命令，点击执行按钮，在数据中执行该命令，向船舶静态数据表中导入示例数据。如图 2-44所示。

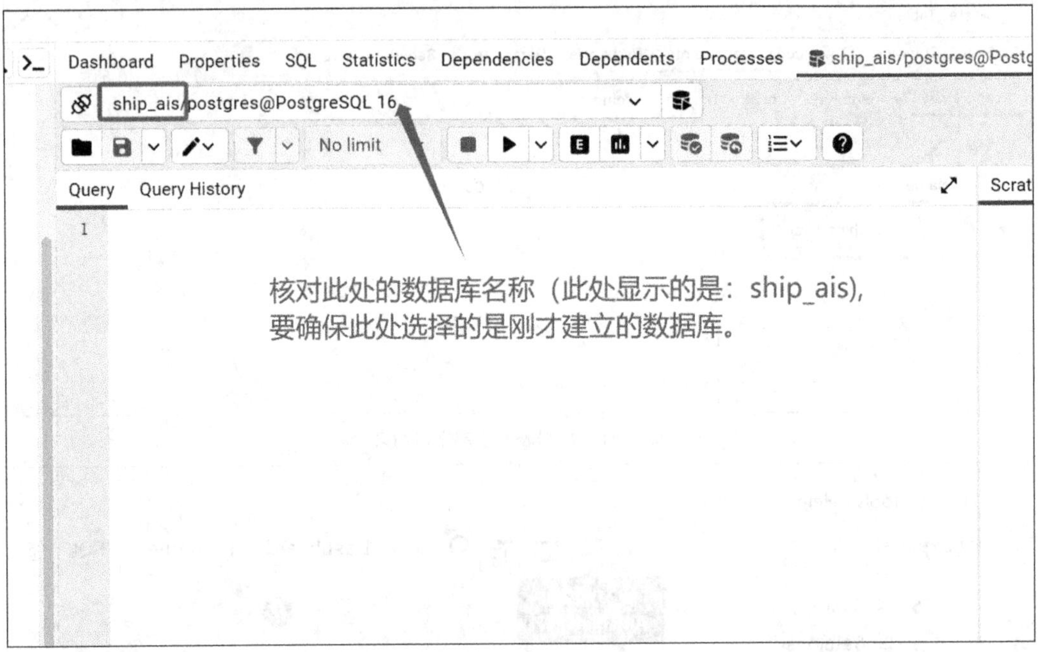

图 2-43　选择正确的目标数据库

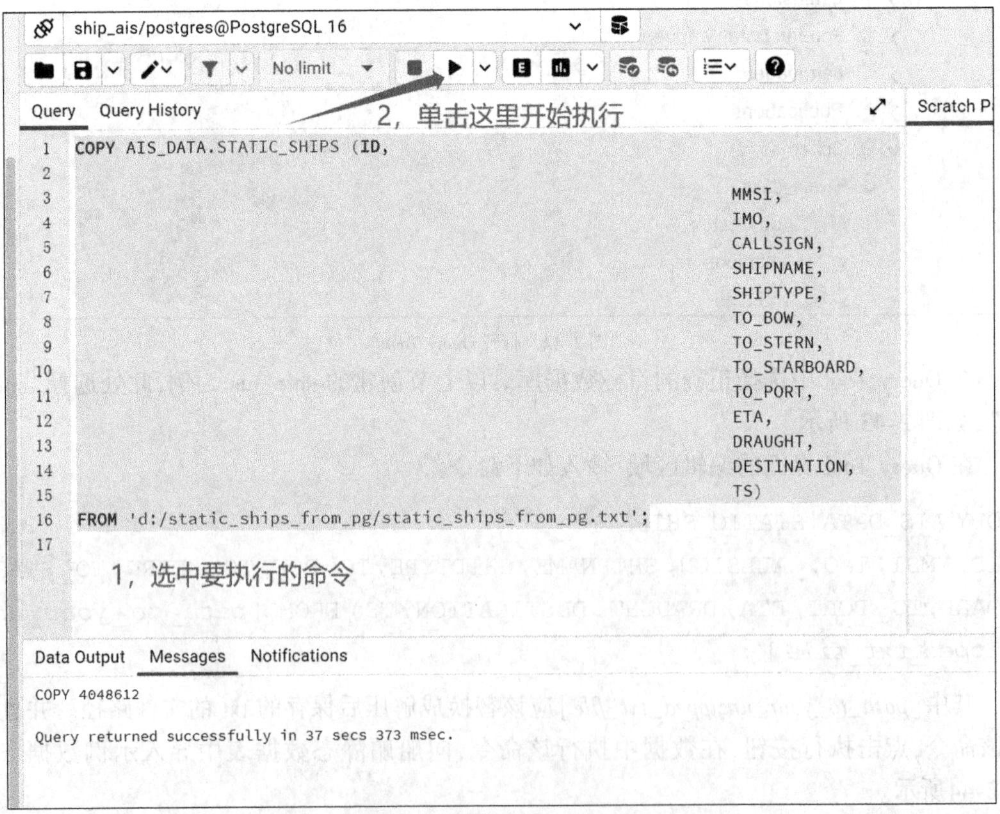

图 2-44　输入命令并执行

在执行完毕后，可以执行如下命令，查看导入的数据的数量。

```
SELECT count(* )from ais_data.static_ships;
```

执行结果见图 2-45。

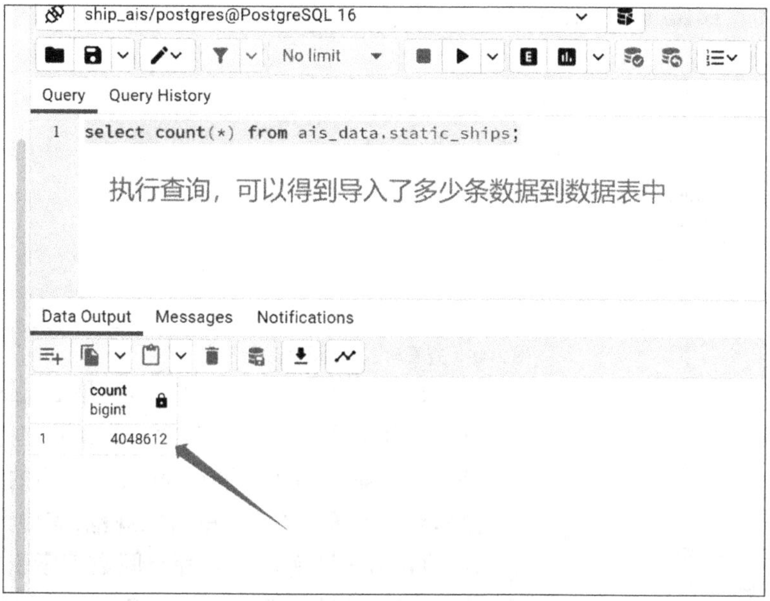

图 2-45　查看导入的数据数量

(7)向数据表中导入船舶动态数据。与(6)中类似，在下载和解压[5]后，可以执行如下命令向数据表中导入船舶动态数据。

```
COPY AIS_DATA.dynamic_ships
(ID,MMSI,ts,lon,lat,course,speed,heading,rate_of_turn,naviga-
tion_status)
FROM '[path_to_your_unzipped_txt_file]';
```

其中[*path_to_your_unzipped_txt_file*]应该替换成解压后保存的 txt 的文件路径。导入完成后，可以执行如下命令，参看导入的数据数量。

```
SELECT count(* )from ais_data.dynamic_ships;
```

执行结果见图 2-46。

(8)增加日期字段并格式化。导入的数据中，数据的时间均为 unix 时间戳，在查阅数据时不够直观，因此需要将该时间转换为容易阅读的时间格式，如 2024-9-13 13:05:25。可通过在 Query Tool 中执行如下命令在数据库中增加字段，用于保存格式化后的时间。

```
alter table ais_data.dynamic_ships add column t timestamp without
time zone;
updat eais_data.dynamic_ships set t=to_timestamp(ts);
```

执行完上述命令后，执行如下命令，可以查看该字段的值：

```
select t from ais_data.dynamic_ships limit 10;
```

执行结果如图2-47 所示。

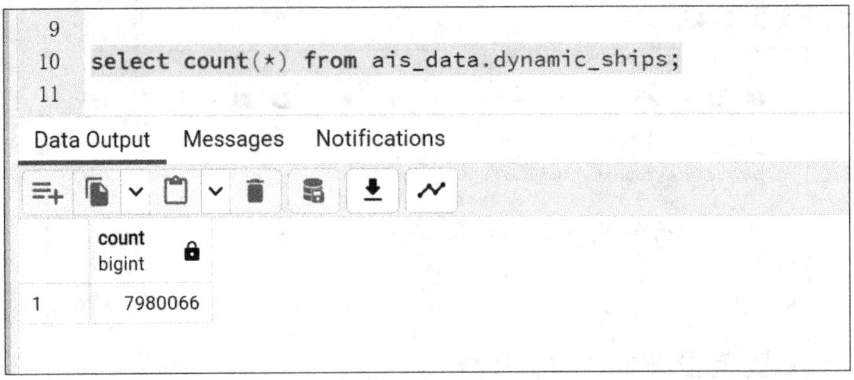

图2-46　查看动态数据导入数量

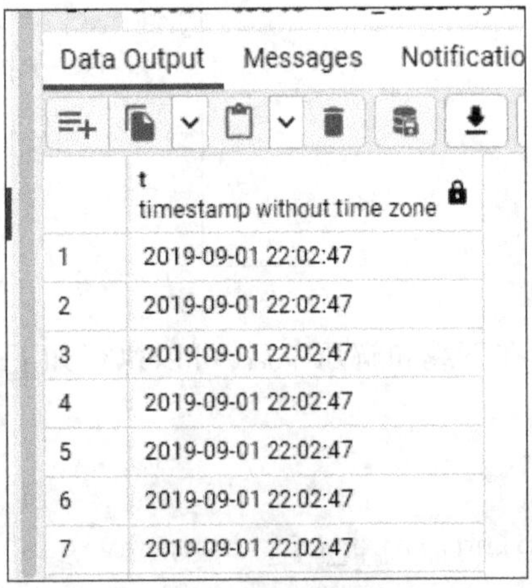

图2-47　格式化后时间字段显示情况

(9)添加空间字段。PostGIS 是 PostgreSQL 的一个强大的附加组件,它为 DBMS 添加了支持空间数据的功能。PostGIS 集成了光栅和矢量类型的数据,它们完全符合 SQL 的 OGC 简单特性规范,支持大量的空间操作。PostGIS 还实现了多种空间数据索引方法,包括 R 树和 GiST。虽然 PostgreSQL/PostGIS 通常用于处理二维数据,但 PostGIS 支持添加第三维,以实现对三维几何数据的处理。例如,在上述已经建立好的保存船舶动态数据的库表中执行如下命令可以将动态数据位置转换为空间数据。

```
alter table ais_data.dynamic_ships add
column geom geometry(Point,4326);
```

图2-48 为在 Query Tool 界面执行该命令成功后的返回信息。

```
update ais_data.dynamic_ships set geom=st_setSRID(ST_MakePoint(lon,
lat),4326);
```

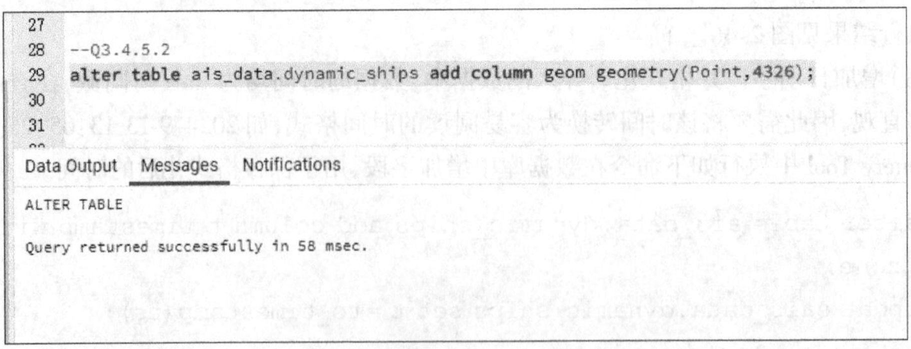

图2-48　执行命令成功后的显示情况

将位置数据转换为空间数据，是利用 PostGIS 对数据进行空间分析的基础。

2.2　数据可视化技术

为了可视化数据，可以使用专门的应用程序和应用程序编程接口（Application Programming Interface，API），如 Grafana，Kibana 等，以及一些可视化分析工具或像 QGIS 这样的 GIS 软件也可以用来展现数据。在本章的后续章节中，将使用 QGIS 作为数据可视化工具。

2.2.1　下载安装 QGIS 并添加底图图层

QGIS 的下载地址是：https://qgis.org/en/site/

在 QGIS 中可以添加瓦片图服务（Tile Map Service，TMS）作为底图。以添加必应地图或天地图的 TMS 服务为底图为例，添加方法如下：

必应地图的 TMS 服务链接地址如下：

```
https://t1.dynamic.tiles.ditu.live.com/comp/ch/{q}?mkt=zh-CN&ur=CN&it=G,RL&n=z&og=804&cstl=vb
```

天地图的 TMS 服务链接地址如下：

```
https://t0.tianditu.gov.cn/vec_w/wmts?SERVICE=WMTS&REQUEST=GetTile&VERSION=1.0.0&LAYER=vec&STYLE=default&TILEMATRIXSET=w&FORMAT=tiles&TILEMATRIX={z}&TILEROW={y}&TILECOL={x}&tk=b20a5cf27754495fb3f572f39a0c0a9c
```

可以参考图 2-49 ~ 图 2-52，在 QGIS 中配置 TMS 图层并显示在工程项目里。

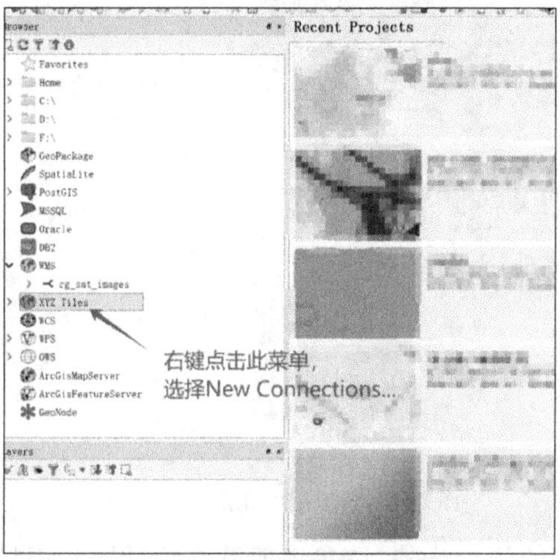

图 2-49　新建瓦片图层

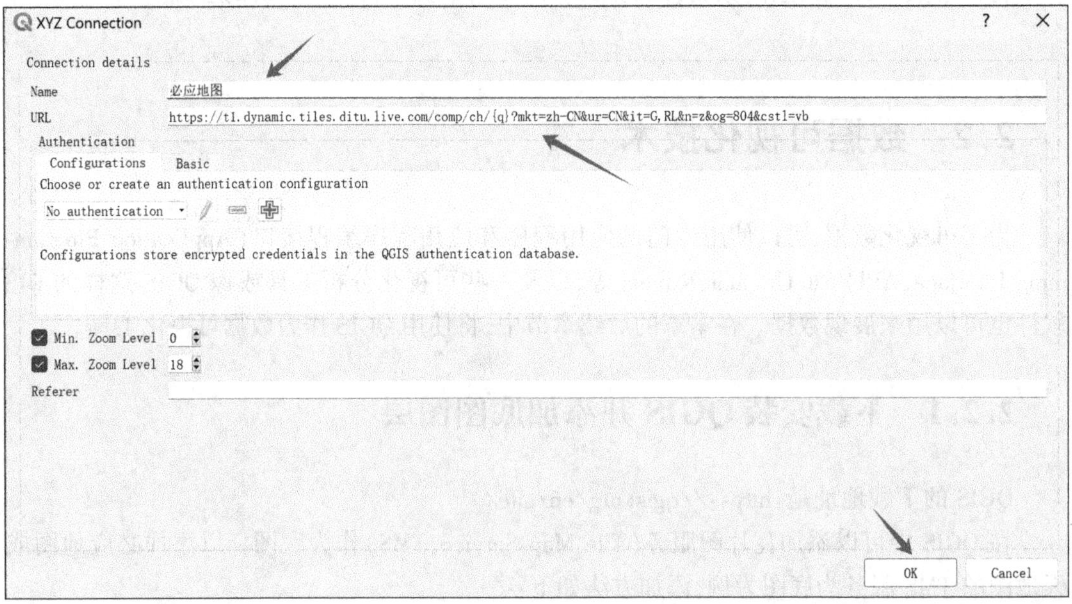

图 2-50　配置瓦片图层服务

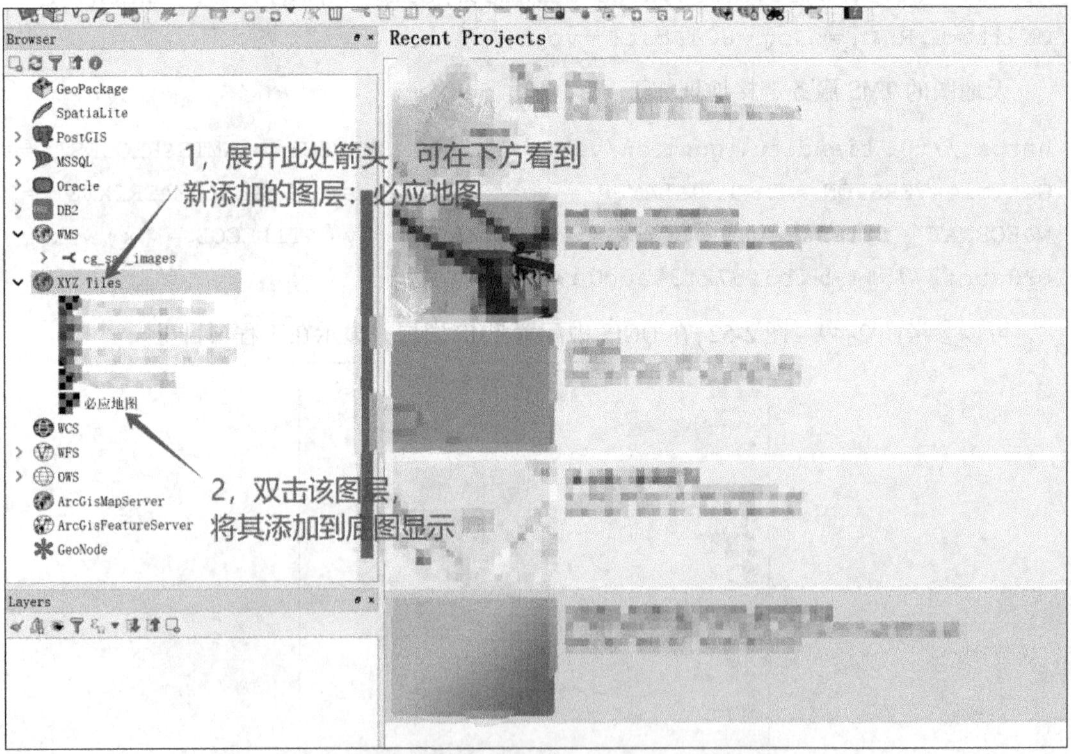

图 2-51　添加瓦片图层到底图显示

其余安装、配置 QGIS 的详细步骤，请参考船队在线社区知识帖[8]。

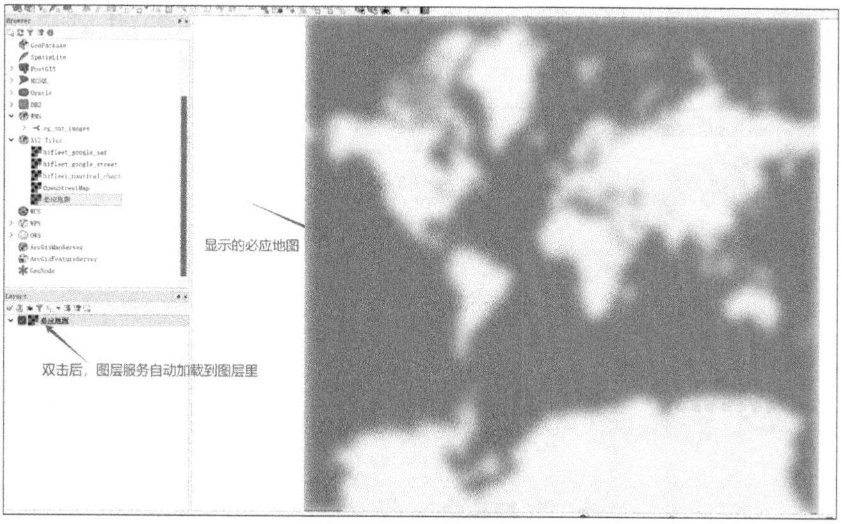

图 2-52　在 QGIS 中成功配置和显示瓦片底图

2.2.2　连接 Postgresql 数据库系统

QGIS 支持对包括 MySQL,MSSQL,Postgresql 等在内的多种关系数据库的数据显示。在安装好的 QGIS 中可以直接配置对这些数据库系统的链接,以便后续将数据库中的数据添加到 QGIS 的显示图层中。下面以链接 Postgresql 为例,介绍 QGIS 与数据库的连接。

首先,在 QGIS 的浏览器面板已经集成了连接 PostGIS 的模块,如图 2-53 所示。

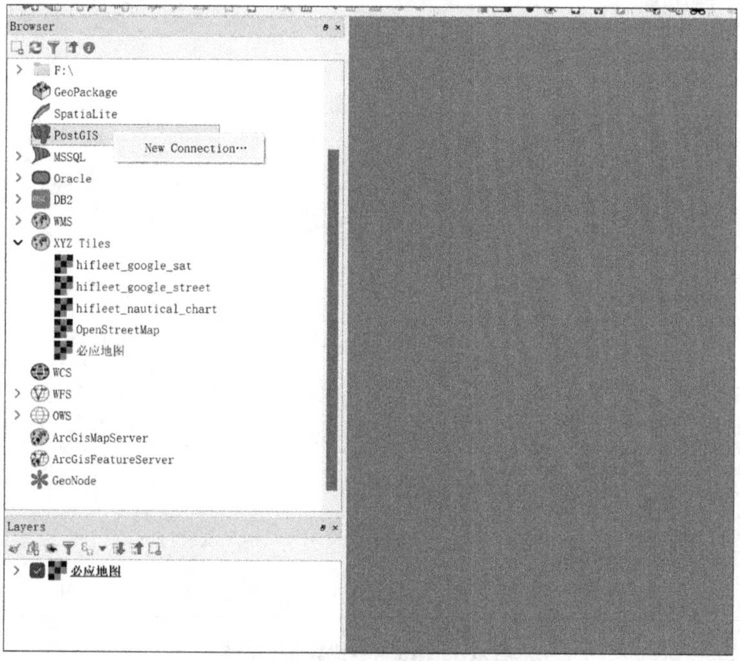

图 2-53　新建 QGIS 与数据的连接

在打开的新建数据库连接的参数填写界面，参考图 2-54 和图 2-55，在 QGIS 中填入 Postgresql 数据库系统的连接参数。

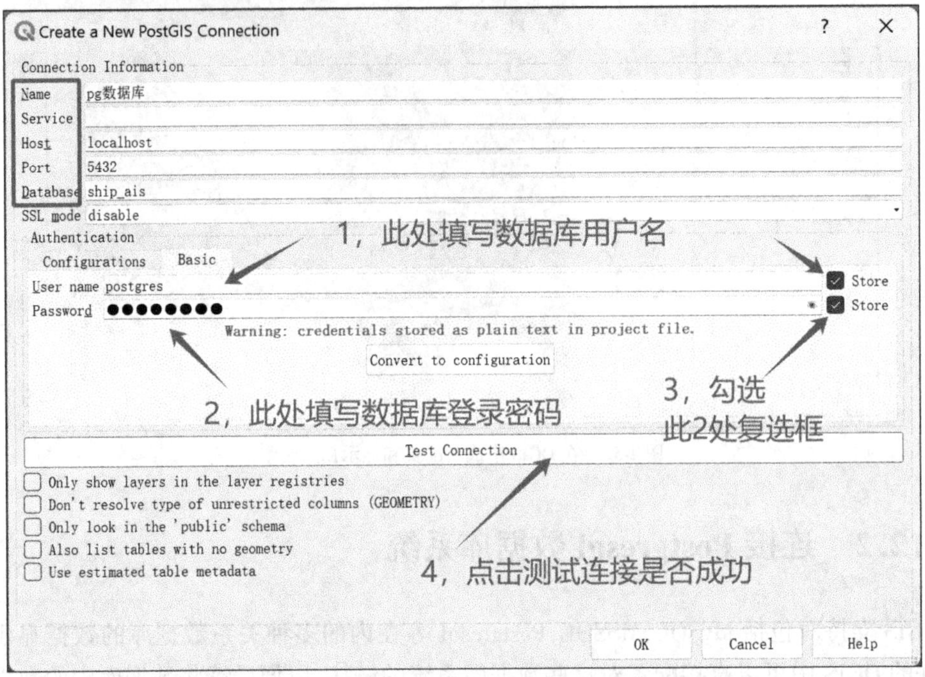

图 2-54　配置数据库连接参数

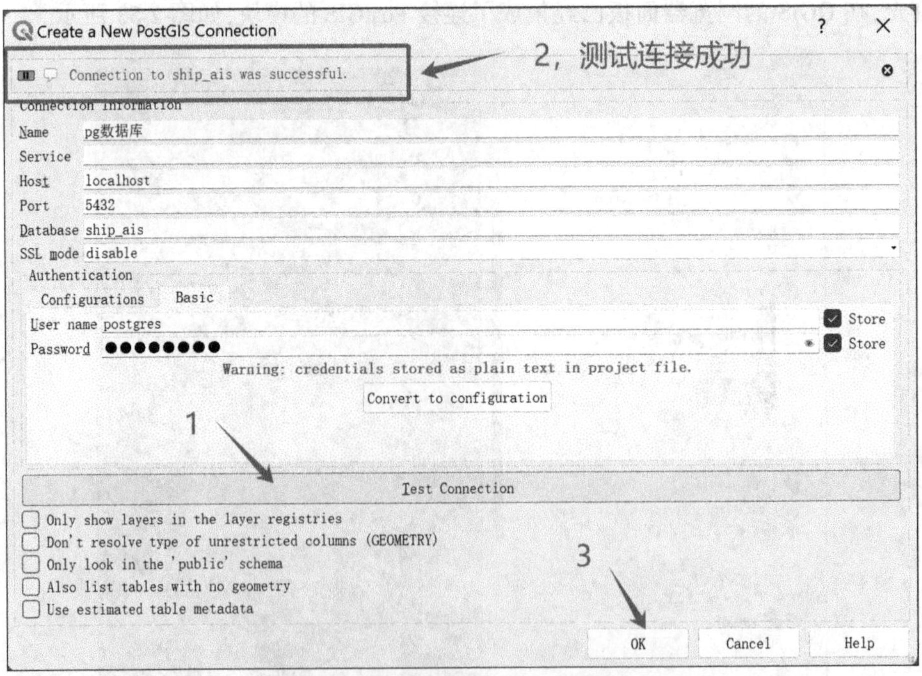

图 2-55　测试和完成数据库连接

图 2-56 和图 2-57 展示了在 QGIS 的项目中添加要显示的矢量动态数据的操作步骤和相识情况。

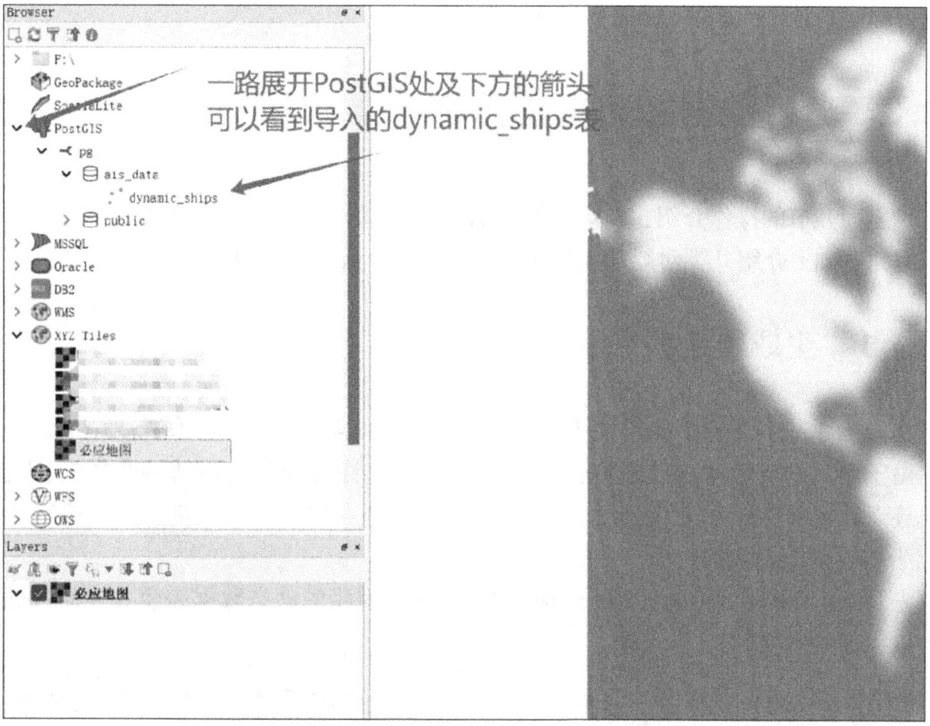

图 2-56　刷新数据库获得数据库中的库表信息

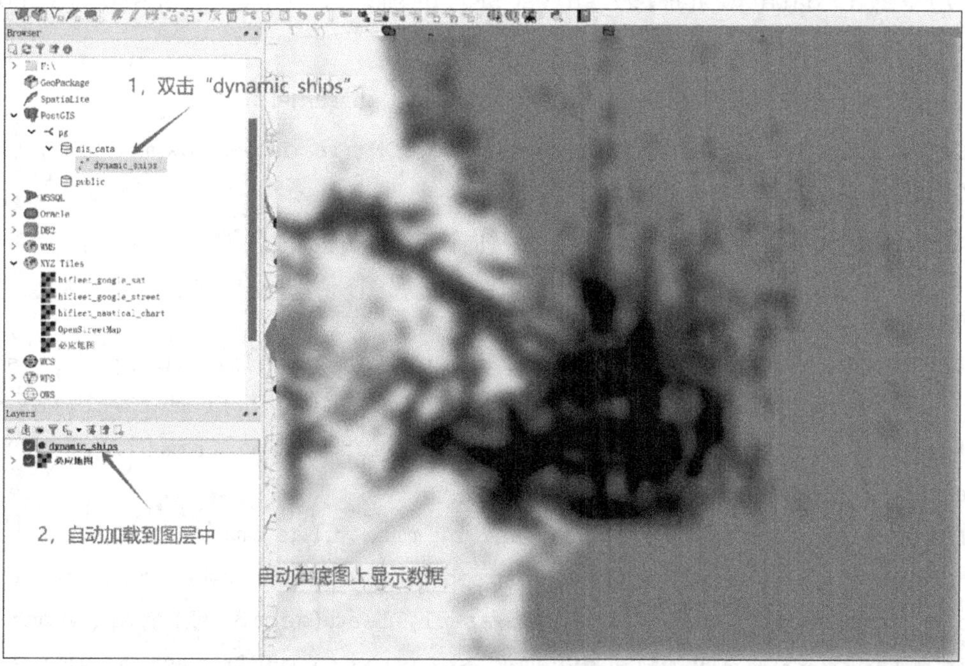

图 2-57　展示数据库中矢量数据

在 QGIS 中对显示出的矢量数据的样式进行调整,筛选和过滤数据等操作,请参考船队在线社区知识帖[8]。

2.3 分析数据和可视化分析结果

通过上面几节的操作介绍,基本完成了构建船舶动静态数据库,搭建可视化平台的工作。本节将在此基础上介绍几类对船舶动静态数据的基本分析操作,以及将分析结果可视化。

2.3.1 生成轨迹段数据

在本章 1.3 节中介绍了如何向 Postgresql 中导入来自船舶 AIS 系统播发的船舶动静态数据。由于导入的船舶动态数据为船舶的轨迹点数据,因此要想生成轨迹段数据,需要对导入的轨迹点数据按照船舶进行分组,并对分组后的轨迹点数据按照轨迹点时间进行排序,方能生成船舶的轨迹段数据。

首先,在 pgAdmin 的 Query tool 中使用如下命令,为船舶动态数据表建立空间数据字段,并写入该字段的数据。

```
ALTER TABLE ais_data.dynamic_ships ADD COLUMN geom3035 geometry
(Point,3035);
UPDATE ais_data.dynamic_ships SET geom3035 = ST_Transform(geom,
3035);
```

为了方便后续查询的快速执行,还应该在该字段上建立空间索引。

```
CREATE INDEX idx_dynamic_ships_geom3035 ON ais_data.dynamic_ships US-
ING GiST(geom3035);
```

最后,使用如下命令建立轨迹段数据表并向该表写入轨迹段数据。

```
CREATE TABLE ais_data.segments as
SELECT mmsi, t1, t2, speed1, speed2, p1, p2, st_makeline(p1, p2) as seg-
ment, st_distance(p1,p2) as distance, extract(epoch from(t2-t1)) as du-
ration_s, (st_distance(p1, p2)/(1 + extract(epoch from(t2-t1)))) as
speed_m_s FROM
(SELECT mmsi, lead(mmsi) over(order by mmsi, t) as mmsi2, t as t1, lead
(t) over(order by mmsi, t) as t2, speed as speed1, lead(speed) over(or-
der by mmsi, t) as speed2, geom3035 as p1, lead(geom3035) over(order by
mmsi, t) as p2 FROM ais_data.dynamic_ships) as q1 WHERE mmsi = mmsi2;
```

2.3.2　识别船舶时间和停船位置

建立好船舶的轨迹段数据后，可以在此基础上利用 PostGIS 的空间分析功能，判别船舶停船事件，即分析船舶开始停船和结束停船的时间和地点。可在 pgAdmin 的 Query Tool 窗口中依次使用如下命令完成船舶停船起止时间的分析。

```
DROP TABLE if exists ais_data.stop_begin;
CREATE TABLE if not exists ais_data.stop_begin AS
    SELECT mmsi, t2 as t_begin
    FROM ais_data.segments
WHERE speed1 >0.1 AND speed2 < =0.1;
CREATE INDEX idx_stop_begin_mmsi_t ON ais_data.stop_begin USING btree
(mmsi,t_begin);

DROP TABLE if exists ais_data.stop_end;
CREATE TABLE if not existsais_data.stop_end AS
    SELECT mmsi, t1 as t_end
    FROM ais_data.segments
WHERE speed1 < =0.1 AND speed2 >0.1;
CREATE INDEX idx_stop_end_mmsi_t ON ais_data.stop_end USING btree(mm-
si,t_end);
```

随后在 pgAdmin 的 Query Tool 窗口依次执行如下 SQL 语句，在 Postgresql 中创建 stops 数据表，并且给该表增加 center 和 nb_pos 字段，且 center 字段的数据类型是 Geometry。利用 update 语句，更新 center 字段和 nb_pos 字段的值。

```
DROP TABLE if exists ais_data.stops;
CREATE TABLE if not existsais_data.stops AS
    SELECT
        mmsi,
        t_begin,
        t_end,
        extract(epoch FROM(t_end-t_begin))as duration_s
    FROM ais_data.stop_begin INNER JOIN LATERAL(
        SELECT t_end
        FROM ais_data.stop_end
        WHERE stop_begin.mmsi = stop_end.mmsi AND
```

```
    t_begin < = t_end
    ORDER BY t_end LIMIT 1
    )AS q2 ON(true);

ALTER TABLE ais_data.stops ADD COLUMN center geometry(Point, 4326);
ALTER TABLE ais_data.stops ADD COLUMN nb_pos integer;
UPDATE ais_data.stops SET(center, nb_pos) =(
SELECT st_centroid(st_collect(geom)),
count(id)as nb
FROM ais_data.dynamic_ships
WHERE mmsi = stops.mmsi AND
t > =stops.t_begin AND t < = stops.t_end);
```

2.3.3 船舶停船点的聚类计算(DBSCAN)

经过上面运算,已经在 Postgresql 中生成了船舶的停船点数据。PostGIS 中还实现了 DBSCAN 算法,依次在 pgAdmin 直接输入如下命令,可以输入在上节生成的船舶停船点数据,对数据进行聚类计算。

```
ALTER TABLE ais_data.stops ADD COLUMN center geometry(Point, 4326);
ALTER TABLE ais_data.stops ADD COLUMN nb_pos integer;

UPDATE ais_data.stops SET(center, nb_pos) =
(SELECT st_centroid(st_collect(geom)),count(id)as nb FROM ais_data.
dynamic_ships
WHERE mmsi = stops.mmsi AND t > = stops.t_begin AND t < = stops.t_end);

ALTER TABLE ais_data.stops ADD COLUMN avg_dist_centroid numeric;
ALTER TABLE ais_data.stops ADD COLUMN max_dist_centroid numeric;

UPDATE ais_data.stops
SET(avg_dist_centroid,max_dist_centroid) =
(SELECT avg(d),max(d)FROM( SELECT st_distance(center,geom)as d FROM
ais_data.dynamic_ships WHERE mmsi = stops.mmsi AND t > = stops.t_be-
gin AND t < =stops.t_end)as q1);
```

```
CREATE INDEX idx_stops_center ON ais_data.stops USING gist(center);
```

上述 SQL 命令中的有关参数值解释如下：

0.00045，单位：度，大约是 50 米。

5，单位：个，即在这个 50 米的范围内，船舶的轨迹点的数量不小于 5 个。

60，单位：秒。即船舶停泊的持续时间不小于 1 分钟。

再依次执行如下命令：

```
CREATE TABLE if not exists ais_data.cluster_stops AS
SELECT* ,ST_ClusterDBSCAN(center,eps: =0.00045, minpoints: =5)OVER
()AS cid
FROM ais_data.stops WHERE duration_s > =60;

CREATE TABLE if not exists ais_data.cluster_stops_hulls AS
SELECT cid, ST_ConvexHull(st_collect(center))as convex_hull,
ST_MinimumBoundingCircle(st_collect(center))as bounding_circle,
ST_Centroid(st_collect(center))as centroid, count(* )as nb_stops,
sum(nb_pos)as nb_pos, count(DISTINCT mmsi)as nb_ships, min(duration_
s)as min_dur,avg(duration_s)as avg_dur,max(duration_s)as max_dur
FROM ais_data.cluster_stops WHERE cid IS NOT NULL GROUP BY cid;
```

上述 SQL 命令将在 Postgresql 中创建 cluster_stops 和 cluster_stops_hull 数据表，分别存入船舶的停船点，经过 DBSCAN 算法聚类后的停船区域。

2.3.4　分析结果的可视化

经过上述对数据的分析处理，可以利用 QGIS 软件平台，对分析处理结果进行可视化，展示出船舶的轨迹线，停船点分布和经过聚类后的停船区域分布情况。

由于上述操作步骤在 Postgresql 中创建了多个分析结果数据表，在 QGIS 软件中，在图 2-58 所示的界面上，需要刷新 PostGIS 下的数据库，让 QGIS 能识别和加载新创建的数据库表。

参照图 2-59，双击需要加载的分析结果数据表，该数据表内的数据将自动以新的图层加载到 QGIS 的显示图层上。

其余图层的添加、显示样式修改以及位置点数据纠偏等操作，请参考船队在线社区知识帖[9]。

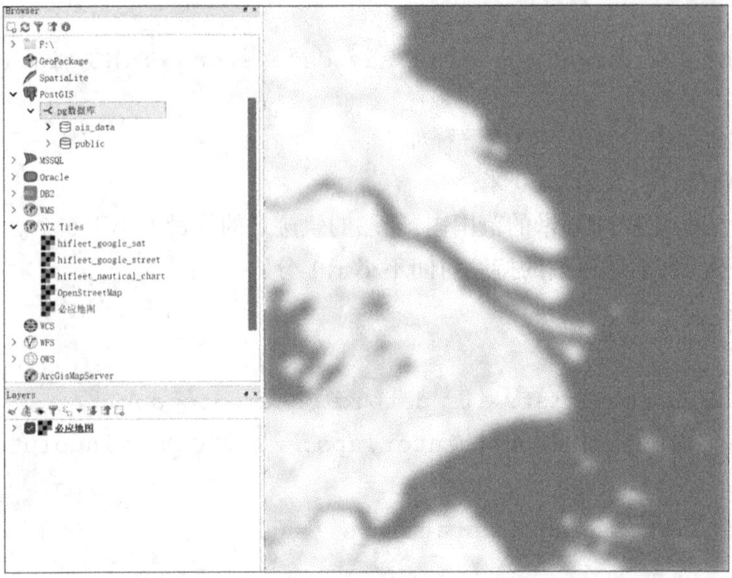

图 2-58　刷新与 QGIS 建立连接的数据库获得新的库表信息

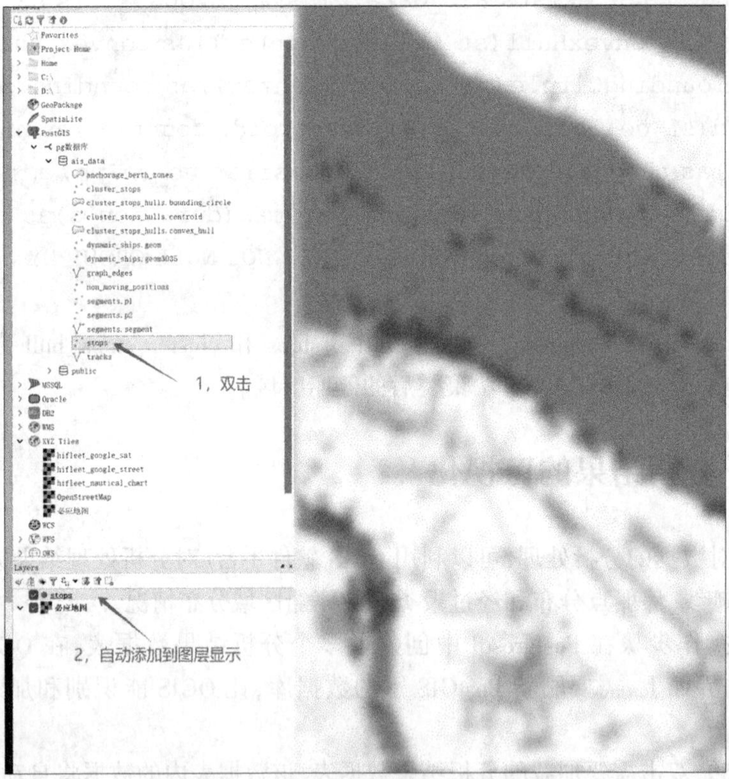

图 2-59　双击需要加载到底图中的矢量数据

思考题

1. 请简述 AIS 动态数据和静态数据的主要区别，并举例说明 AIS 动态数据和静态数据中包含的具体信息。

2. 在 PostgreSQL 中，如何创建和管理空间数据表？请结合教材中的示例，说明如何将船舶的经纬度数据转换为空间数据字段。

3. PostGIS 在 PostgreSQL 中的作用是什么？请列举 PostGIS 支持的主要空间数据类型和操作，并说明其在船舶轨迹分析中的应用。

4. 在 PostgreSQL 中，如何利用 SQL 语句生成船舶的轨迹段数据？请结合教材中的 SQL 命令，解释生成轨迹段数据的具体步骤。

5. 如何利用 PostGIS 的空间分析功能识别船舶的停船事件？请描述识别船舶停船起止时间和位置的具体方法。

6. DBSCAN 算法在船舶停船点聚类中的应用是什么？请结合教材中的 SQL 命令，解释如何使用 DBSCAN 算法对船舶停船点进行聚类。

7. 在 QGIS 中，如何将 PostgreSQL 中的船舶动态数据可视化？请描述从连接数据库到加载数据的详细步骤。

8. 请解释在 PostgreSQL 中如何利用空间索引优化空间数据查询。结合教材中的示例，说明如何为船舶动态数据表创建空间索引。

9. 在船舶轨迹分析中，如何利用 PostGIS 的空间函数计算船舶的航行速度和距离？请结合教材中的 SQL 命令，说明具体的计算方法。

10. 请结合教材内容，说明如何利用 QGIS 对船舶停船点的聚类结果进行可视化展示。描述从加载数据到调整图层样式的具体步骤。

本章参考文献

[1] Huang, B. ,Claramunt, C. : STOQL: An ODMG-based spatio-temporal object model and query language. In: Richardson, D. E. , van Oosterom, P. (eds.) Advances in Spatial Data Handling, pp. 225-237. Springer, Berlin(2002).

[2] https://secondo-database. github. io/.

[3] Xu, J. , Güting, R. H. : A generic data model for moving objects. Geoinformatica 17(1), 125-172(2013). https://doi. org/10. 1007/s10707-012-0158-7.

[4] https://www. hifleet. com/wp/communities/data/hangyundashujujishukechengshiyanzhinan#post-674.

[5] https://hifleet-static-files. oss-cn-beijing. aliyuncs. com/maritime_informatics/dynamic_ships_from_pg. rar.

[6] https://www. hifleet. com/wp/wp-content/uploads/wpforo/attachments/64/1235-staticshipsfrompg. rar.

[7] https://www. hifleet. com/wp/wp-content/uploads/wpforo/attachments/64/1268-ITU-M-1371-5-201402. pdf.

[8] https://www. hifleet. com/wp/communities/data/hangyundashujujishukechengshiyanzhinan#post-718.

[9] https://www. hifleet. com/wp/communities/data/hangyundashujujishukechengshiyanzhinan#post-728.

第3章

基于键值对的 AIS 数据分布式存储方法

如果用关系数据库存储 AIS 数据,随着时间的推移,积累的 AIS 数据量的增大,如何高效率地存储和查询长期的 AIS 数据将成为问题。本章利用键值对构建 AIS 数据存储结构模型,通过建立分布式数据库来存储长期的 AIS 数据。实验结果表明:构建的分布式数据库模型可以存储海量 AIS 的信息,基于键值对的数据存储结构提高了查询 AIS 信息速度,为长期船舶轨迹查询提供了一种有效的方法。

AIS 信息蕴含着大量海上交通特征[1],如何长期存储海量 AIS 数据成为一个亟待解决的重要问题。目前主要用 MySQL、Oracle、SQL Server 等关系数据库存取短期 AIS 数据。然而随着时间的推移,AIS 数据量的增长,关系数据库面临的问题日益显著。为了增加数据查询以及插入的效率,存储在 MySQL、Oracle、SQL Server 中的 AIS 数据通常是以一天建立一张表[2],一个月的 AIS 数据存放在 31 张表中。如果要存储一年的数据就要建立更多的表。同时,一台电脑的硬盘容量有限,存储的 AIS 数据量也有限。关系数据库还存在单点失效和横向扩展性比较弱的缺点。随着 AIS 数据量的增长,关系数据库无法像网络服务器和应用服务器那样通过简单地添加服务节点来扩展性能和增加负载能力。因此需要类似于并行数据库[3]和内存数据[4]这种具有扩展性和高性能的数据库系统[5]来存储 AIS 信息。

本章主要基于分布式系统[6]和 BigTable[7]的键值对[8]结构(键值对由 key 和 value 组成,后面直接使用 Key-Value 表示)建立适合存储 AIS 信息的数据库模型,为存储海量 AIS 信息、提供长期的 AIS 历史数据查询提供一种有效的方法。

3.1　Key-Value 数据结构

Key-Value 结构主要用于存储元数对,称作键和值。本文中的 Key-Value 数据结构的索引是行关键字、列关键字以及时间戳;Key-Value 中的每个 value 都是一个未经解析的 byte 数组,时间戳是标记数据插入数据库的时间。

行(Row)是拥有某组列的集合的对象;每一个行的唯一标识称为行键值。选择行键值就能得到该对象的所有名/值对,也可以选择行键值和列名得到某列名的值。

列(Column)是 Key-Value 数据结构中最基本的数据结构单元,是由名称、值、时间戳构成的三元组。名称和值的数据类型是字节数组,内容是字符串。

时间戳是同一份数据不同版本的索引,为了保持数据的一致性,同一份数据的不同版本最终都会和最新的时间戳数据保持一致。图 3-1 是 Key-Value 的基本数据结构。

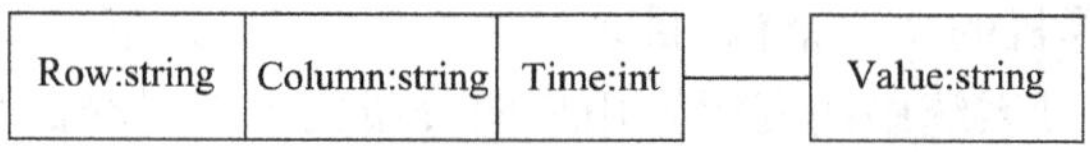

图 3-1　Key-Value 基本数据结构

超级列(SuperColumn)是一种特殊的列,其值是一个子列的映射,基本数据结构由超级列的名字以及存储的列组成。

一个列族(Columnfamily)相当于关系数据库中的一张表,是为存储具有相似的数据结构但不同列集合而准备的容器。列族是一个稀疏、多维的数据结构,如图 3-2 所示。

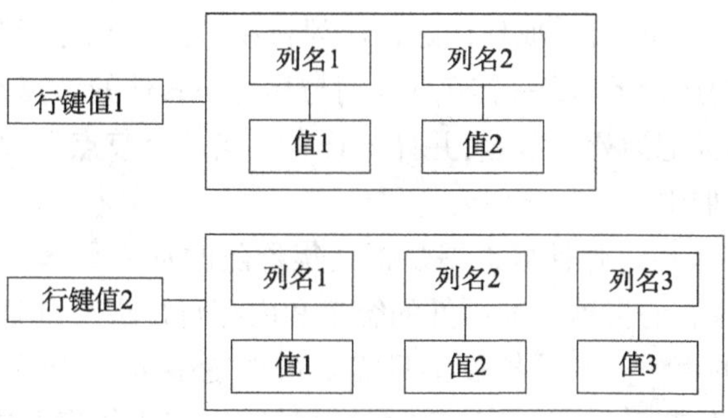

图 3-2　列族

类似于关系数据库中的 Database,一个分布式数据库系统都有最外层容器(在分布式数据库系统中称为 Keyspace)。一般来说一个集群只有一个 Keyspace。它有一个名字和一些定义了整个 Keyspace 范围的全局行为的属性。

存储在分布式系统的数据就是用 Keyspace、Column Family、Row key、Super Column、Sub-Column 构成的哈希表,实际应用过程中,常使用四维或者五维的哈希表数据结构模型,如图 3-3所示。

四维哈希表:[Keyspace][ColumnFamily][RowKey][Column]
五维哈希表:[Keyspace][ColumnFamily][RowKey][SuperColumn][Column]

图 3-3　分布式系统数据模型

3.2　分布式系统

分布式系统是建立在网络之上的软件系统。在一个分布式系统中,一组独立的计算机展现给用户的是一个统一的整体。多台计算组成的整体称之为集群[9],它是分布式数据库系统的最外层结构。集群中的每一台普通计算机通过 Internet 组成一个环,并以此来分配数据到集群中的计算机上。

分布式系统是建立在计算机网络之上,却又不同于网络操作系统,使用网络操作系统必须知道网络中各计算机的文件结构、目录和软件资源等;分布式系统是以全局方式管理系统资源,可以任意调度系统中的资源。用户向分布式系统提交命令时,分布式系统可以根据需要在系统中选择合适的处理器。在处理命令的整个过程,系统就像是一个处理器一样。

分布式数据库中的集群具有以下特征:

(1)具有对等结构的分布模型。在传统的多节点数据库(如 Oracle)某些节点会被设计为主节点,其他节点作为从节点;主节点具有对数据的控制权,任何变更都会写入主节点,并从主节点传送给从节点。这种机制的缺点就是单点失效,当主节点掉线时后果很严重。

为达到无中心节点分布,可采取环内通信协议机制,即每个节点都有其他节点的状态信息。该机制在周期性的运行下,每一个节点分别与集群中其他的节点进行通信,如果发现某一个节点掉线,则将其标记为死亡节点,并计入日志。当一个节点发现另一个节点重新在线时,则将该节点加入集群中。

(2)具有水平可扩展性。弹性可扩展是指让集群随时加入更多的服务节点而又不降低其使用性能。通过给现有的机器增加硬件的容量和内存只是进行垂直扩展。这种扩展受到工业水平和科学技术的束缚。水平扩展则只需要增加更多机器,每个节点负责集群中的部分数据,以此来减少其他节点压力。当缩减集群规模时,需要从集群中移走部分节点,同时保证被移走节点的数据不会丢失并被移植到集群其他节点上。

(3)副本策略。副本就是将本节点的数据完整地复制到其他一个或者更多的节点上。副本策略保障整个集群没有单点失效,合理设置副本甚至可以保证集群没有多点失效。副本策略保证了当某一个节点掉线时,访问该节点的命令就会移交到它的副本节点,从而保证了整个集群中的数据并不会随着某个节点的掉线而丢失。

3.2.1 Hadoop

Hadoop 是一个由 Apache 基金会开发的开源分布式计算和存储框架,主要用于处理和存储海量数据。它提供了一套分布式系统基础架构,允许用户在不了解分布式底层细节的情况下开发分布式程序,充分利用集群的威力进行高速运算和存储。Hadoop 的核心组件包括 Hadoop 分布式文件系统(HDFS)和 MapReduce。HDFS 是一个高容错性的分布式文件系统,用于存储大规模数据集,而 MapReduce 是一种编程模型,用于处理这些数据集。此外,Hadoop 还引入了 YARN(Yet Another Resource Negotiator),用于资源管理和调度。Hadoop 不仅是一个具体的框架或组件,而是指一个更广泛的概念——Hadoop 生态圈。这个生态圈包括了多个开源项目,如 HBase、Hive、Spark 等,它们共同构成了一个强大的大数据处理平台。Hadoop 以其可靠、高效、可伸缩的特点,在大数据时代中占据了重要地位,成为大数据技术中的基石。

3.2.2 Hbase 数据库

HBase 是一种开源的、面向列的分布式数据库,其设计灵感来源于谷歌的 BigTable。它属于 Apache Hadoop 生态系统的一部分,运行在 Hadoop 分布式文件系统(HDFS)之上,为 Hadoop 提供类似于 BigTable 的服务。

HBase 有如下特点:

(1)高可靠性:HBase 采用主从分布式架构,依赖 ZooKeeper 来保证系统的高可用性[10]和容错能力。

(2)高性能:HBase 能够处理 PB 级别的数据,并且支持实时读写操作,适用于需要高吞吐量和低延迟的应用场景。

(3)面向列存储:与传统的行存储数据库不同,HBase 将数据按列存储,这使得它在处理具有相同属性的数据时更加高效。

(4)可扩展性:HBase 采用自动水平分片(Sharding)机制,当数据量增加时,系统会自动将数据分布到更多的节点上,从而实现线性扩展。

(5)稀疏性:HBase 支持稀疏数据存储,即在大量空值中存储少量重要数据,这使得它非常适合存储大量稀疏数据。

(6)多版本:每个单元格(Cell)可以有多个版本,每个版本都有一个时间戳,这样可以追踪数据的变化并检索历史版本。

HBase 广泛应用于需要处理大规模结构化和半结构化数据的场景,如实时分析、日志处理、社交网络、物联网数据管理等。此外,它还适用于车联网、用户画像、气象数据管理等领域。

3.2.3 Cssandra 数据库

Apache Cassandra 是一个开源的分布式 NoSQL 数据库[11]，最初由 Facebook 开发，并于 2008 年向 Apache 社区发布。它基于 Amazon Dynamo 和 Google Bigtable 的设计思想，旨在处理大量结构化、半结构化和非结构化数据。Cassandra 的数据模型是列导向的，类似于 Google 的 Bigtable。每个表由键空间(Keyspace)和列族(Column Family)组成，键空间类似于关系数据库中的数据库或模式，而列族则类似于表。每个列族包含一组相关的列，这些列可以动态地添加和删除，不需要预先定义所有列。此外，Cassandra 支持两种类型的列族：普通列族和超级列族(Super Column)，后者包含任意数量的子列。Cassandra 是一个分布式系统，采用无主架构，所有节点在功能上是平等的，没有单点故障。数据通过一致性哈希算法均匀分布到各个节点上，并通过 gossip 协议进行节点间的状态同步和故障检测。这种设计确保了高可用性和容错性。Cassandra 具有线性可扩展性，可以通过增加节点来线性增加读写吞吐量。它使用 Memtable 和 SSTable 技术来优化性能和持久性。Cassandra 提供了可配置的一致性级别，允许用户根据需要在延迟和一致性之间进行权衡。它支持最终一致性模型，即数据在写入后可能需要一段时间才能在所有节点上一致。此外，Cassandra 使用复制机制来确保数据的持久性和容错性，每个数据项会被复制到多个节点上。

3.3 构建 AIS 数据库结构模型

3.3.1 AIS 数据结构存储模型

根据船载自动识别系统技术要求[12]，AIS 信息分为基本信息和安全信息，总共有 24 类信息，本文存储的船舶信息主要包括 MMSI、经度、纬度、航向、速度、信息发送时间等。

基于 Key-Value 数据结构特点构建 AIS 数据结构模型，令行键值(RowKey)为 MMSI。行键值下的每列(Column)表示 AIS 信息的更新时间(Updatetime)，每一个列所对应的值(Value)表示该船舶的一条 AIS 信息。行键值(RowKey)是行的唯一标示符，因此一条船的所有 AIS 信息均存储在同一个行键值下。如图 3-4 所示。

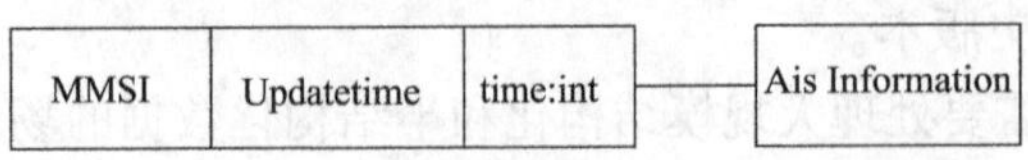

图 3-4　AIS 数据结构模型

根据分布式系统数据模型特点，令列族 Column Family(CF)为 ais，相当于关系数据库中的表名。存储在分布式系统中的 AIS 数据模型如图 3-5 所示，每一条船的所有 AIS 信息存储在唯一的行键值下，查询船舶的历史轨迹时只用查询该船的对应的行键值。采用的是四维哈希表的模式，如图 3-6 所示。

<CF>:ais
<RowKey>:MMSI
<Column1>:updatetime <Value1>:aismessage
<Column2>:updatetime <Value2>:aismessage
<Column3>:updatetime <Value3>:aismessage

图 3-5　AIS 数据结构存储模型

[Keyspace][ColumnFamily][RowKey][Column]			
数据库名	ais	MMSI	AIS更新时间

图 3-6　四维哈希表模式

3.3.2　构建存储 AIS 数据分布式数据库模型

构建分布式数据库系统，首先必须考虑计划存储的数据量和前端主要应用系统常态情况以及极值情况下的负载（读/写）压力。一个分布式数据库存储系统是由多个数据库节点构成，并发性能取决于整个系统的节点数量，路由效率等。分布式数据库系统基于网络来处理读/写请求，同时通过网络来进行节点间的数据备份。

根据要存取的数据量确定集群中的数据库接节点数目，为每一台电脑安装分布式数据库系统。本节是通过 Apache Cassandra[13] 来组建一个分布式数据库系统，通过它的配置文件 cassandra. yaml 可以组成一个集群。利用 Cassandra 配置文件中的参数（parameters：-seeds："127.0.0.1"）来构建集群，指定一台计算机作为种子节点，所有节点的参数均设置为种子节点的 IP 地址。

构建的分布式数据库系统框架如图 3-7 所示，通过若干台计算机组成一个 Cassandra 集群，用户可以在客户端通过互联网访问数据库获得需要的数据。

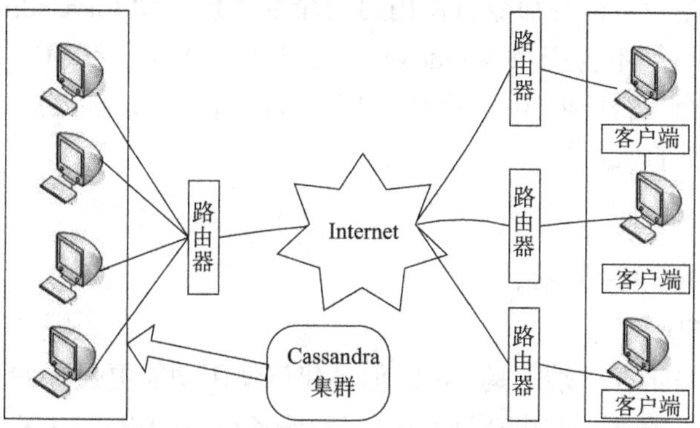

图 3-7　分布式数据库系统框架

整个系统的工作原理可分为数据存储和数据查询。

（1）数据存储。构建的分布式数据库基于多节点的数据存储策略有四种，分别是随机分区器、有序分区器、配页有序分区器、字节有序分区器。分区器的用途是指定行键值应该如何排序。随机分区器是所有行键值随机地分布在集群中的节点上。这样做的好处是所有键值在集群中分布比较均匀。由于被指定查询的区间可能分布在不同节点，所以这样做的不足之处是区间查询的效率不高。有序分区器是基于键值的 UTF-8 字符串，各行是按照键值的顺序存储的，这样做的好处是区间查询速度快，缺点是节点数据分布不均匀。配页分区器是使用美国英语区域设置(EN_US)进行键值排序，因用途有限而很少使用。字节分区器就是将数据看作是裸字节进行键值排序。

向分布式数据库中写入数据时，本节使用 Hector 作为客户端，Hector 使用 Java 语言编写，是一个开源项目。对于有主节点的传统多节点数据库，数据的写入只能是先写入主节点，由于本节中分布式数据库具有分布式无中心特点，我们可以在每一个节点部署一个客户端进行数据的写入。多个节点同时向数据库写入数据的速度比单个节点的写入数据要快得多。

(2)数据查询。用户可以通过客户端访问集群中的任意节点，当客户访问的节点不含有用户需要的数据，则通过环内通信协议机制将命令提交给其他节点，直到找到用户需要的数据为止。由于采取副本策略，通过查询命令会得到多份数据，构建分布式数据库可以根据各数据的时间戳提供给用户的是最新更新的数据。

3.3.3 实验操作

1)Cassandra 数据库安装部署

在安装和启动 Cassandra 数据库服务前，需要在服务器中安装配置好 Java 虚拟机环境。推荐安装的 Java 虚拟机版本不低于 Java8。登录 Cassandra 中文版官方网站地址：http://www.cassandra.com.cn/，下载最新版本的 Cassandra 数据库安装文件。在撰写本章时，其最新版本为 Cassandra 4.1.7。

Cassandra 的安装部署非常简便，将下载后的文件解压，解压后的文件里已经包含了默认的启动配置文件，用户可以在命令行使用启动命令直接启动 Cassandra 数据库服务。由于自 Cassandra4.0 及以后，不再提供 Windows 下的启动工具，以下以 Cassandra 以在 Windows 操作系统中为例，在命令行中使用 cd 命令，切换到解压后的 Cassandra 的 bin 目录下，在命令行中输入如下命令即可启动：

```
cassandra
```

启动后的界面如图 3-8 所示。

2)Cassandra 客户端程序

尽管 Cassandra 自带客户端工具 cqlsh，但是建议使用功能更强大的客户端软件如 DBeaver[14]，连接 Cassandra 服务。在启动好 Cassandra 服务后，在 DBeaver 客户端中新建到该 Cassandra 服务的连接，填写 Cassandra 服务所在的服务器的 ip 地址(如果是在本机运行，可以填入 localhost)，默认端口为 9042，见图 3-9。成功建立连接后，见图 3-10。

图 3-8　Cassandra 服务启动画面

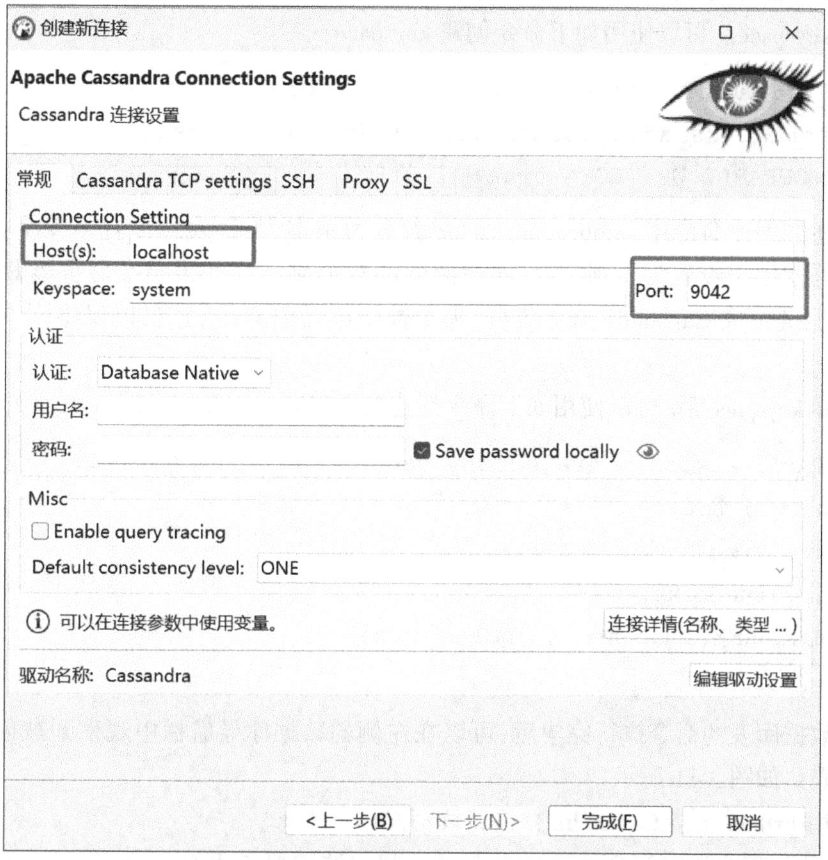

图 3-9　DBeaver 客户端建立到 Cassandra 服务的链接

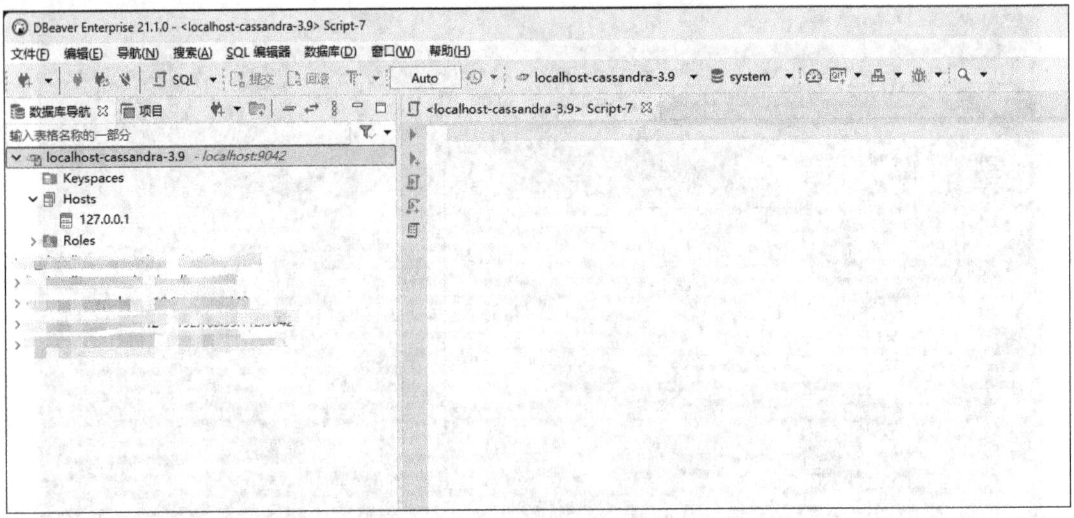

图 3-10　与 Cassandra 服务成功建立连接

3)在 Cassandra 中建立数据库表

如在 Cassandra 数据中建立库表保存船舶 AIS 位置数据,则首先应该在 Cassandra 中建立相应的 keyspace。可以使用如下命令创建 keyspace:

```
CREATE KEYSPACE ais WITH REPLICATION = { 'class':
'org.apache.cassandra.locator.SimpleStrategy', 'replication_factor':
'3' } AND DURABLE_WRITES = true;
```

在上述的创建命令中,replication_factor 参数为副本因子,表示设置多少个数据副本。如果数据副本因子设置为 1,则不会创建额外的数据副本。如果是在服务器集群中部署 Cassandra 服务组成 Cassandra 服务集群,为了数据读写服务的稳定,建议将副本因子设置为 3。

创建好 keyspace 后,可以使用如下命令创建数据表:

```
CREATE TABLE ais.ship_trajectory_data(
    ship_mmsi int,
    update_time text,
    data_value text,
    PRIMARY KEY(ship_mmsi, update_time)
);
```

创建数据库表的命令执行完毕后,可以在左侧的数据库导航栏中观察到被创建的数据库和数据表。如图 3-11 所示。

4)使用 Python 连接 Cassandra 并进行读写操作

首先,我们需要建立与 Cassandra 集群的连接。这需要导入 Cluster 类,Cluster 类用于管理与 Cassandra 集群的连接,它是使用 Python 与 Cassandra 集群交互的主要入口点。然后创建 Cluster 类的实例，填写 Cassandra 服务所在的服务器的 ip 地址（如果是在本机运行，可以填入 localhost），默认端口为 9042。然后调用 connect 方法，建立与 Cassandra 集群的实际连接，指定连接到特定的键空间，例如“ais”。图 3-12 演示了如何连接到本地运行的 Cassandra 实例。

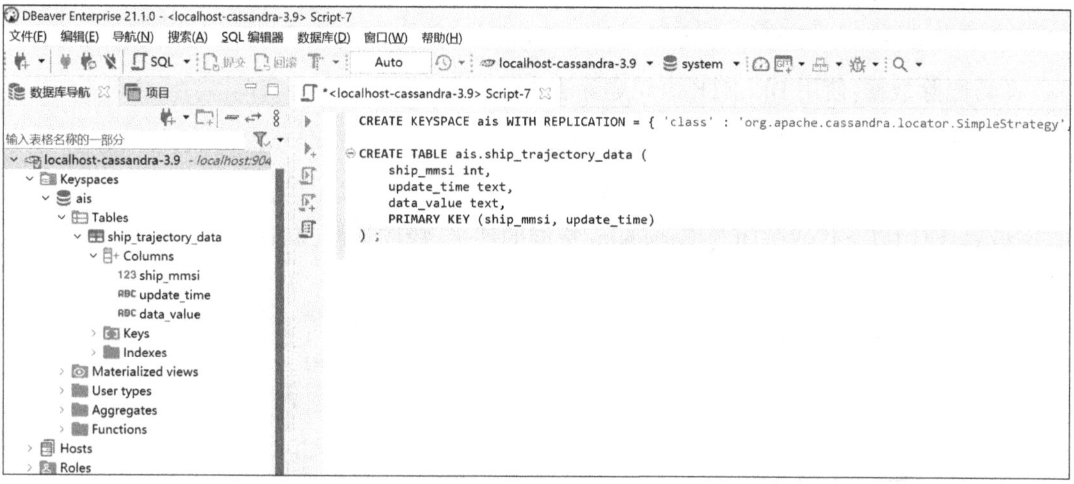

图 3-11　成功创建的数据库表

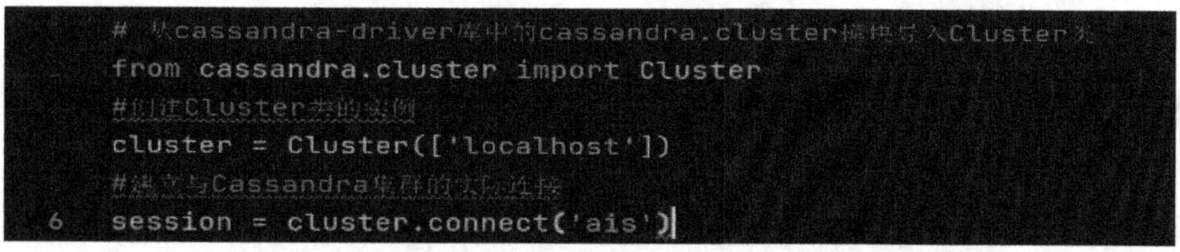

图 3-12　使用 Python 连接到本地运行的 Cassandra 实例

如果需要对表进行相应的“增删改查”的操作。则调用 session 对象的 execute 方法，执行相应的 Cassandra 查询语言。

（1）插入数据：向"ship_trajectory_data"表中插入示例 ais 数据：

```
session.execute(""" INSERT INTO ship_trajectory_data(ship_mmsi, update_time, data_value)VALUES(% s, % s, % s)""",(123456789, '2023-06-01 10:00:00', '{"latitude": 40.7128, "longitude":-74.0060}'))
session.execute("""INSERT INTO ship_trajectory_data(ship_mmsi, update_time, data_value)VALUES(% s, % s, % s)""",(123456789, '2023-06-01 10:05:00', '{"latitude": 40.7135, "longitude":-74.0058}'))
```

（2）查询数据：使用 SELECT 语句查询表中的数据，然后打印处理。

```
rows =session.execute("SELECT* FROM ship_trajectory_data WHERE ship_mmsi = % s",(123456789,))
for row in rows:
```

```
print(row.ship_mmsi, row.update_time, row.data_value)
```

(3)更新数据：使用 UPDATE 语句更新表中的数据。

```
session.execute(""" UPDATE ship_trajectory_data SET data_value = % s
WHERE ship_mmsi = % s AND update_time = % s""",('{"latitude": 40.7140, "
longitude":-74.0055}', 123456789, '2023-06-01 10:05:00'))
```

(4)删除数据:使用 DELETE 语句删除表中的数据。

```
session.execute("""DELETE FROM ship_trajectory_data WHERE ship_mmsi =
% s AND update_time = % s""",(123456789, '2023-06-01 10:00:00'))
```

最后,使用以下代码关闭与 Cassandra 集群的连接,释放资源,确保集群中的所有进程和任务都正常终止。

```
cluster.shutdown()
```

3.4 实例分析

本节使用四台普通电脑,通过局域网组成一个集群。四台电脑分配的 IP 地址分别 192. 168. 1. 100、192. 168. 1. 101、192. 168. 1. 102、192. 168. 1. 105(以下简称 100、101、102、1050)。四台电脑的配置如下:100 的处理器 Inter(R)Core(M)i3-2120 CPU @ 3. 30GHz,安装内存 2G,可用硬盘空间为 80G;101 的处理器 Pentium(R)Dual-Core CPU E5300 @2. 60G,安装内存 2G,可用硬盘空间为 102;102 的处理器 Inter(R)Atom(TM)CPU D525 @1. 80GHz,安装内存 2G,可用硬盘空间为 104G;105 处理器 Inter(R)Core(TM)i3- 2120 CPU @ 3. 30GHz,安装内存 2G,可用硬盘空间为 225G。

3.4.1 AIS 数据写入操作测试

基于 AIS 数据结构存储模型,每一条船的所有 AIS 信息存储在一个 RowKey 下,列名为 AIS 信息的发送时间,列对应的值是由经度、纬度、数据和时间组成的字符串。存储每条船舶的 AIS 信息格式如下:

```
RowKey:412049010 ColumnName:2012-07-31 00:03:23
ColumnValue:Lon =113.5784,Lat =22.8154,Course =297.0,speed =4.0,up-
datetime =2012-07-31 00:03:23
```

实验过程中向构建的分布式数据库中某一台计算机插入中国沿海 3 个月的 AIS 数据(30 亿条),使用时间为 30. 99 小时,平均插入 1 个月的 AIS 数据用时 10. 33 小时。每个节点存储数据分别为:101 存储 19. 14G,占总数据的 48%;100 存储 5. 6G,占总数据的 12. 95%;

102 存储数据 1.11G，占总数据的 2.76%；105 存储 17.45G，占总数据的 40.21%；所有数据共 43.3G。插入前 3 个月原始 AIS 数据大小为 300G。平均每 1 亿条数据所用时间为 61.9875分钟，图 3-13 显示的是每插入 1 亿条数据所用累计时间。

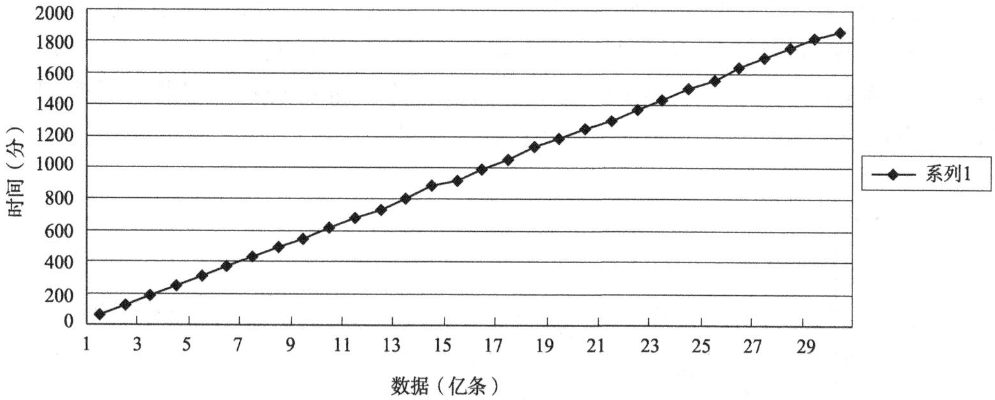

图 3-13　写操作时间统计

实验结果显示构建的分布式数据库的写操作非常快。由于在写操作时是不进行任何磁盘读或定位操作，而这些操作是让很多数据库写操作变慢的原因之一。

3.4.2　历史船舶 AIS 数据读操作测试

读操作与写操作类似，客户端发送一个读请求到分布式数据库的任一随机节点。如果该节点没有所需数据，它会自己扮演协调节点的角色，从拥有数据的节点读取数据。

在测试构建的分布式数据库的读性能时，读取 1 万条所用时间为 3.727637 秒，读取 10 万数据所用时间为 30.1939 秒。每读取 1 万数据累计时间如图 3-14 所示。

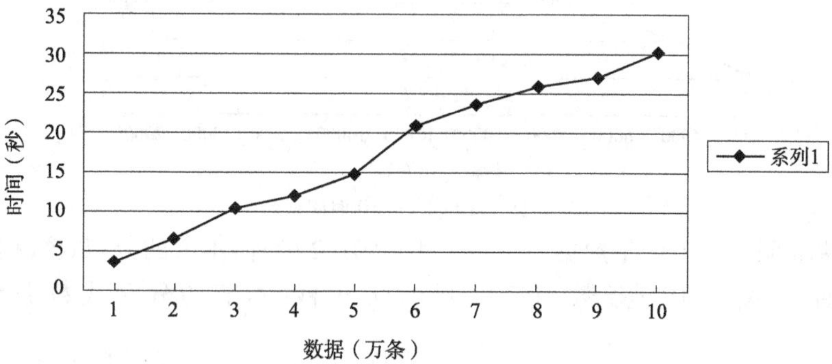

图 3-14　读操作时间统计

相对于写操作，本节的分布式数据库读操作也是很快的。基于 Key-value 数据结构，每一条船的 AIS 信息都有唯一的一个行键值，所有该船的信息都是存储在行键值下。因此读取某一条船的信息时，通过索引找到该船的行键值就能读出它的历史信息。

3.4.3 与传统关系型数据库对比

为对比两种类型的数据库存储 AIS 数据的读写速度。在一台计算机上做基于 MySQL 数据库的 AIS 数据读写实验。计算机的配置如下:处理是 Inter(R)Core(TM)i5-2400 CPU@ 3.10GHz,内存 4.00G。图 3-15 显示的是 MySQL 数据库中插入 10 亿条数据累计时间;总共使用时间为 83.533 小时。平均插入一亿条数据使用时间 501.2 分钟。

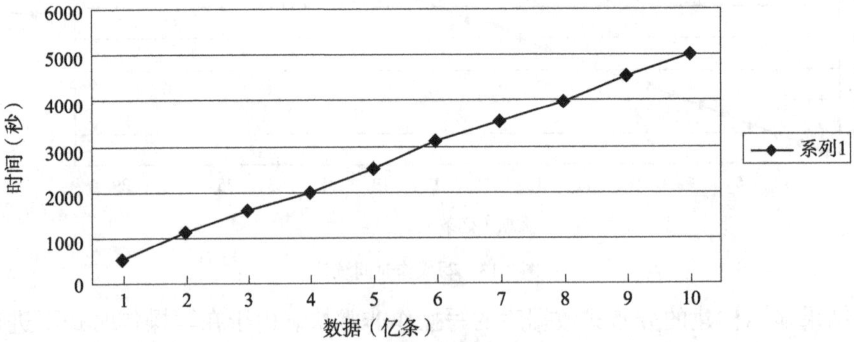

图 3-15 MySQL 写操作时间统计

图 3-16 显示的是从多个表中读取 2 万条数据累计时间;总共使用时间为 79.0265 秒。平均每 1 万条数据,使用时间为 7.9 秒。

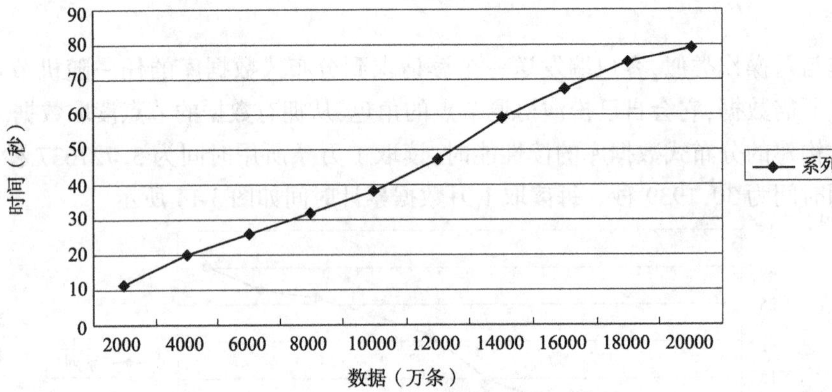

图 3-16 MySQL 读操作时间统计

实验结果表明插入 1 亿条数据,MySQL 用时 501.2 分钟;本节的分布式数据库用时仅为 61.9875 分钟 。读取 1 万条数 MySQL 用时 7.9 秒;本节的分布式数据库用时仅为 3.727637秒。

表 3-1 是存储 AIS 信息分布式数据库和传统多节数据库(如 MySQL)的比较。

两种类型数据库对比　　表 3-1

类型	单点失效	扩展性	写策略
存储 AIS 信息分布式数据库	无	水平扩展、垂直扩展	多节点同时写入
传统多节点数据库(如 MySQL)	有	垂直扩展	从主节点写入

由于 AIS 信息量巨大,如果没有合适的数据库系统,则只能存储短期的 AIS 信息。本章主要基于 Key-Value 结构特点构建可以存储海量 AIS 信息的数据结构模型并利用 Apache Cassandra 建立分布式数据库存储海量 AIS 信息。实验结果表明构建的 AIS 数据库模型可以存储海量 AIS 信息,为长期船舶轨迹查询等提供了一种有效的方法。

本章主要分析海量 AIS 数据存储方案,用于存储海量数据,相对于关系数据库系统,它数据分析功能不是很完善,今后需要对它进行更深入的研究。

思考题

1. 分布式数据库无中心节点机制具有什么特性?
2. 关系数据和非关系数据数据结构有什么不同?

本章参考文献

[1] 潘家财,邵哲平,姜青山. 数据挖掘在海上交通特征分析中的应用研究[J]. 中国航海,2010,33(2):61-62.

[2] 李亮,杨春金. 基于多线程的 AIS 信息处理与存储[J]. 航海电子工程,2007(3):177

[3] DEWITT, D. J. , AND GRAY, J. Parallel database systems: The future of high perfor mance database systems. CACM 35, 6(June 1992), 85-98.

[4] DEWITT, D. , KATZ, R. , OLKEN, F. , SHAPIRO, L. , STONEBRAKER, M. , AND WOOD, D. Implementation techniques for main memory database systems. In Proc. of SIGMOD(June 1984), pp. 1-8.

[5] 王聪聪,胡卉芪. 基于持久化内存和共享缓存架构的高性能数据库[J]. 华东师范大学学报(自然科学版),2023(5).

[6] GHEMAWAT, S. , GOBIOFF, H. , AND LEUNG, S. -T. The Google file system. In Proc. of the 19th ACM SOSP(Dec. 2003), pp. 29-43.

[7] CHANG, F. ,etc, Bigtable: A distributed storage system for structured data. In Proceedings of the 7th USENIX Symposium on Operating Systems Design and Implementation(OSDI'06)(2006).

[8] DECANDIA, G. , etc. Dynamo: Amazon's highly available key-value store. In Proceeding of twenty-first ACM SIGOPS symposium on Operating systems principles(2007), ACM Press New York, NY, USA,PP. 205-220.

[9] DEAN, J. , AND GHEMAWAT, S. Key-Value Reduce: Simplified data processing on large clusters. In Proc. of the 6th OSDI(Dec. 2004), pp. 137-150.

[10] 白海洋,台运红. 基于高可用性的分布式云化交易型系统设计方法研究[J]. 2022,38(2).

[11] 李茜. 基于 NoSQL 数据库的 AIS 航线设计研究[J]. 舰船科学技术. 2023,45(23).

[12] 中华人民共和国国家质量监督检验检疫局/中国国家标准化管理委员会.[GB-T20068-2006 船载自动识别系统(AIS)技术要求]. 2006. 02. 10,03-04.

[13] Eben Hewitt. Cassandra:The definitive Guide[M]. 北京:人民邮电出版社. 2011. 08:13-15.

[14] https://dbeaver. io/.

第4章

海事数据可视化分析

本章完整阐释了 AIS 数据预处理技术和轨迹聚类的实验步骤和方法，通过展示全流程的代码，旨在提供全面真实的海事数据可视化分析方法。AIS 数据预处理步骤解决了常见的挑战，如噪声、数据缺失和不规则的采样间隔，完整实现了由分段、去噪和压缩所组成的轨迹质量提升策略，确保高质量的数据输入。为了发现船舶运动规律，采用含噪声应用的层次密度空间聚类(Hierarchical Density-Based Spatial Clustering of Applications with Noise, HDB-SCAN)算法对轨迹进行聚类，并列出详细的聚类代码和算法参数，聚类结果可为读者理解海上交通流和船舶运动行为提供有价值的参考，同时增强了海事数据的清晰度和可用性。本章以 Canakkale 海峡为例进行分析，成功地分离了海峡上行和下行轨迹，展示了该方法在复杂海洋环境中的适用性。

海上运输在全球贸易中发挥着关键作用，每天有数百万艘船只穿梭于世界各大洋。监测和分析船舶移动、环境状况和港口作业对于优化海上物流、提高安全性和减轻环境风险变得越来越重要。AIS 为船舶提供实时信息，已成为这一领域的重要数据来源[1]。然而，由于海洋数据的庞大和复杂，从原始数据中解释和提取可操作的见解带来了重大挑战。数据可视化技术[2]为从 AIS 等来源收集的大量海事数据提供了强大的工具，使利益相关者(包括港口当局、航运公司和政策制定者)能够将复杂的数据集可视化出来，从而更轻松地识别模式、趋势和异常情况。海事数据可视化不仅有助于实时决策，还有助于长期规划和海事运营的政策制定。

然而，AIS 数据具有维数高、噪声大、采样间隔不规则等特点，使得原始数据难以直接分析。因此，AIS 轨迹数据的预处理是保证后续分析质量的关键步骤。有效的数据预处理是精确轨迹聚类的基础，其目的是对相似的移动模式进行分组，以更深入地了解海上交通。轨迹聚类对于理解船舶行为、优化港口和海上作业具有重要意义。轨迹聚类[3]通过识别常见航路、异常行为和停船信息，为航路规划、港口调度和风险管理提供重要信息。几种聚类技术,如基于密度的聚类算法(Density-Based Spatial Clustering of Applications with Noise, DBSCAN)、基于层次划分的 HDBSCAN 等算法已被应用于海上轨迹分析,每种方法在捕捉船舶运动细微差别方面都有各自的优势。

本章着重于数据可视化技术在海事数据集上的应用,目的是提高对船舶行为、港口性能和航运路线的理解。研究将重点探索各种 AIS 数据预处理技术和轨迹聚类实验方案,给出具体可操作性的实验流程和代码,确保可靠性和准确性。这些研究结果预计将有助于更有效地帮助读者学习和理解数据预处理过程、轨迹聚类的目的,从可视化的角度理解海上船舶运输过程,特别是在交通拥挤的港口地区的船舶的运输过程,从而提高运作效率和安全。

4.1　Python 环境配置

本节将使用 Pycharm 编辑器 + Anaconda 环境管理的方式(在 Windows 操作系统下演示),利用 Python 完成关于 AIS 预处理和轨迹聚类的步骤。Pycharm 的安装不再赘述,可根据需要去官网下载社区版或专业版(https://www.jetbrains.com/pycharm/download/?section=windows)。而 Anaconda 是 Python 发行版,专注数据科学和机器学习,集成众多库,使用 conda 管理包和虚拟环境。conda 不仅支持 Python 包的安装和管理,还支持非 Python 包的安装,如 R 包、C/C++库等。Anaconda 最主要的作用是使用 conda 命令创建虚拟环境,用以隔离不同项目的依赖关系,避免不同环境之间的冲突。Anaconda 下载链接(https://www.anaconda.com/download/success)。当完成 Anaconda 下载后,在安装阶段,需要勾选"设置为环境变量"。然后,打开 Anaconda Powershell Prompt,完成 Python 环境的搭建,见图 4-1。

图 4-1　conda 环境信息

(base)指的是默认环境,conda info-e 则是查看有哪些环境的命令,见图 4-2。以下列出创建环境—安装包的步骤。

```
conda config --add channels https://mirrors.tuna.tsinghua.edu.cn/anaconda/pkgs/main
conda config --add channels https://mirrors.tuna.tsinghua.edu.cn/anaconda/pkgs/free
conda config --add channels https://mirrors.tuna.tsinghua.edu.cn/anaconda/pkgs/r
conda config --add channels https://mirrors.tuna.tsinghua.edu.cn/anaconda/pkgs/pro
conda config --add channels https://mirrors.tuna.tsinghua.edu.cn/anaconda/pkgs/msys2
```

图 4-2　配置国内镜像源

(1)配置国内镜像源。

在 Prompt 窗口中输入 conda info 可查看是否配置成功,见图 4-3。

```
(base) PS C:\Users\lipenghao> conda info

     active environment : base
    active env location : C:\Users\lipenghao\anaconda3
            shell level : 1
       user config file : C:\Users\lipenghao\.condarc
 populated config files : C:\Users\lipenghao\.condarc
          conda version : 23.1.0
    conda-build version : 3.22.0
         python version : 3.9.13.final.0
       virtual packages : __archspec=1=x86_64
                          __cuda=12.3=0
                          __win=0=0
       base environment : C:\Users\lipenghao\anaconda3  (writable)
      conda av data dir : C:\Users\lipenghao\anaconda3\etc\conda
  conda av metadata url : None
           channel URLs : https://mirrors.tuna.tsinghua.edu.cn/anaconda/cloud/conda-forge/win-64
                          https://mirrors.tuna.tsinghua.edu.cn/anaconda/cloud/conda-forge/noarch
                          https://mirrors.tuna.tsinghua.edu.cn/anaconda/pkgs/main/win-64
                          https://mirrors.tuna.tsinghua.edu.cn/anaconda/pkgs/main/noarch
                          https://mirrors.tuna.tsinghua.edu.cn/anaconda/pkgs/r/win-64
                          https://mirrors.tuna.tsinghua.edu.cn/anaconda/pkgs/r/noarch
                          https://mirrors.tuna.tsinghua.edu.cn/anaconda/pkgs/msys2/win-64
                          https://mirrors.tuna.tsinghua.edu.cn/anaconda/pkgs/msys2/noarch
          package cache : C:\Users\lipenghao\anaconda3\pkgs
                          C:\Users\lipenghao\.conda\pkgs
                          C:\Users\lipenghao\AppData\Local\conda\conda\pkgs
       envs directories : C:\Users\lipenghao\anaconda3\envs
                          C:\Users\lipenghao\.conda\envs
                          C:\Users\lipenghao\AppData\Local\conda\conda\envs
               platform : win-64
             user-agent : conda/23.1.0 requests/2.28.1 CPython/3.9.13 Windows/10 Windows/10.0.22631
          administrator : False
             netrc file : None
           offline mode : False
```

图 4-3　查看 conda 所有配置信息

(2)创建环境 my_env 并指定 python 版本 3.9。使用 conda create-n my_env python =3.9 命令进行创建。

(3)查看当前环境数量。使用 conda info-e 查看。

(4)激活环境。默认环境是 base,使用 conda activate my_env 完成激活。

(5)安装 numpy, pandas 和 matplotlib。使用 conda install numpy, pandas, matplotlib,并使用 conda list 查看是否安装成功。

以上是 Anconda 环境的配置。但是,在正式书写代码之前,还需将 Pycharm 编辑器与 Anaconda 环境管理进行结合。图 4-4 和图 4-5 展示了在 Pycharm 上配置 conda 环境的步骤。

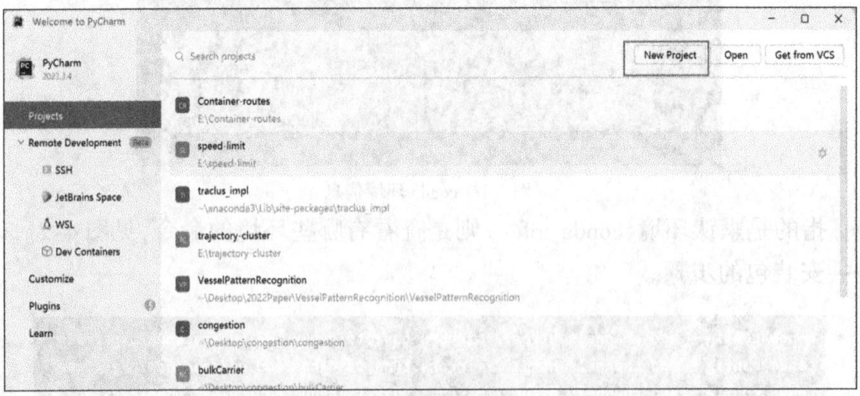

图 4-4　创建新项目

如果已有项目,也可从下列路径进行更换 conda 环境,见图 4-6。

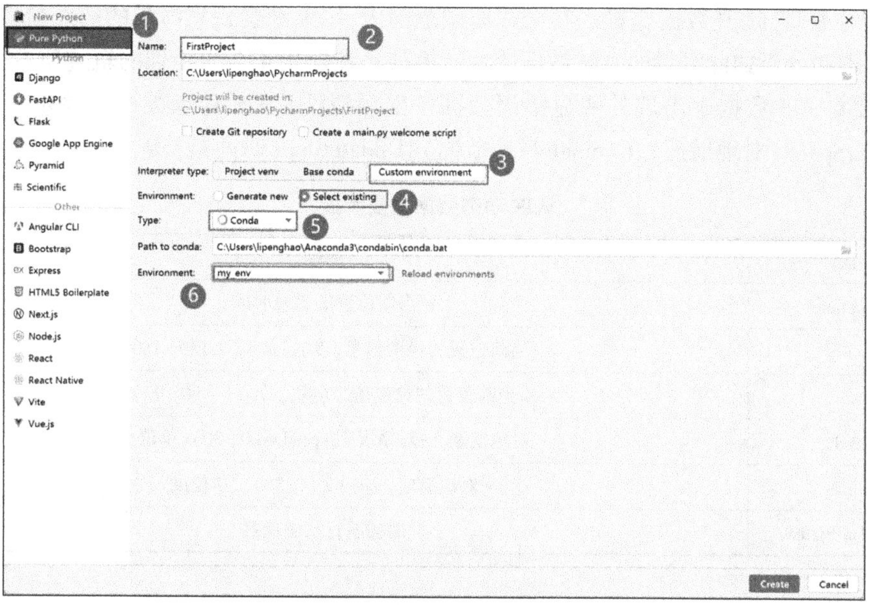

图 4-5　为项目 FirstProject 配置 conda 环境 my_env

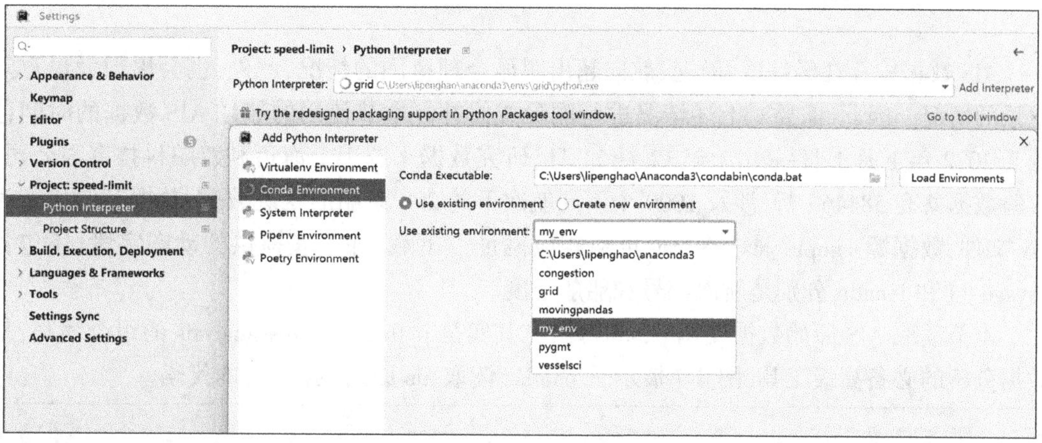

图 4-6　配置 conda 环境的第二种途径

File- > settings- > Project：项目名- > Python Interpreter- > Add Interpreter- > Add Local Interpreter- > Conda Environment- > Use existing environment- > my_env

4.2　AIS 数据预处理

轨迹质量不仅是航路提取的基础，也是提取船舶航行模式的关键。由于数据接收基站无法做到全覆盖、船舶 AIS 设备工作异常等原因，AIS 数据存在着数据丢失、数据噪声、数据记录重复等客观问题。动态数据超出合理范围也是常常出现的错误问题之一，因此需要对数据进行预处理,提升数据质量。在全球海域范围内,每天都会积累海量的船舶轨迹数据,因此如何处理和分析如此海量的 AIS 数据成为了挑战。在使用 4.2.2 提到的轨迹质量提升策略之前,需要对 AIS 数据中出现的明显错误数据作出预清洗。AIS 动态数据主要包含:Lon,Lat(经纬度),Speed(对地航速),Course(对地航向),Updatetime(时间戳)等,见表 4-1。

AIS 动态数据主要字段 表 4-1

字段	描述
Updatetime	当前位置的播发时间
Lon	当前位置的经度信息(度),lon ∈ (−180, 180)
Lat	当前位置的纬度信息(度),lat ∈ (−90, 90)
Speed	对地航速,一般情况下 speed ∈ [0, 30),单位节
Course	对地航向,*course* ∈ [0,360),单位度
Navigation Status	船舶航行状态信息

4.2.1 数据源与预清洗

AIS 数据中存在经纬度、航速、航向超出明显合理范围的情况,此外,也会出现大量重复记录的情况。因此,需要对上述情况进行删除或修补。本节使用的船舶 AIS 数据的时间范围为 2022 年 1 月 1 日—2022 年 12 月 31 日,研究数据来源于上海迈利船舶科技有限公司,实验数据共有 584463 行,涉及 1000 个不同航次下的 298 条船的轨迹数据,数据存储格式为 csv 文件,数据源 sample_ais_15. csv 可从相应网址[4]下载,除了表提供的动态字段,还包含 voyage_id 和 length,分别是航次编号和船舶长度。

本节读取 AIS 原始数据使用 pandas 库,它其实是 python + data + analysis 的组合缩写,是数据分析的必备高级工具,图 4-7 展示了 pandas 读取 ais 原始 csv 文件的代码。

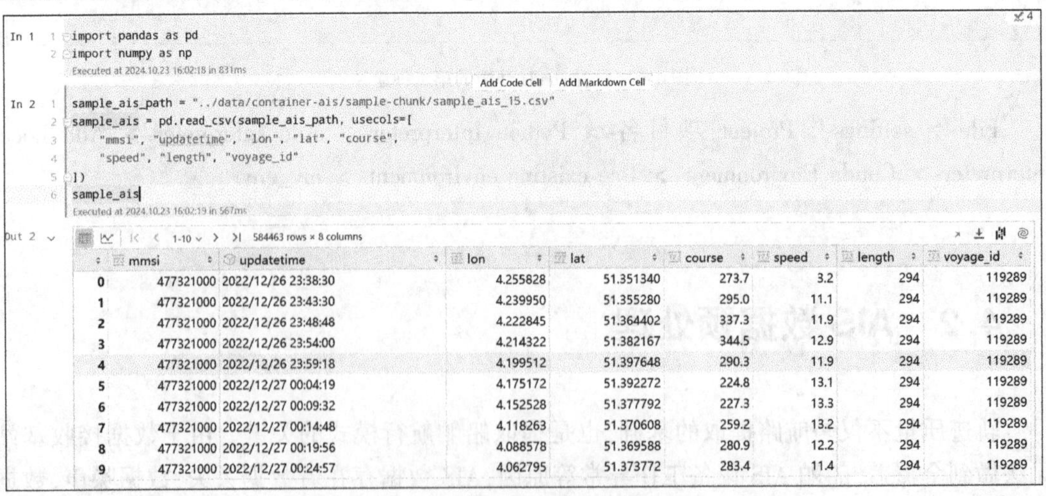
In 1
```
import pandas as pd
import numpy as np
```
Executed at 2024.10.23 16:02:18 in 831ms

In 2
```
sample_ais_path = "../data/container-ais/sample-chunk/sample_ais_15.csv"
sample_ais = pd.read_csv(sample_ais_path, usecols=[
    "mmsi", "updatetime", "lon", "lat", "course",
    "speed", "length", "voyage_id"
])
sample_ais
```
Executed at 2024.10.23 16:02:19 in 567ms

Out 2 — 584463 rows × 8 columns

	mmsi	updatetime	lon	lat	course	speed	length	voyage_id
0	477321000	2022/12/26 23:38:30	4.255828	51.351340	273.7	3.2	294	119289
1	477321000	2022/12/26 23:43:30	4.239950	51.355280	295.0	11.1	294	119289
2	477321000	2022/12/26 23:48:48	4.222845	51.364402	337.3	11.9	294	119289
3	477321000	2022/12/26 23:54:00	4.214322	51.382167	344.5	12.9	294	119289
4	477321000	2022/12/26 23:59:18	4.199512	51.397648	290.3	11.9	294	119289
5	477321000	2022/12/27 00:04:19	4.175172	51.392272	224.8	13.1	294	119289
6	477321000	2022/12/27 00:09:32	4.152528	51.377792	227.3	13.3	294	119289
7	477321000	2022/12/27 00:14:48	4.118263	51.370608	259.2	13.2	294	119289
8	477321000	2022/12/27 00:19:56	4.088578	51.369588	280.9	12.2	294	119289
9	477321000	2022/12/27 00:24:57	4.062795	51.373772	283.4	11.4	294	119289

图 4-7 读取原始轨迹数据代码

通过使用 sample_ais. info( )查看数据基本统计情况,可以看出速度的最大值为 38. 9,明显超出了合理范围,因此需要删除或修补,图 4-7 和图 4-8 为使用 conda 命令安装的 jupyter notebook,有兴趣的读者可以尝试使用 conda 命令安装,在 Pycharm 里也可以使用。在这里我们给出预清洗的代码,见图 4-8。

```
In 4
# 将AIS数据中的updatetime由字符串形式转换为datetime
sample_ais["updatetime"] = pd.to_datetime(sample_ais["updatetime"])
preprocess_lst = []
# 对不同航次的数据进行聚合groupby
for name, group in sample_ais.groupby("voyage_id"):
    group = group.reset_index(drop=True)
    # 删除重复行
    group = group.drop_duplicates(subset=["lon", "lat", "course", "speed"], keep="last").reset_index(drop=True)
    # 移除速度speed明显异常的数据
    group.loc[group[group["speed"] > 30].index, "speed"] = np.nan
    group["speed"] = group.groupby("voyage_id")["speed"].transform(lambda x: x.fillna(method="ffill"))
    preprocess_lst.append(group)

preprocess_ais = pd.concat(preprocess_lst).reset_index(drop=True)
Executed at 2024.10.23 16:07:32 in 2s 703ms

In 5
preprocess_ais
Executed at 2024.10.23 16:07:41 in 14ms

Out 5
1-10  584139 rows × 8 columns
```

	mmsi	updatetime	lon	lat	course	speed	length	voyage_id
0	564399000	2022-02-22 02:38:16	-79.570602	8.953360	166.3	6.5	223	2596
1	564399000	2022-02-22 02:43:56	-79.565335	8.943208	143.4	8.0	223	2596
2	564399000	2022-02-22 02:49:16	-79.555925	8.931198	141.0	12.5	223	2596
3	564399000	2022-02-22 02:54:45	-79.545233	8.917700	142.0	13.7	223	2596
4	564399000	2022-02-22 03:00:05	-79.532863	8.902840	140.8	11.5	223	2596
5	564399000	2022-02-22 03:05:05	-79.524123	8.891848	142.5	9.0	223	2596
6	564399000	2022-02-22 03:10:05	-79.516432	8.881997	142.9	9.5	223	2596
7	564399000	2022-02-22 03:15:05	-79.506340	8.868527	143.6	13.7	223	2596
8	564399000	2022-02-22 03:20:18	-79.493058	8.851163	143.2	15.8	223	2596
9	564399000	2022-02-22 03:26:14	-79.474557	8.825695	150.1	16.0	223	2596

图 4-8　预清洗代码

可以看出清洗后,实验数据由 584463 行减少为 584139 行。

4.2.2　轨迹质量提升策略

1)轨迹分段

由于传输媒介和设备等因素的影响,AIS 信号可能会发生中断和丢失。这导致在时空维度上,相邻位置点之间存在过大的采样间隔,使得它们彼此相距甚远。此外,原始轨迹数据集缺乏船舶的航次信息,如果不对具有相同 MMSI 编号的船舶轨迹进行分段,可能会产生错误的轨迹聚类结果。需要注意的是,轨迹分段的目的仅是为轨迹去噪提供必要的前提,具体的算法代码请参见[4] Segmentation. py。

为了解决上述问题,本文将时间阈值 $thre_t$ 设置为 2 小时,距离阈值 $thre_d$ 设置为 2 海里,对原始轨迹进行分段。轨迹分段结果可能会产生一些轨迹点数量较少或轨迹长度过短的轨迹段(少于 5 个轨迹点的轨迹段被视为噪声),这将给后续的去噪、压缩带来不必要的干扰,因此,这些轨迹段应该被视为噪声并且进行滤除。以原始数据 voyage_id = 106998 为例,使用 Segmentation. py 中 voyagePartition 函数进行分段。

图 4-9 为样例代码。

2)轨迹去噪

为了滤除海量 AIS 数据中存在的单个或多个连续的轨迹噪声点,基于 Chen[5] 提到的轨迹修复算法,利用船舶自身轨迹信息进行异常点判断与修复的方法,该方法综合考虑经纬度、速度、加速度和航向数据进行异常点判定，相比基于单一位置数据的判定方法，该方法能够有效减少漏判，并且无须依赖历史数据，适用范围更广。本节主要复现了论文中的“异常加速点”和“异常漂移点”的部分，有兴趣的读者可以仔细研读该文章，它还涉及异常转向点和轨迹插值。核心封装代码如下。

```
path = "../data/container-ais/sample-chunk/sample_ais_15.csv"
df = pd.read_csv(path)
df["updatetime"] = pd.to_datetime(df["updatetime"])
# 筛选出voyage_id为106998的轨迹
traj = df[df["voyage_id"] == 106998].reset_index(drop=True)

res, count = [], 0
for n, g in traj.groupby("voyage_id"):
    g = g.reset_index(drop=True)
    g, count = voyagePartition(g, count=count)
    res.append(g)
    count += g["traj_id"].nunique()

pd.concat(res).to_csv( path_or_buf: "C:/Users/lipenghao/Desktop/sample_ais_15_test.csv", index=False)
```

图 4-9　以 voyage_id = 106998 为例的分段代码

(1)轨迹点之间的 haversine 距离。

```
def haversine(self, lon1, lat1, lon2, lat2):
    """
        Calculate the great circle distance between two points
        on the earth(specified in decimal degrees)
    """
    # convert decimal degrees to radians
    lon1, lat1, lon2, lat2 = map(radians, [lon1, lat1, lon2, lat2])
    # haversine formula
dlon = lon2-lon1
dlat = lat2-lat1
    a = sin(dlat/2)* * 2 + cos(lat1)* cos(lat2)* sin(dlon/2)* * 2
     c = 2* asin(sqrt(a))
     km = 6371* c
     return km* 1000
```

(2)初始条件。

```
def __init__(self, df: pd.DataFrame, vd: float = 25):
    self.traj = df
    self.traj_length = len(self.traj)
    #vd: ship design speed, unit: m/s
```

```
        self.vd = vd* (1852/3600)
        # The ship length is used to calculate the maximum and minimum acceleration
        self.length = self.traj["length"].unique()[0]
        self.max_length = 2* 10* self.length
        self.min_length = 2* 8* self.length
        #max_acc、min_acc: maximum and minimum acceleration of the ship, unit: m/s^2
        self.max_acc = self.vd* * 2/self.max_length
        self.min_acc =-self.vd* * 2/self.min_length
```

(3)异常轨迹点处理。

```
    def _coordinatesAbnormal(self, traj_df):
        traj_df["timestamp"] = traj_df["updatetime"].apply(lambda x: mktime(x.timetuple()))
        toDeleteIndex = set()
        for i, rows in traj_df.iterrows():
            if i = = len(traj_df)-1:
                break
            nextRow = traj_df.iloc[i +1]
             vi, vj = rows["speed"] * (1852/3600), nextRow["speed"] * (1852/3600)
            ti, tj = rows.timestamp, nextRow.timestamp
            try:
                tm =(vj-vi-self.min_acc* tj + self.max_acc* ti)/(self.max_acc-self.min_acc)
    smax = vi* (tm-ti) + vj* (tj-tm) + \
                 0.5* self.max_acc* pow(tm-ti, 2)-\
                0.5* self.min_acc* pow(tj-tm, 2)
              # distance, unit: m
              distance = self.haversine(rows.lon, rows.lat, nextRow.lon, nextRow.lat)
              if distance > smax:
                  toDeleteIndex.add(i + 1)
            except ZeroDivisionError as e:
              print("acc_max is equal to acc_min")
  coords_df = traj_df.drop(toDeleteIndex).reset_index(drop=True)
  return coords_df.drop("timestamp", axis=1)
```

(4)异常航速点处理。

```
def _speedAbnormal(self, traj_df):
    toDeleteIndex = set()
    fori, rows in traj_df.iterrows():
        if i = = len(traj_df)-2:
            break
        nextRow = traj_df.iloc[i + 1]
        deltaSpeed =(nextRow["speed"]-rows["speed"]) * (1852/3600)
        dt =(nextRow["updatetime"]-rows["updatetime"]).total_sec-
onds()
        acc =deltaSpeed/dt
        current_speed = rows["speed"]
        next_speed = nextRow["speed"]
        current_before_speed = traj_df.iloc[i-1]["speed"]
        next_next_speed = traj_df.iloc[i + 2]["speed"]

        if(self.max_acc-acc) * (acc-self.min_acc) < 0:
            if abs(current_speed-current_before_speed) > abs(next_
speed-next_next_speed):
                toDeleteIndex.add(i)
            else:
                toDeleteIndex.add(i + 1)
    return traj_df.drop(toDeleteIndex).reset_index(drop=True)
```

完整代码可从相应网址[4]下载,见 Clean. py,去噪代码如图 4-10 所示。

去噪后,轨迹点数量变为 581879。

3)轨迹压缩

轨迹压缩的主要目标是找到轨迹曲线上的关键特征点,一般用于研究水域转向点的提取,结合点轨迹聚类算法,可识别出研究水域内的转向区域。压缩算法的另一个应用是使用这些轨迹特征点近似地表达轨迹的原始形状,减轻后续轨迹聚类中轨迹相似度的计算开销,大大增加轨迹聚类效率。

本节将使用 Douglas-Peucker(道格拉斯—普克算法)来对船舶轨迹进行压缩,图 4-11 是道格拉斯-普克算法的简要描述,它的核心处理过程如下:

(1)连接轨迹曲线首尾两点 A,B。

(2)依次计算曲线上所有点到直线 AB 的距离。

(3)计算得到最大距离 dmax。如果 dmax 小于给定压缩阈值,则去除曲线上除 A、B 的所有点;反之,以最大距离对应的点为界,将轨迹曲线分为两段。

```
In 6
from preprocess.Clean import Clean
def recursive_cleaning(data, iteration=3):
    if iteration == 0:
        return data

    clean_lst = []

    # 对不同航次的数据进行聚合groupby
    for name, group in data.groupby("voyage_id"):
        group = group.reset_index(drop=True)
        # 移除重复行
        group = group.drop_duplicates(subset=["lon", "lat", "course", "speed"], keep="last").reset_index(drop=True)
        # 移除速度speed明显异常的数据
        group.loc[group[group["speed"] > 30].index, "speed"] = np.nan
        group["speed"] = group.groupby("voyage_id")["speed"].transform(lambda x: x.fillna(method="ffill"))

        # 去噪
        clean = Clean(group)
        clean_df = clean.process(style="coords")
        clean_lst.append(clean_df)

    # 合并处理后的数据
    clean_data = pd.concat(clean_lst).reset_index(drop=True)

    # 递归调用，进行下一次清洗
    return recursive_cleaning(clean_data, iteration - 1)
Executed at 2024.10.12 14:14:29 in 46ms

In 8
# 调用递归清洗函数，执行3次清洗
clean_ais = recursive_cleaning(sample_ais, iteration=3)
Executed at 2024.09.14 01:00:26 in 9m 11s 895ms
```

图 4-10　轨迹去噪代码

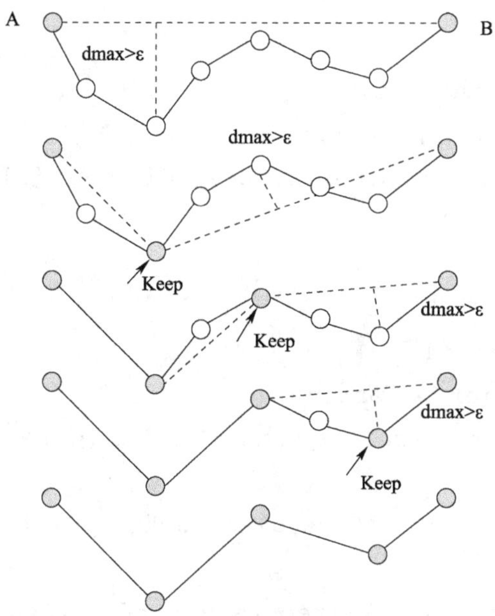

图 4-11　轨迹压缩过程

(4)对轨迹曲线分段重复步骤(1)～(3)，直到所有 dmax 均小于给定压缩阈值，即完成轨迹压缩过程。

这里我们将给出实现轨迹压缩的完整代码供读者学习。

(1)求点到直线的距离，见上述步骤(1)～(3)。将用到第三方库 numpy 和 Python 的自带数学计算库 math(import numpy 和 from math import *)。代码示例如下。

```
    def pointLineDistance(self, point, linePoint1, linePoint2):
        """
            点到直线的距离
        """
        x0, y0 = point[0], point[1]
        x1, y1 = linePoint1[0], linePoint1[1]
        x2, y2 = linePoint2[0], linePoint2[1]
        numerator = abs((x2-x1)* (y1-y0)-(x1-x0)* (y2-y1))
        denominator = sqrt(pow((x2-x1), 2) + pow((y2-y1), 2))
        distance = numerator/denominator
```

(2)递归完成轨迹压缩。

```
def douglasPeucker(self, pointList, epsilon):
        """
            Douglas-Peucker
        """
        dmax = 0
        index = 0
        end =len(pointList)
        for i in range(1, end-1):
            d =self.pointLineDistance(pointList[i][:2], pointList[0]
[:2], pointList[-1][:2])
            if d >dmax:
                dmax = d
                index =i
                if dmax > epsilon:
            recursive1 =self.douglasPeucker(pointList[: index + 1],
epsilon)
            recursive2 =self.douglasPeucker(pointList[index: ], epsi-
lon)
            return np.vstack((recursive1[:-1], recursive2))
        else:
            return np.stack((pointList[0], pointList[-1]))
```

完整代码可从相应网址[4]下载,见 douglasPeucker. py。实验数据可从原始数据中筛选出 voyage_id = 106998 的轨迹,自己调整 epsilon 参数,实现不同压缩参数的轨迹压缩,结合 matplotlib 或 QGIS 可视化工具,观察轨迹压缩效果。

4.3 轨迹聚类

轨迹相似度的计算直接关系到轨迹聚类结果的准确性。目前的相似度测量方法主要基于空间距离来评估轨迹之间的相似性,只考虑空间距离的相似度不能有效区分空间距离相近但方向相反的轨迹,如计算分道航行制(Traffic Separation Scheme,TSS)规则下上行和下行轨迹的相似度。AIS 轨迹数据不仅包括地理坐标信息,还包括非空间信息(如速度和航迹向),这些非空间信息提供了用于区分不同轨迹类簇的附加信息。因此,我们对轨迹相似度测量方法进行了修改,提出了航向融合系数 α,将对地航向(Course)融合至轨迹点距离计算中,提高轨迹间的区分度,进一步提高轨迹聚类的效果,见式(4-1)~式(4-3)。

$$D(P_i,P_j)' = D(P_i,P_j) \times \alpha \tag{4-1}$$

其中,$D(P_i,P_j)$ 为轨迹 Traj_1 的轨迹点 P_i 与轨迹 Traj_2 的轨迹点 P_j 之间的 haversine 距离,单位是海里;α 是航向融合系数:

$$\alpha = \begin{cases} 1 + 3\sin^2\theta, & \text{if } 0 \leqslant \theta \leqslant \dfrac{2\pi}{3} \\ 1 + 9\cos^2\theta, & \text{if } \dfrac{2\pi}{3} \leqslant \theta \leqslant \pi \end{cases} \tag{4-2}$$

$\theta \in [0,\pi]$,θ_0 是 P_j 和 P_i 之间的航向差,$\theta_0 = |\theta_j - \theta_i|$,那么:

$$\theta = \begin{cases} \theta_0, & \theta_0 \leqslant \pi \\ 2\pi - \theta_0, & \pi < \theta_0 < 2\pi \end{cases} \tag{4-3}$$

由于 AIS 信号是不等长时间间隔播发的,动态时间规整(Dynamic Time Warping, DTW)的优势在于可以计算两不等长集合的相似度,因此,本节使用改进 DTW 距离来评估轨迹间的相似性。

HDBSCAN 算法无需预设簇数,能自适应识别不同密度的簇,并有效检测和排除噪声,因此在轨迹聚类研究中被广泛应用。本节聚焦于应用实践,不再对算法细节进行详述,该聚类算法的核心参数是 min_cluster_size,可选参数为 min_samples,如果不设置 min_samples 的数值,那么其数值默认与 min_cluster_size 保持一致。为了降低轨迹聚类的计算开销,通常会将压缩后的轨迹作为 HDBSCAN 算法的输入。

4.3.1 实验轨迹可视化

本节以土耳其 Canakkale 海峡为例,实现轨迹聚类,聚类流程见 4.3.2 节。Canakkale 海峡的长度约为 37.8 海里,宽度为 0.7~1.08 海里,在最窄的地方需要急转弯(超过 90 度)。

数据源见相应网址[4]中的压缩轨迹 sample_ais_compression. parquet,可使用 pandas 中的

read_parquet 函数进行读取。(如果读者想尝试压缩其他轨迹,请参考本章 2.2.3 节的压缩算法,在数据源[4] sample_ais_15. csv 中挑选任意一条轨迹进行压缩。)然后使用 QGIS 软件,将已经压缩后的轨迹点使用 Points to path 工具连接成轨迹线,实现路径:Processing→Points to path,方法输入参数如图 4-12 所示。

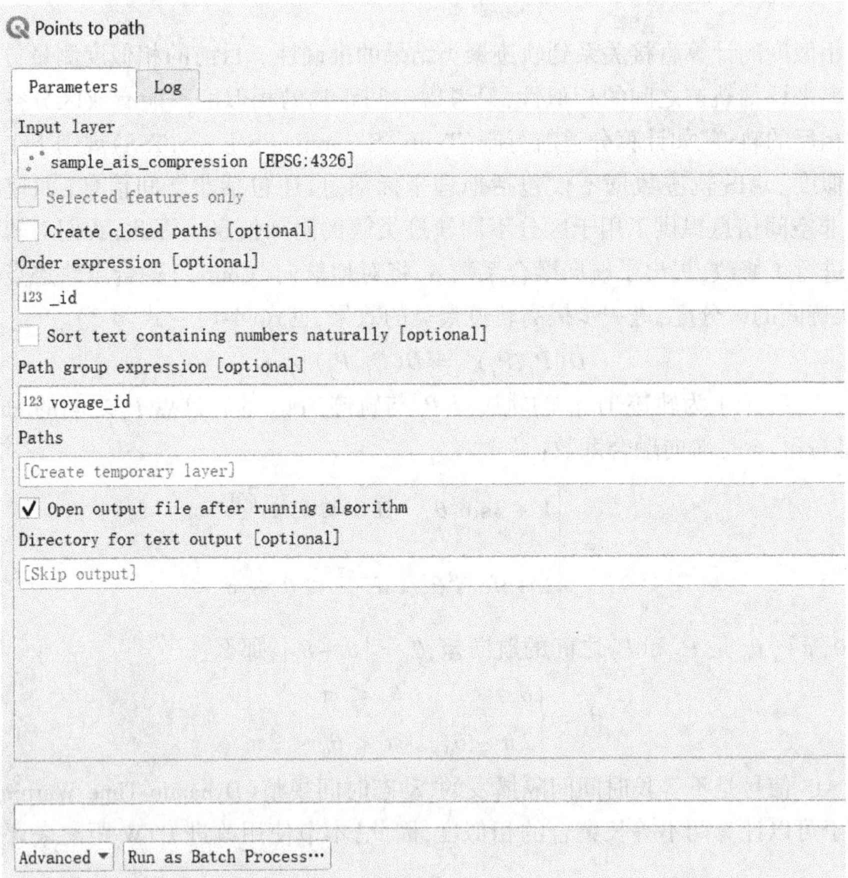

图 4-12　点连接成线

通过得到的海峡内的轨迹线可以看出 Canakkale 海峡是采取 TSS 的,海峡内的交通流存在上行和下行方向。

4.3.2　轨迹聚类实验

本节将给出完整的轨迹聚类代码和处理流程,轨迹聚类算法涉及 DTW 算法和改进的相似度测量方法。由于 DTW 算法已经有了开源的代码,因此,在代码中,我们可以直接导入使用(使用 conda 安装,from fastdtw import fastdtw),DTW 算法详情可参见(https://github.com/slaypni/fastdtw)。然而,fastdtw 计算轨迹间的距离使用的是欧式距离,因此在实际应用时,我们在计算轨迹之间的距离矩阵时,不仅要将欧氏距离替换为 haversine 距离,而且还应考虑融合系数 α,图 4-13 所示代码是式(4-1)~式(4-3)的代码实现。

```
1 usage  GinLph
def _coefficient(theta):
    """
    融合系数
    :param theta: 航向差[0, pi]
    :return:
    """
    if 0 <= theta <= 2 * pi / 3:
        return 1 + 3 * (sin(theta) ** 2)
    elif 2 * pi / 3 < theta <= pi:
        return 1 + 9 * (cos(theta) ** 2)
    else:
        print(f"Theta: {theta}")
        raise ValueError("theta must be in [0, pi]")
```

```
12 usages  GinLph
def weighted_haversine_dist(p1, p2):
    """
    RAD = pi / 180
    """
    lon1, lat1, course1 = p1
    lon2, lat2, course2 = p2
    # unit: nm
    haversine_dist = haversine(lon1, lat1, lon2, lat2)
    theta0 = abs(course2 - course1) * RAD
    if theta0 > pi:
        theta = 2 * pi - theta0
    else:
        theta = theta0
    alpha = _coefficient(theta)
    return haversine_dist * alpha
```

图 4-13　融合系数代码

以下代码是轨迹聚类的具体代码,代码可由相应网址[4]下载,详见 test_canakkale. py。

```
import pandas as pd
import numpy as np

from fastdtw import fastdtw
from sklearn.cluster import HDBSCAN
from navigation.navigation import weighted_haversine_dist

df = pd.read_parquet("../data/test-grid/Canakkale/zoom
10/overall/sample_ais_compression.parquet")
res = []

#轨迹
traj = [g[["lon", "lat", "voyage_id", "_id", "course"]].values
        for n, g indf.groupby("voyage_id")if len(g) > = 2]

#计算距离矩阵 distance matrix
traj_count = len(traj)
D =np.zeros((traj_count, traj_count), dtype ="float32")

fori in range(traj_count):
      for j in range(traj_count):
         dist, path = fastdtw(traj[i][:, [0, 1, 4]], traj[j][:, [0,
1, 4]], dist =weighted_haversine_dist)
```

```
            D[i, j] = dist
            D[j,i] = dist

print("Distance Matrix: ", D)

#使用 HDBSCAN 进行聚类
db = HDBSCAN(min_cluster_size = 15, min_samples = 10, allow_single_
cluster = True, metric = 'precomputed')
db.fit(D)
#生成类标签,-1 表示噪声点
labels = db.labels_
print("0Labels: ", labels)

fortraj_array, label in zip(traj, labels):
    traj_array = pd.DataFrame(traj_array, columns = ["lon", "lat", "voy-
age_id", "_id", "course"])
    traj_array["label"] = label
    res.append(traj_array)

res_df = pd.concat(res).reset_index(drop = True)
res_df[res_df["label"] ! =
-1].to_csv("C:/Users/lipenghao/Desktop/sample_ais_compression_clus-
ter_0.csv", index = False)
```

导入压缩轨迹后,按航次编号 voyage_id 对轨迹数据进行聚合,提取经纬度,航次编号和对地航向,使用列表进行存储;基于改进 DTW 轨迹相似度测量方法,计算轨迹之间的距离矩阵;最后采用 HDBSCAN 聚类算法,参数 min_cluster_size 设置为 15,min_samples 设置为 10,对距离矩阵 D 进行 fit 操作,最终可获取所有轨迹的轨迹类簇编号 labels(-1 表示噪声点,可进行滤除)。通过轨迹聚类后的类簇示意图,可以看出采用改进 DTW 轨迹相似度测量方法,成功地将海峡上、下行轨迹数据进行了分离。

4.3.3 使用 QGIS 的显示轨迹热图示例

热图(Heatmaps)是分析数据点密集程度的最佳可视化工具之一。热图是一种用于确定输入特征密度的插值技术。轨迹热图最常被用于观察海上交通流的密度,能够直观展示局部水域的高频船舶活动区域和潜在的拥堵点,通过将大量船舶的轨迹数据叠加在地图上,热图可以揭示出船舶流量的空间分布规律。

QGIS 是一个免费的、开源的跨平台桌面 GIS 应用程序，支持查看、编辑、打印和分析地理空间数据，下载链接（https://qgis. org/）。QGIS 能够使用地图、图表和图表可视化这些工具，同时可使用各种符号自定义表示经纬度点。QGIS 还提供了地理分析功能，包括缓冲区构建、空间查询和地理处理。对于更复杂的地理分析，用户可以额外使用免费的插件和算法，QGIS 能够打开如 shapefile、geotiff 和 KML 文件格式存储的地理空间数据。

本节仍然使用 sample_ais_15. csv 作为数据源，具体的空间范围划定可由读者在 QGIS 上自行确定（在后续详细步骤中会有说明）。具体实操步骤如下。

步骤 1：加载地图图层，见图 4-14。

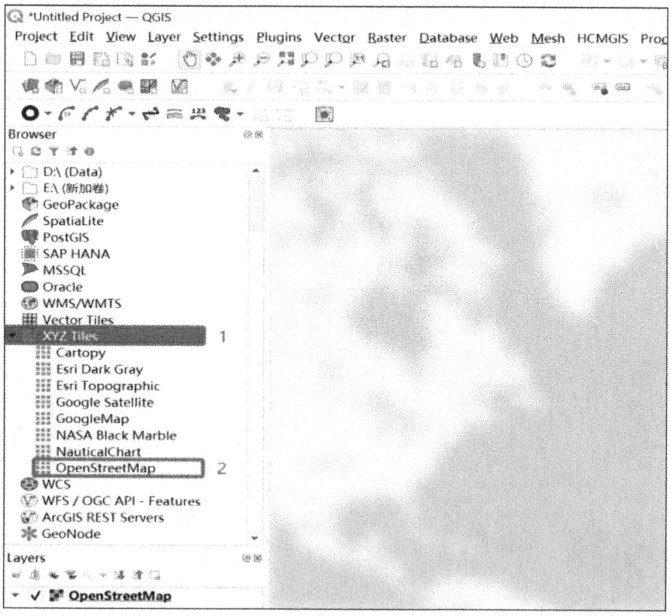

图 4-14　加载地图图层

在 Browser 导航窗口中选择 XYZ Tiles-> OpenStreetMap，双击即可加载图层。

步骤 2：加载经轨迹去噪后的轨迹点，并绘制网格，见图 4-15。

（1）点击 Open Data Source Manager，选择 Delimited Text 导入 sample_ais_15_clean. csv。

在 QGIS 图层面板中，你将会看到 2 个图层，分别是 OpenStreetMap 和 sample_ais_15_clean 的轨迹点。

（2）将轨迹点连接成轨迹线（图 4-16），并将轨迹线重投影到坐标系 EPSG3857（图 4-17）。点击 Processing->Points to path，其中 Input layer 选择 sample_ais_15_clean，Order expression 选择 updatetime，Path group expression 选择 voyage_id。

得到 path 这个图层后，点击 Processing-> Reproject layer，将 path 从 epsg4326 转换到 epsg3857。

（3）创建 1 千米 ×1 千米的网格，见图 4-18，并且计算网格内轨迹数量 Count，选择 Count 大于 0 的网格表示轨迹，见图 4-19。

首先，点击 Vector→Research Tools→create grid，Grid type 选择 Rectangle；Grid extent 选择 Draw on Map Canvas，这时可选择长江口附近海域，确定热图区域；Horizontal spacing 和 Vertical spacing 均选择 1 千米。

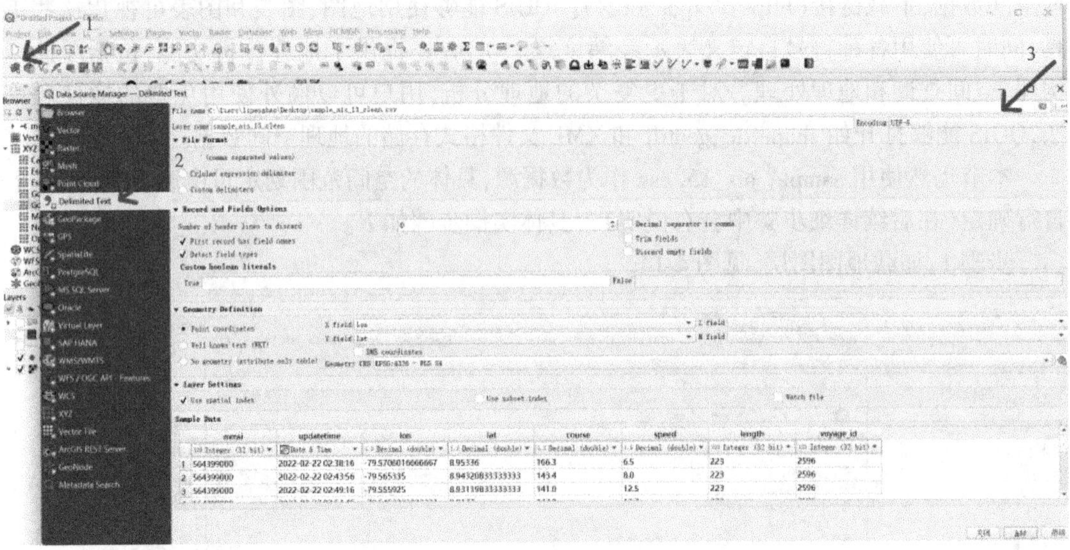

图 4-15　加载 csv 文件

图 4-16　点连接成线

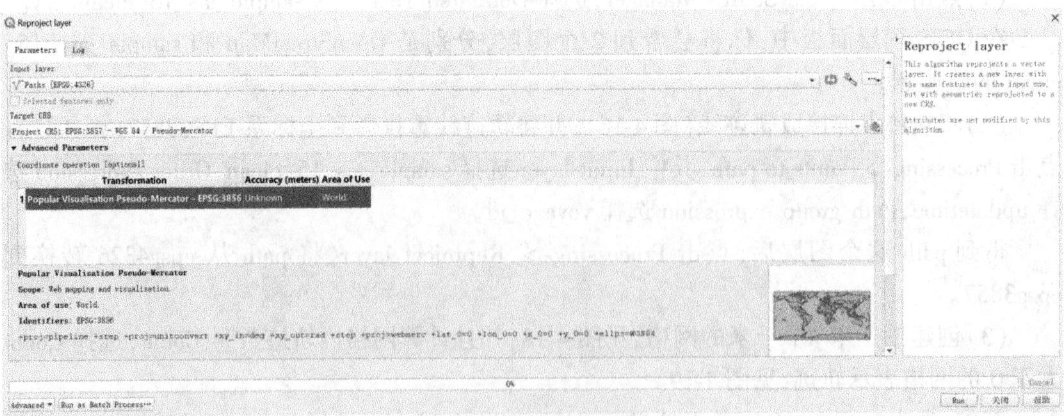

图 4-17　线内重投影

图 4-18　创建网格

图 4-19　统计每个网格内线的数量

然后，点击 Vector-＞ Analysis Tools-＞ Sum line lengths，其中 Polygon 选择 Grid，Lines 选择 Reprojected。

步骤 3：得到 Line Length 图层，保留 Count 大于 0 的网格，（图 4-20）。

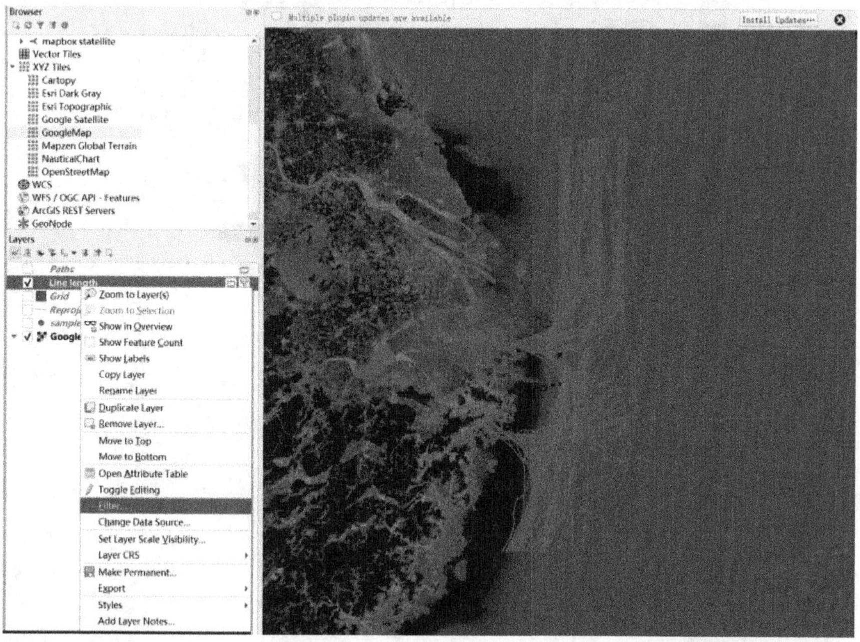

图　4-20

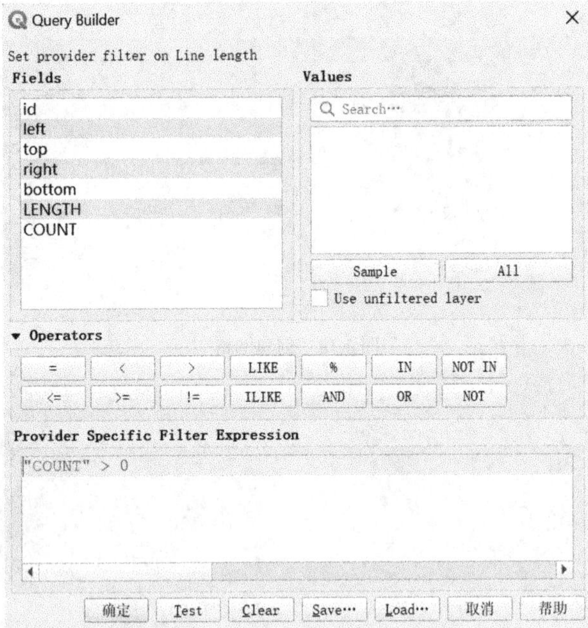

图 4-20　筛选网格内轨迹线数量大于 0

然后，消除网格黑框，见图 4-21。

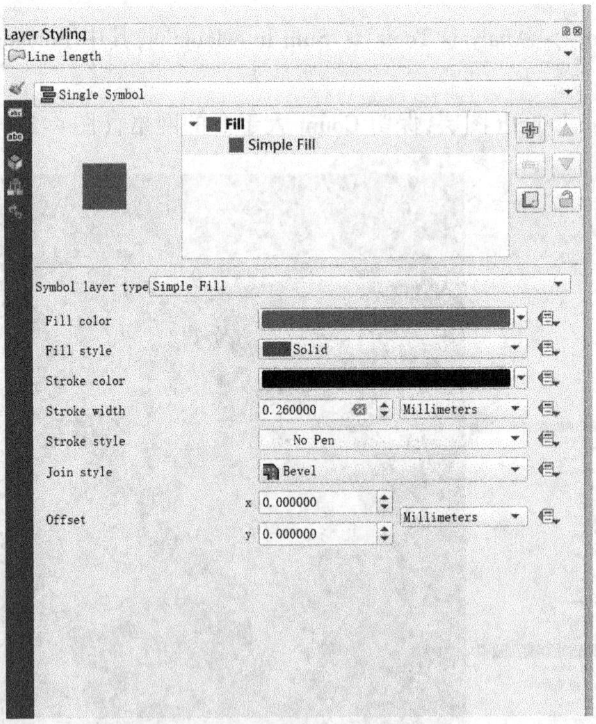

图 4-21　消除网格黑框

最后，选择 Line length 图层，点击 Open the layer styling panel-> Symbology-> Graduated，

Value 填入 Count 字段，选择合适的 Color ramp，Mode 选择 Natural Breaks(Jenks)，即可完成轨迹热图在 QGIS 上的可视化，结果见图 4-22。

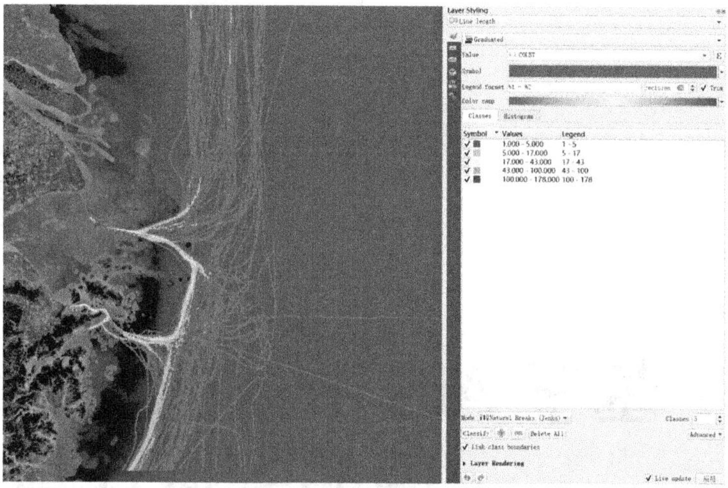

图 4-22　网格渐变(Graduated)

思考题

1. HDBSCAN 算法和 DBSCAN 算法在本质上有什么区别？它们的输入参数有什么异同？

2. 在计算轨迹之间的相似度时，除了 DTW 算法，还有什么其他相似度计算方法？它们各自的优缺点是什么？

本章参考文献

[1] Zhao, Liangbin, Guoyou Shi, and Jiaxuan Yang. "Ship trajectories pre-processing based on AIS data." The Journal of Navigation 71.5(2018): 1210-1230.

[2] Du, Lei, OA Valdez Banda, and Pentti Kujala. "An intelligent method for real-time ship collision risk assessment and visualization." Developments in the Collision and Grounding of Ships and Offshore Structures. CRC Press, 2019. 293-300.

[3] Bai, Xiwen, et al. "A data-driven iterative multi-attribute clustering algorithm and its application in port congestion estimation." IEEE Transactions on Intelligent Transportation Systems(2023).

[4] https://www.hifleet.com/wp/communities/chartering/hangyundashujujishukechengshiyanzhinanshujuyuchulijiguijijuleichixugengxinzhong#post-1850.

[5] Chen, Shuguang, Yikun Huang, and Wei Lu. "Anomaly detection and restoration for ais raw data." Wireless Communications and Mobile Computing 2022.1(2022): 5954483.

第5章

基于AIS数据的受限水域船舶领域计算方法

为获取受限水域船舶领域(Ship Safety Domain,SSD),提出一种利用海量AIS数据建立模型的方法。选取目标船舶的AIS数据,将其附近水域网格化,考虑船舶尺寸,计算他船船体出现在每一个网格中的频数,提取单船网格频数图,将同一类型的目标船舶网格频数图叠加,形成了特定类型船舶的网格频数图。将网格频数图按频数填充颜色,可清晰地显示船舶领域的形状,利用断面分析测量船舶领域长度。选用上海港南槽水域的AIS数据对方法进行验证,统计了60~79米、80~99米、100~119米、120~139米、140~159米共5类不同长度船舶的船舶领域。分析结果表明:由于考虑了船舶尺寸,5类船舶的领域在长轴方向较船首向存在向左舷偏转的夹角,角度分别为3.37度、9.46度、17.53度、10.78度、8.13度;船舶领域长度与船舶长度的比值依次递减,比值分别为6.00、5.80、5.67、5.43、5.13。可见受限水域内船舶领域形状为不规则椭圆,且船舶领域长度与船舶长度的比值并非为定值。

船舶领域是指为了避免碰撞,在每艘船舶的前后左右保持的一个不受他船侵犯的区域[1],通常用来衡量船舶在狭水道或港口内部航行时的碰撞风险。船舶领域发展至今已经被海事、航运相关部门和从业人员认为是评估受限水域内船舶驾驶状态和航道内风险的重要依据。英国学者Goodwin对北海南部水域进行交通流观测统计,在参考国际避碰规则的基础上构建了适用于开阔水域的船舶领域,其模型由船舶右舷部分、左舷部分和后方部分的3个扇形组成[2];Davis等通过建立平滑船舶领域边界提出了便于实际应用的圆形船舶领域,同时提出目标船位于船舶领域模型中心的左下方[3-4];Pietrzykowski等通过统计数据方式,建立了一个非定长的船舶领域[5-6];S' mierzchalski等提出一种六边形的船舶领域模型,通过船舶速度、回旋参数等确定船舶领域[7-8];贾传荧探讨了拥挤水域内的船舶领域,丰富了船舶领域的研究手段,认为船舶领域与船舶长度、速度存在对应的函数关系[9];陈厚忠等研究了内河桥梁附近水域的通过能力,提出基于内河桥梁水域的船舶领域模型[10]。图 5-1 ~ 图 5-3 展示了上述学者提出的船舶领域模型的示意图。

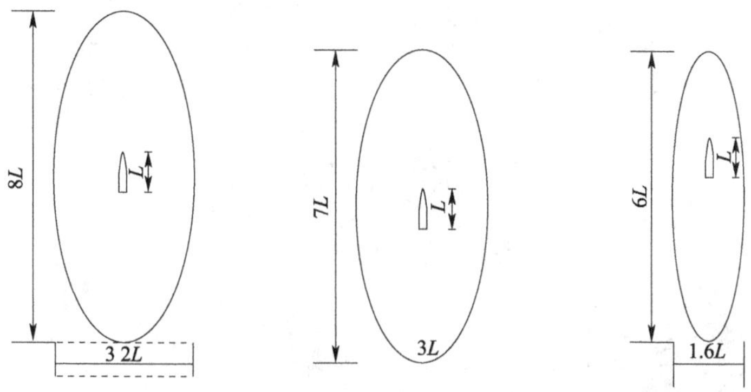

a) 发生追越的船舶领域　b) 通常航行的船舶领域　c) 受限水域的船舶领域

图 5-1　船舶领域藤井模型

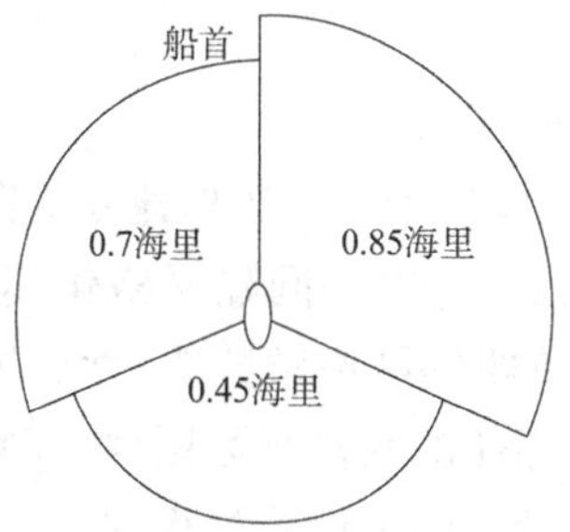

图 5-2　船舶领域 Goodwin 模型

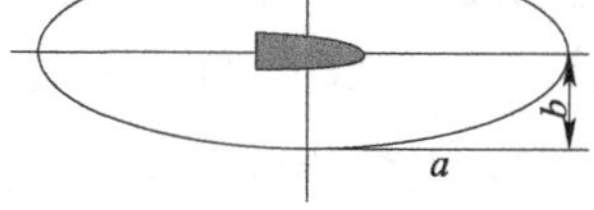

$a=(L/2)\times K\times V$

$b=(B/2)\times K\times V^{k_0}(k_0\leqslant 1)$

图 5-3　船舶领域贾传荧模型

L-船长;B-船宽;K-比例因子;V-船速

以上方法大致可分为统计分析法和解析法两类[11]。统计分析法利用的雷达观测数据信息少,因此,精确度较差。解析法使得领域边界得以量化,并充分考虑了船舶本身的操纵性能,与统计分析法相比,解析法中船舶的行动能力占有更主导的地位,但也忽略了船舶驾驶员和环境因素在船舶领域模型中的作用。

近年来学者们通过智能技术对船舶领域展开了一系列研究。Wang 提出四元船舶领域模型,提高了船舶领域的智能性和实用性,并结合模糊集理论,提出了模糊四元船舶领域[12];Zhu 等提出了基于神经网络的船舶领域模型[13],但是神经网络维数过低,事实上不能清晰地表达非线性关系;Hansen 等利用丹麦和德国之间 FehmarnBelt 水域内航行船舶的 AIS 数据,使用回放附近船舶并叠加的方式获取了该水域内的船舶领域[14],研究采用历史 AIS 数据和网格化技术,但计算船舶领域时未考虑船舶尺寸,而在受限水域中,船舶的尺寸和几何形状对船舶领域影响较大[15-17]。图 5-4 展示了 Hansen 等提出的 SSD 模型的示意图。

不同于传统雷达数据,AIS 数据由 AIS 自动获取,包含一段水域内大量船舶的数据信息,如船舶位置(经度、纬度)、航行状态(航向、船首向)、船舶尺寸、AIS 天线到船首和左右舷距离等。同等条件下的雷达数据信息仅包含基本的船舶位置与航向,无法得到船舶尺寸、船舶中心位置与船首向(ARPA 需要 3 分钟)等信息。就信息的详细程度而言,AIS 数据较雷达信息有较大的优势[18-20]。

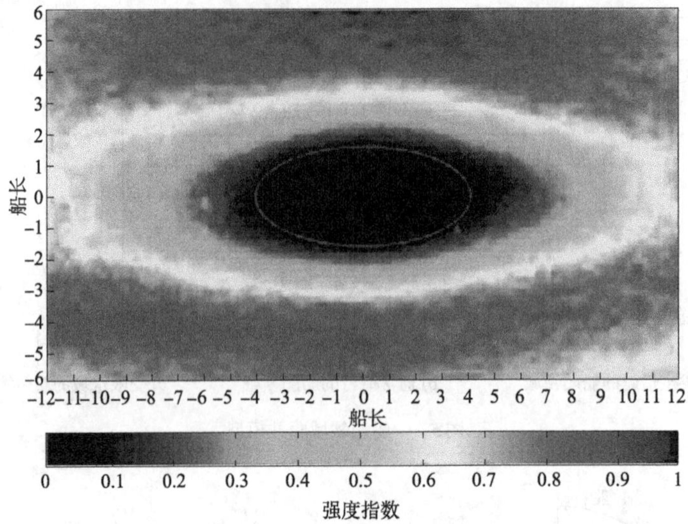

图 5-4　Hansen 获取的船舶领域

综上所述,为准确计算受限水域内的船舶领域,应使用 AIS 数据建立受限水域内的船舶领域。首先使用海量 AIS 数据,随着目标船的航行,按等时间间隔网格化其附近水域,计算他船船体所占的网格,并在相应网格中计数,形成单船的网格频数图;然后按照船舶的尺寸为单船网格频数图分类并叠加,最终获取不同类型船舶的网格频数图,将该网格频数图按频数大小填充颜色,最终获得受限水域内在航船舶领域。整个计算过程中,由于船舶处于受限水域且不停变换位置和方向,因此,在计算他船船体所占网格时需考虑他船相对于目标船舶的方位和他船的尺寸。

5.1　算法

5.1.1　定义

船舶领域由受限水域内处于会遇状态的众多船舶相互之间的相对位置决定,该相对位置可通过选取目标船,并观测其附近水域他船所占的网格频数图获得。此外,为了更接近受限水域船舶航行的真实情况,使用上述方法时需要考虑船舶尺寸。由于一艘船出现在分析水域内的时间有限,其网格频数图通常不是很完整,可按照目标船的长度对其进行分类,通过叠加同一类型目标船的网格频数图,获得特定类型船舶的网格频数图。文中使用的术语定义如下:

AIS 数据:接收自船舶自动识别系统,包含连续时间内特定船舶的位置、航行状态和船舶尺寸等信息。

目标船:在受限水域内航行超过一定时间的待分析船舶。

他船:以目标船为中心,在长度与宽度分别为 4000 米、2000 米的矩形水域内航行的船舶。

单船网格图:将某时刻目标船周围矩形水域等分为 200 × 100 个网格,每个网格自动编号且计数为 0,计算他船船体是否占据网格,占据则网格计数为 1。

单船网格频数图:随着时间的推移,可获取大量目标船的单船网格图,累加网格图中编号相同的网格计数,可获取单船的网格频数图,该图是航行中目标船附近水域真实航行情况的客观反映。

特定类型船舶网格频数图:对选取的目标船以某种标准进行分类(本节以目标船长度范围分类),将同类目标船舶的单船网格频数图予以叠加获得特定类型船舶的网格频数图。

5.1.2　算法原理

对 AIS 数据信息进行预处理,选取多艘目标船舶,按等时间间隔网格化其附近水域;计算他船船体所占的网格,建立单船的网格图;累加单船网格图的网格计数,形成单船的网格频数图;按照船舶长度范围为单船网格频数图分类并叠加,最终获取特定类型船舶的网格频数图。算法流程见图 5-5。

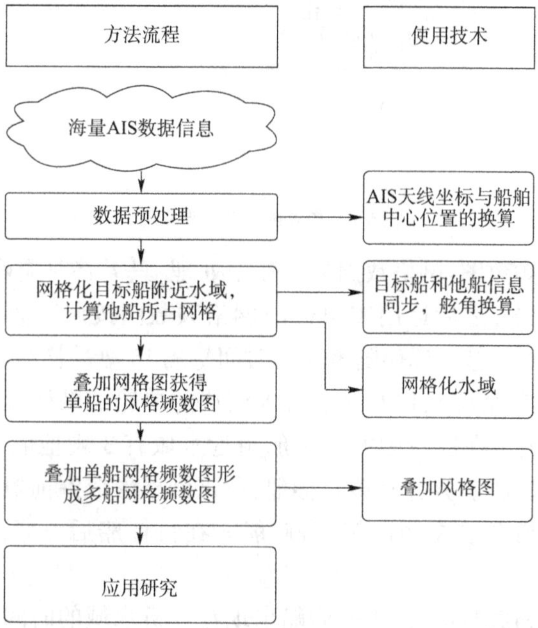

图 5-5　算法流程

(1)数据预处理:使用数据预处理方法从海量 AIS 数据中处理掉失真、错误的信息,并将 AIS 发送的信号坐标转化为船舶正中心的坐标。

(2)选取目标船舶:从 AIS 数据中选出航向和航速稳定,并在分析水域内航行的各艘船舶。

(3)同步目标船和他船 AIS 信息:由于 AIS 基站不可能同时发送每条船舶的数据信息,因此目标船和附近水域的他船或多或少存在一个 1 ~ 15 秒的时差,可使用墨卡托航迹推算法将他船位置推算至目标船发出 AIS 信息的时刻,以保证信息同步。

(4)获取单艘目标船的网格图:将目标船附近水域网格化成 $n \times m$ 个小网格的网格图,每个网格大小为 $t(\mathrm{m}) \times t(\mathrm{m})$,目标船位于正中心,附近航行的他船,通过已同步过的经、纬度值、船长和船宽被描绘成矩形,并以平面几何的方式计算其所在的网格,如果该网格被占用即为该网格计数 1,原理见图 5-6a)。此外,由于目标船一直处于航行状态,为了将目标船作为中心视角,保证其船首向始终为网格图正上方向(y 轴坐标方向),依据舷角计算目标船舶附近航行船舶的相对方位和相对位置,原理见图 5-6b)。

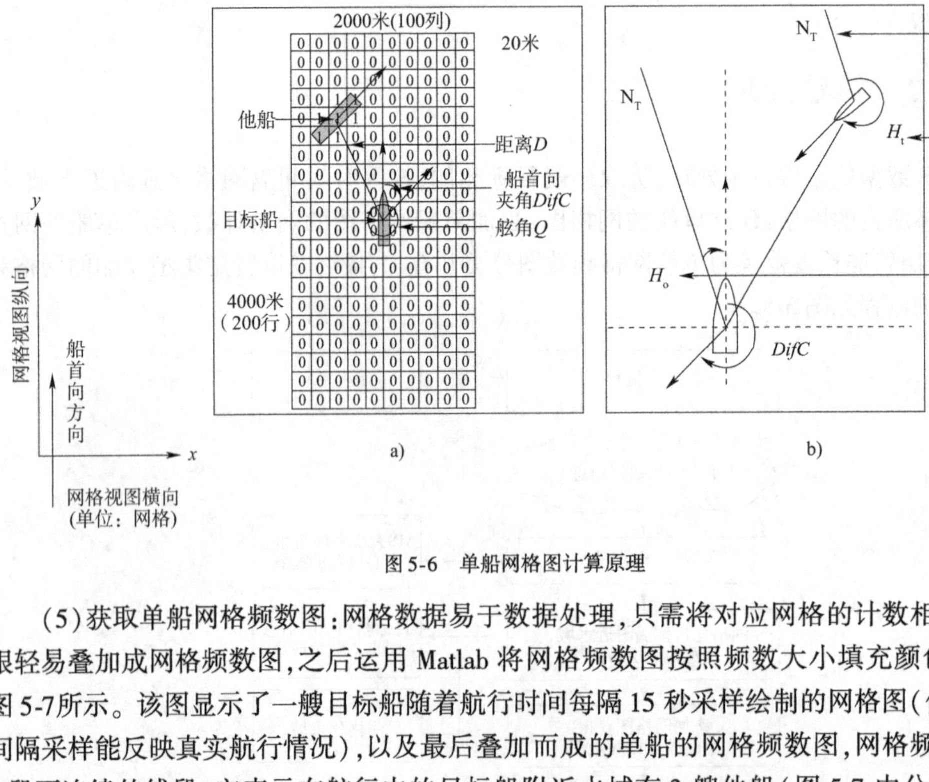

图 5-6　单船网格图计算原理

(5)获取单船网格频数图:网格数据易于数据处理,只需将对应网格的计数相加就能够很轻易叠加成网格频数图,之后运用 Matlab 将网格频数图按照频数大小填充颜色,效果如图 5-7所示。该图显示了一艘目标船随着航行时间每隔 15 秒采样绘制的网格图(假定 15 秒间隔采样能反映真实航行情况),以及最后叠加而成的单船的网格频数图,网格频数图中有 3 段不连续的线段,它表示在航行中的目标船附近水域有 3 艘他船(图 5-7 中分别为船 a、船 b、船 c)。船 a 在目标船前方并驶离目标船,所占网格形成左前侧的痕迹,船 b 于目标船左舷发生追越,所占网格形成左侧追越痕迹,船 c 在目标船后方紧跟,所占网格形成后方痕迹。

(6)获取多船的网格频数图:由于一艘船出现在分析水域的时间有限,其网格频数图必然不是很完整,因此需通过叠加单船的网格频数图获取多船网格频数图(网格频数图易于叠加,只需将网格的频数值相加即可)。可依据船型、尺寸大小、速度将不同的目标船舶分为特定类型,再将每类的船舶网格频数图予以叠加。

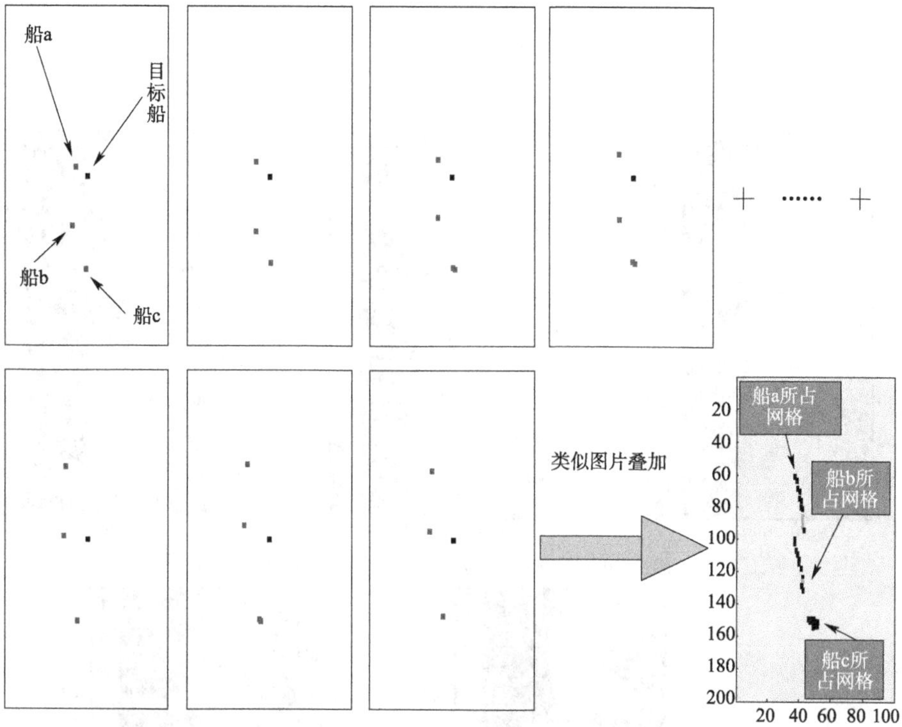

图 5-7　单船一段时间内的网格图和网格频数图

5.2　算法实验

实验选取的分析水域为上海港附近南槽水道,该水域东起南槽水道南槽灯船,西至圆圆沙灯船受限水域。此水域全长 55 海里,通航船舶主要为 50 ~ 150 米长的船舶,为长江航道繁忙水域,该水域中 AIS 数据大量且集中,船舶行动符合受限水域的行驶特征,是研究受限水域船舶领域的较好选择。采用了上述分析水域内 2014 年 4 月—2014 年 6 月间超过 4000 万条在航船舶 AIS 数据记录,选取在航目标船 1000 艘,获得了超过 100000 张网格图,并依据《海港总平面设计规范》(设计船型尺度部分),将不同船舶长度的目标船舶分为 60 ~ 79 米、80 ~ 99 米、100 ~ 119 米、120 ~ 139 米、140 ~ 159 米 5 类,再将每类的船舶网格频数图予以叠加获得特定船舶类型的网格频数图。各类型船舶网格频数图如图 5-8 所示。

图 5-8 的特点表述如下:

(1)分析水域内行驶的各类长度的船舶,其左舷水域的网格频数大于右舷。

(2)分析水域内行驶的各类长度的船舶,其船舶领域与船首向存在夹角,方向朝左舷偏,夹角度数为 3.37 度到 17.53 度之间,经测量的夹角见表 5-1。

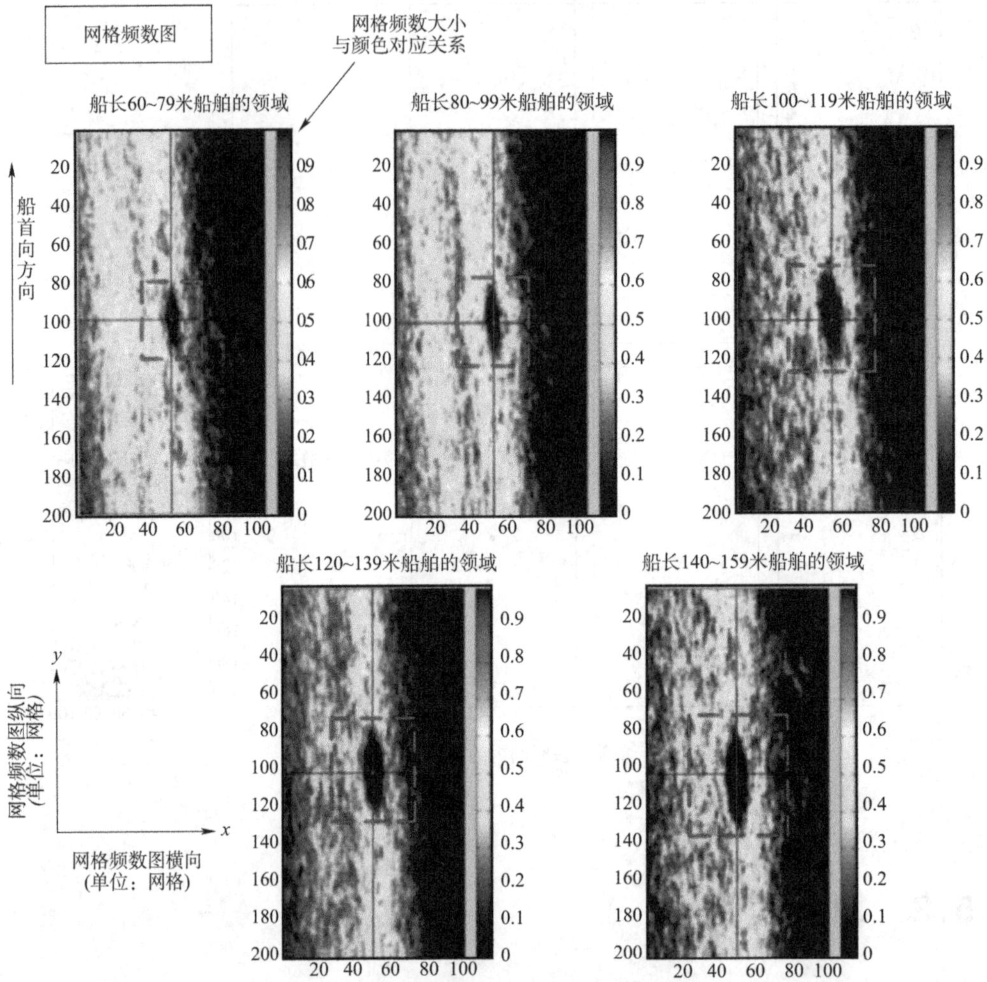

图 5-8 特定类型网格频数图(依据船舶长度)

各类长度的船舶领域与长轴方向夹角 表 5-1

夹角	60 ~ 79 米	80 ~ 99 米	100 ~ 119 米	120 ~ 139 米	140 ~ 159 米
正切值	0.05882	0.16667	0.31579	0.19048	0.14286
夹角(度)	3.37	9.46	17.53	10.78	8.13

量化船舶领域的大小则需要对网格频数图先进行切割再进行测量，将图 5-8 中的网格频数图转化为三维图，z 轴表示网格频数的值，接着对三维图进行断面切割，沿偏角方向截取三维网格频数图，并从预设的视角方向观测切割后的图形，通过测量断面的长度可获取特定类型的船舶领域的长度。切割后的断面见图 5-9，由于篇幅有限，统一选取面朝左舷方向来观测切割后的断面，并测量特定类型的船舶领域长度。(本节并未将网格频数图的单位转化为米，这是为了方便折算船舶领域长度与船舶长度的比值)

经过测量，60 ~ 79 米、80 ~ 99 米、100 ~ 119 米、120 ~ 139 米、140 ~ 159 米 5 类船舶领域的长轴长度分别占 24、29、34、38、41 个网格，5 类船舶自身长度分别占 4、5、6、7、8 个网格，因

此 5 类船的船舶领域长轴与船舶长度的比值分别为 6.00、5.80、5.67、5.43、5.13。

同理，对三维图进行断面切割，沿椭圆短轴方向（垂直于船首向）选取面朝船首方向来观测切割后的断面，可测量特定类型的船舶领域短轴宽度，各类型船舶领域短轴断面图如图 5-10所示。

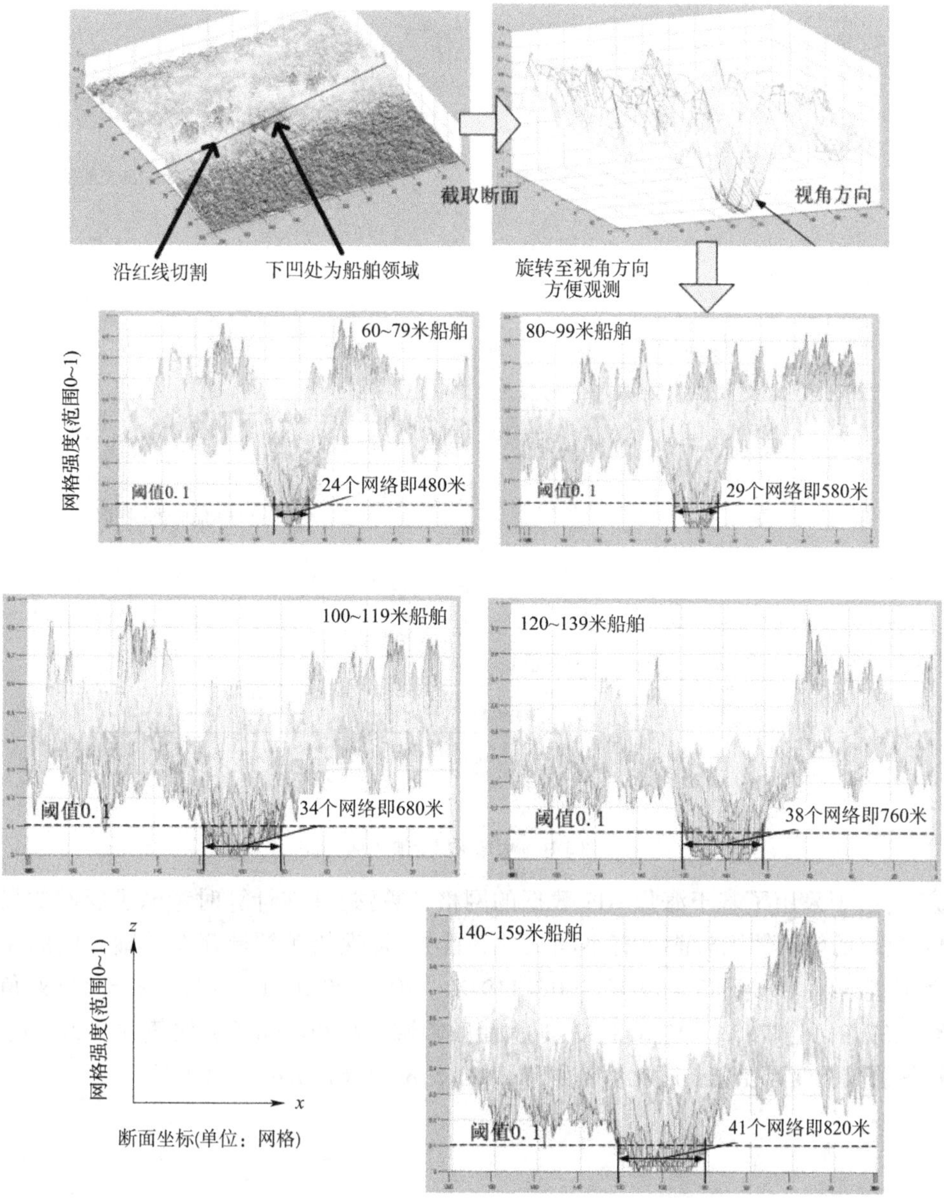

图 5-9　船舶领域长轴断面

经过测量，60 ~ 79 米、80 ~ 99 米、100 ~ 119 米、120 ~ 139 米、140 ~ 159 米 5 类船舶领域的短轴长度分别占 7、8、10、13、14 个网格，5 类船舶自身长度分别占 4、5、6、7、8 个网格，因此 5 类船的船舶领域短轴与船舶长度的比值分别为 1.75、1.6、1.66、1.85、1.75。

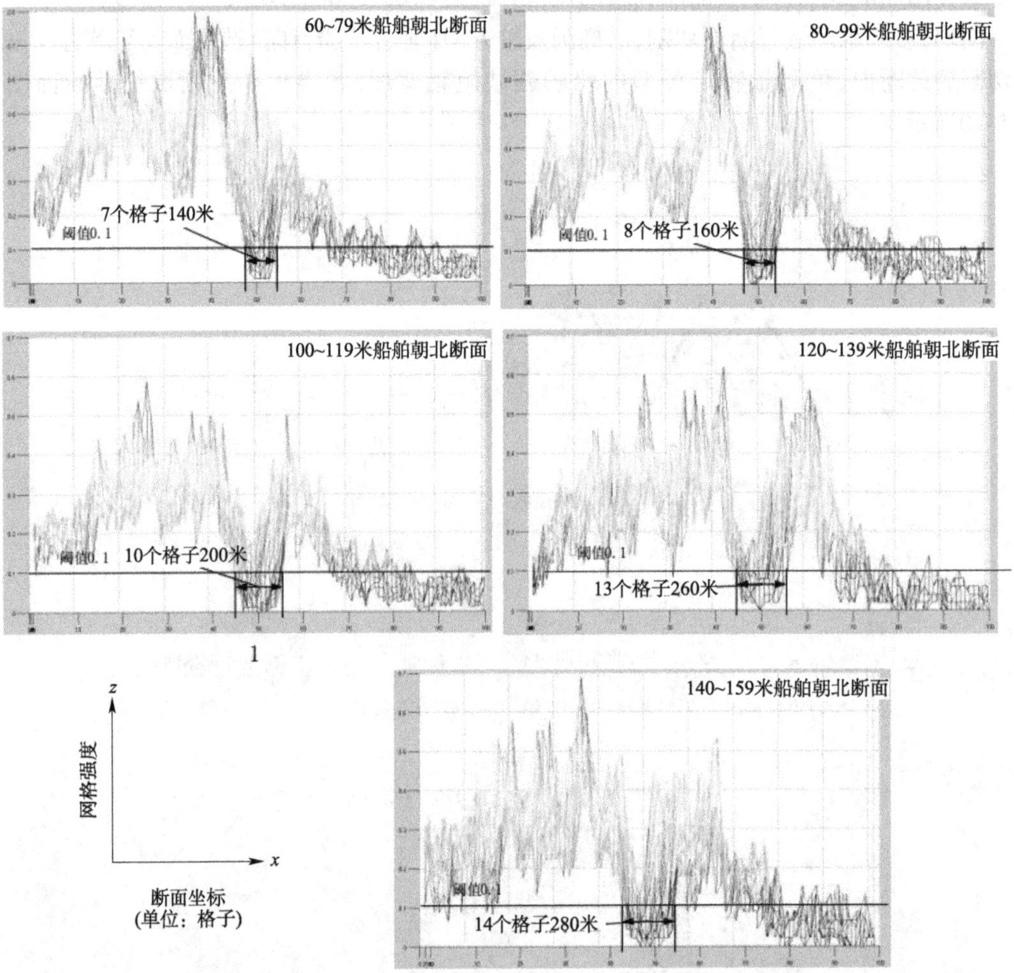

图5-10　船舶领域短轴断面

综上，由于采用了基于海量AIS数据的网格计算法，并在计算时考虑了船舶的尺寸长度，因此获取的船舶领域与前人有不同之处。首先，发现船舶领域存在长轴方向的左偏夹角，5类船型（60～79米、80～99米、100～119米、120～139米、140～159米5类）夹角角度分别为3.37，9.46，17.53，10.78，8.13；其次船舶领域长度和船舶长度比值并非为定值，5类船型船舶领域长度与船舶长度比值分别为6.00、5.80、5.67、5.43、5.13。

5.3　比较分析

Fujii等认为船舶领域为椭圆，其长轴长度为7倍船长，即$7L$，发生追越时为$8L$[1]；Goodwin认为船舶领域取决于周围船舶密度[2]；贾传荧建立的船舶领域长度为$LKV/2$（K为系数，

V 为船速)，当船速确定时，船舶领域长度与船舶长度之比为定值[9]；陈厚忠等将船舶分为 3 类，包括进江海船、顶推船队与高速双体船，其船舶领域长度分别为 3 ~ 4L、2 ~ 3L、3/2 ~ 2L[10]；Hansen 等认为船舶领域长度约为 8L，且船首方向为 4.5L，船尾方向为 3.5L[14]。

船舶领域长度与船舶长度比值的对比结果见图 5-11，可以看出传统计算方法船舶领域长度与船舶长度的比值均为定值[1, 10, 14]，即船舶领域长度可描述为 nL(n 为常数)，而本节中由于考虑了船舶尺寸大小，结果显示受限水域内船舶领域长度与船舶长度的比值并非为定值，而是随着船舶长度的增加递减，比值由 6L 递减至约 5L。试验结果显示船舶领域长轴与船首向存在向左舷偏转的夹角，分别为 3.37 度、9.46 度、17.53 度、10.78 度、8.13度。

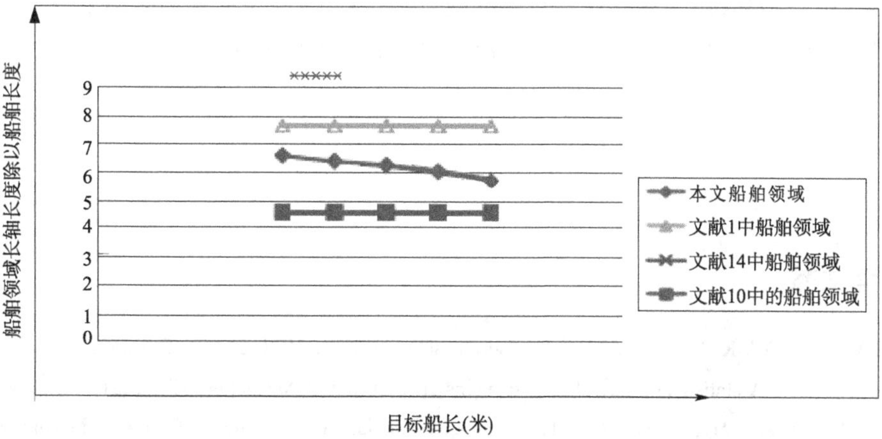

图 5-11　船舶领域长轴长度与船舶长度的比值

本章提出了受限水域内目标船网格频数图的计算方法，通过观测网格频数图获取特定类型船舶的船舶领域，在计算的过程中考虑了船舶的尺寸；由于考虑了船舶尺寸，试验发现受限水域内船舶领域长轴方向与船舶首向存在夹角，且夹角向左舷方向偏转；受限水域内船舶领域长度与船舶长度的比值并非为定值，而是随着船舶长度范围的增加而递减。今后可考虑更多影响因素，如船舶速度、船舶吃水与雾航环境等对船舶领域的影响。

思考题

1. 请简述船舶领域的定义及其在受限水域中的重要性。结合教材内容，说明船舶领域如何用于评估船舶碰撞风险。

2. 教材中提到的船舶领域模型有哪些？请列举并简要描述 Goodwin 模型、贾传荧模型和 Hansen 模型的主要特点。

3. 在受限水域中，船舶领域的计算为什么要考虑船舶尺寸？请结合教材中的算法，说明船舶尺寸对船舶领域形状和大小的影响。

4. 教材中提出的基于 AIS 数据的船舶领域计算方法的主要步骤是什么？请详细描述从数据预处理到生成特定类型船舶网格频数图的过程。

5. 在计算船舶领域时，为什么要将目标船附近水域网格化？请结合教材中的算法，解释网格化水域的作用及其在船舶领域计算中的具体应用。

6. 教材中提到的船舶领域长轴方向与船首向存在夹角的现象是什么？请结合实验结果，解释这一现象的可能原因及其对船舶航行的影响。

7. 如何通过网格频数图测量船舶领域的长轴和短轴长度？请结合教材中的断面分析方法，说明具体的测量步骤。

8. 教材中提到的船舶领域长度与船舶长度的比值并非定值，而是随着船舶长度的增加而递减。请结合实验结果，解释这一现象的可能原因及其对船舶领域模型的影响。

9. 与传统船舶领域模型相比，基于 AIS 数据的船舶领域计算方法有哪些优势？请结合教材内容，说明 AIS 数据在船舶领域计算中的独特作用。

10. 教材中提到的船舶领域模型与 Fujii、Goodwin、贾传荧等学者的模型有何不同？请结合实验结果，比较这些模型在船舶领域长度与船舶长度比值上的差异。

本章参考文献

[1] FUJII Y, TANAKA K. Traffic capacity[J]. Journal of Navigation, 1971,24(4):543-552.

[2] GOODWIN E M. A statistical study of ship domains[J]. Journal of Navigation,1975,28(3):328-344.

[3] DAVIS P V, DOVE MJ, STOCKEL C T. A computer simulation of marine traffic using domains and arenas [J]. Journal of Navigation,1980,33(2):215-222.

[4] DAVIS P V, DOVE MJ, STOCKEL C T. A computer simulation of multi-ship encounters[J]. Journal of Navigation, 1982,35(2):347-352.

[5] PIETRZYKOWSKI Z. Ship,s fuzzy domain— a criterion for navigational safety in narrow fairways[J]. Journal of Navigation, 2008,61(3):499-514.

[6] PIETRZYKOWSKI Z, URIASZ J. The ship domain— a criterion of navigational safety assessment in an open sea area [J]. Journal of Navigation,2009,62(1):93-108.

[7] S' MIERZCHALSKI R, MICHALEWICZ Z. Modeling of ship traj ectory in collision situations by an evolutionary algorithm[J]. IEEE Transactions on Evolutionary Computation,2000,4(3): 227-241.

[8] S' MIERZCHALSKI R, MICHALEWICZ Z. daptive modeling of a ship traj ectory in collision situations at sea [C] Ⅱ IEEE. Proceedings of the 1998 IEEE International Conference on Evolutionary Computation. New York:IEEE,1998:342-347.

[9] 贾传荧. 拥挤水域内船舶领域的探讨[J]. 大连海事大学学报,1989, 15(4): 15-19.

[10] 陈厚忠，郭国平. 内河并列桥梁桥区水域船舶领域模型与通过 能力研究[J]. 船海工程,2008, 37(5): 113-116.

[11] 刘绍满，王宁，吴兆麟. 船舶领域研究综述[J]. 大连海事大 学学报,2011, 37(1):51-54.

[12] WANG Ning. An intelligent spatial collision risk based on the quaternion ship domain[J]. Journal of Navigation,2010, 63(4):733-749.

[13] ZHU Xiao-lin, XU Han-zhen, LIN Jun-qing. Domain and its model based on neural networks[J]. Journal of Navigation, 2001,54(1):97-103.

[14] HANSEN M G, JENSEN T K, LEHN-SCHIOLER T, et al. Empirical ship domain based on AIS data [J]. Journal of Navigation, 2013, 66(6): 931-940.

[15] SZLAPCZYNSKI R. A unified measure of collision risk derived from the concept of a ship domain[J]. Journal of Navigation, 2006, 59(3): 477-490.

[16] WANG Ning, MENG Xian-yao, XU Qing-yang, et al. A unified analytical framework for ship domains[J]. Journal of Navigation, 2009, 62(4): 643-655.

[17] WANG Ning. A novel analytical framework for dynamic quaternion ship domains[J]. Journal of Navigation, 2013, 66(2): 265-281.

[18] LIU Shao-man, WANG Ning, SHAO Zhu-rong, et al. A novel dynamic quaternion ship domain[C] // IEEE. The Fifth International Conference on Intelligent Control and Information Processing. New York: IEEE, 2014: 175-180.

[19] CHANG S J, HSIAO D T, WANG W C. AIS-based delineation and interpretation of ship domain models[C] // IEEE. OCEANS 2014. New York: IEEE, 2014: 1-6.

[20] 初秀民, 刘潼, 马枫, 等. 山区航道AIS信号场强分布特性[J]. 交通运输工程学报, 2014, 14(6): 117-126.

第 6 章

船舶目的港预测

为了在探索船舶目的港预测方法的优化，本章评估了一种基于网格的统计模型，通过历史航迹相似性预测目的港。随后，设计了一种基于双向门控递归单元(Bidirectional Gated Recurrent Unit，Bi-GRU)的深度学习模型，利用 Geohash 编码处理轨迹数据，提取时空特征。通过对比实验，研究评估了不同模型结构和参数配置的性能。结果表明，Bi-GRU 模型在低轨迹完成度下表现优异，随着轨迹信息增加，预测准确率显著提升。本章还探讨了模型复杂度与训练时间的权衡，为实际应用提供了参考。本章的方法对海上交通管理、物流优化等领域具有重要意义。

在全球海上运输日益复杂和多样化的背景下，船舶目的港预测在不同领域发挥着巨大作用。精准的目的港预测不仅可以帮助货运公司通过大数据分析提前预判航行趋势，从而优化物流链条[1-2]。在国际海运贸易中，也可以显著提升港口调度的科学性，进而优化资源配置并支持更为明智的商业决策[3]。此外，在船舶的航行过程中，若实际目的港与初始申报的目的港存在显著差异，可能预示着潜在的紧急情况，如机械故障或恶劣天气的影响。目的港识别模型使得海事管理部门能够迅速识别这些异常状况，并及时采取应对措施，如派遣救援力量或调整航线规划。不仅如此，船舶目的港数据有助于港口管理机构在多艘船舶航线实现动态协调，维持安全航行距离，并减少碰撞风险；其也能为海事执法部门提供有效手段，及时识别和制止如走私或非法捕捞等行为。

AIS 作为一种关键的海上通信技术，通过互联网可以在全球范围内实现船舶信息的实时监控[4]。AIS 设计中包含的消息内容，如船舶的目的港和 ETA，对于海上交通管理至关重要。然而，这些信息通常由船员手动输入，存在信息缺失和输入错误的潜在风险[5]。此外，部分船舶可能因设备故障、恶劣天气或主动规避监管等原因，关闭或篡改 AIS 信号，进一步加剧了海上交通管理的复杂性与不确定性[6-7]。这类海事重要信息的不准确性和信息缺失给海事管理机构的实时监控带来了严重挑战，亟需更为先进的技术手段加以解决。

近年有关船舶目的港预测的研究中，ZHANG 等[8]提出了基于随机森林的 AIS 数据驱动模型，通过历史航迹相似性来预测目的地，展现了良好的预测性能。与此同时，GOUAREB 等[9]引入异质图与机器学习模型，将目的地预测设计为多分类问题，进一步提升了准确率。在动态数据利用方面，YIN 等[10]通过堆叠模型结合静态和动态信息，显著提高了长航程预测的准确性。BODUNOV 等[11]则采用集成学习模型，实现了实时地船舶目的港预测，在实际应用上取得了较大进展。对于港口区域的目的地预测，KIM 等人[12]提出了一种基于深度学习的预测模型，专门针对港口区域的船舶航行特点进行优化。

大量的 AIS 数据、不一致的轨迹长度与密度等恶劣条件，给传统的统计方法与机器学习模型提出了挑战。以循环神经网络（Recurrent neural network，RNN）为基础的深度学习模型在处理复杂时序数据方面的优势，逐渐成为提取船舶轨迹特征的理想选择[13]。而 Bi-GRU 神经网络因其出色的上下文特征提取能力，能够有效捕捉轨迹数据中的空间关系，具有在有限时间内提高多分类模型预测精度的潜力[14]。

6.1　基于网格的预测方法

在船舶目的港预测领域，主要存在两种解决方案：基于数据模型的方法和基于学习模型的方法。基于数据模型的方法主要依赖于对船舶航行历史数据、港口信息以及航线规则等数据的深入分析，通过构建数学模型来预测船舶的目的港。而基于学习模型的方法则利用机器学习技术，通过训练大量数据使模型自动学习并识别船舶航行的规律，进而进行预测。这两种方法各有优势，前者更注重数据的分析和模型的构建，后者则更强调模型的自学习和自适应能力。

船舶与常见的汽车和飞机等交通工具相比，有其独特性。以铁矿石为例，其航行范围广泛，主要分布在全球的铁矿石出口和进口国家之间。航线及停靠港口的变化与全球的铁矿石格局以及贸易趋势紧密相连。此外，铁矿石的发货到港国相对稳定，其航行过程呈现出一定的规律性。通过铁矿石散货船大量的历史轨迹数据，可以有效地学习和掌握其航行规律。

6.1.1　Geohash

轨迹序列中坐标数据在数据库中以浮点数的形式保存。若直接将这些连续的坐标数据输入，可能会导致模型难以有效地学习空间信息。然而深度学习模型依赖于输入数据的局部结构和空间关系，直接使用原始坐标数据无法充分地表达这些关系，导致模型无法捕捉到数据中潜在的模式[15]。

对经纬度坐标进行网格化处理有助于减少输入数据的稀疏性问题。将稀疏的点集映射到固定大小的网格或张量中，不仅减少了数据的稀疏性，还增强了空间上的特征表达能力，从而提高模型的收敛速度和泛化性能。

Geohash 是一种基于 Base32 编码的地理位置编码系统，由 Gustavo Niemeyer 在 2008 年提出。它通过递归地将地球表面分割成网格，并使用 32 个可显示字符序列来表示这些网格的中心点位置。Geohash 序列的长度决定了编码的精度。其层次化的特点使其具有自然的邻近性特征，即相邻的地理区域在编码上通常具有相似的前缀。这种特性使得 Geohash 在循环神经网络结构中可以有效地捕捉空间位置关系。

6.1.2 构建统计模型

从清洗过的船舶轨迹数据库里随机取 20% 的船舶航行数据作为测试集来预测船舶目的港（图 6-1）。船舶航行先后经过两个的网格 G_1, G_2。筛选出包含该两个网格的所有历史轨迹，通过限制航行经过网格的先后顺序来确保航行方向相同。其中 G_T 为已完成的轨迹网格序列 $G_T = \{G_1, G_2, \cdots, G_n\}$，航行到当前网格 G_n 所占完整轨迹序列的比重即为轨迹完成度 C。

$$C = \frac{G_2\text{所在网格序次}}{\text{该条轨迹网格总数}} \tag{6-1}$$

提取历史数据中满足所有条件的数据，计算当前位置轨迹完成度对应的对应各目的港出现的频率，出现频率最高者即为预测的船舶目的港。

$$P = \frac{\text{各目的港出现频次}}{\text{满足条件总轨迹条数}} \tag{6-2}$$

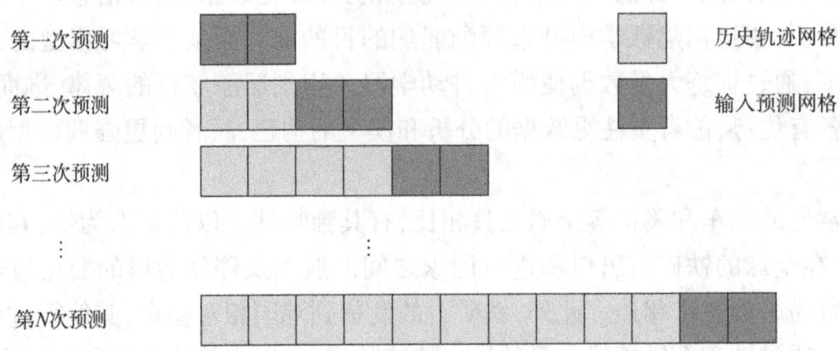

图 6-1　基于统计的输入网格

基于统计学方法对铁矿石散货船目的港进行建模预测的流程如图 6-2 所示。若第 N 次预测后，轨迹完成度 C 达到 100%，则完成整条航迹上的全部目的地预测。

6.1.3 预测结果

先后经过两网格的实验结果如图 6-3 所示：首次和稳定预测到目的港的轨迹完成度中位数为 20% 和 51.31%，首次和稳定预测到目的港所在国家完成比例中位数为 7.75% 和 23.31%。由该结果可知，由于某些国家港口分布紧凑、距离较近，准确预测到目的港较为困难,但预测到目的港所在国家的准确度和预先度均有较大的提升。

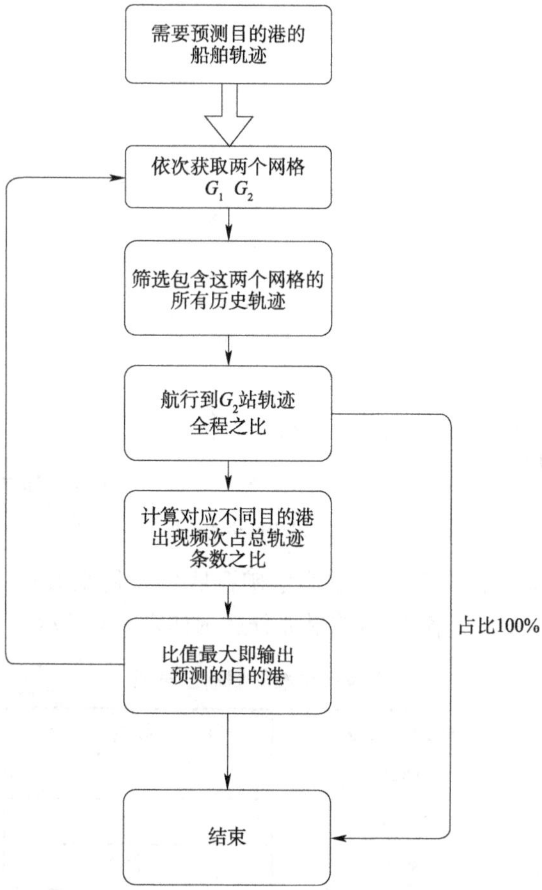

图 6-2　基于网格的目的港预测流程图

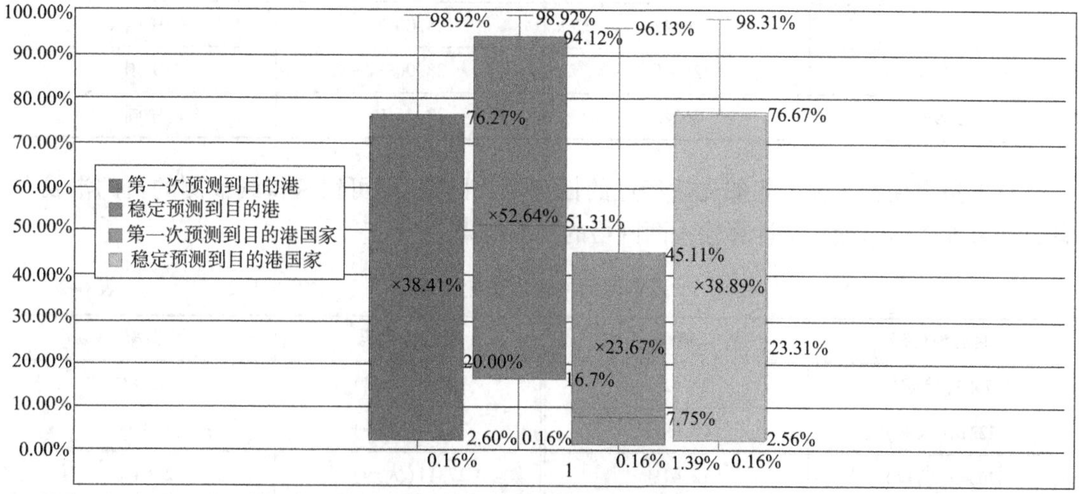

图 6-3　基于网格的目的港预测结果

随着轨迹完成度的增加,该方法预测的准度逐步上升如图6-4a)所示,平均距离误差逐步下降如图6-4b)所示,即已完成的轨迹越接近目的地,可提供的轨迹信息越多,预测结果也就越准确。

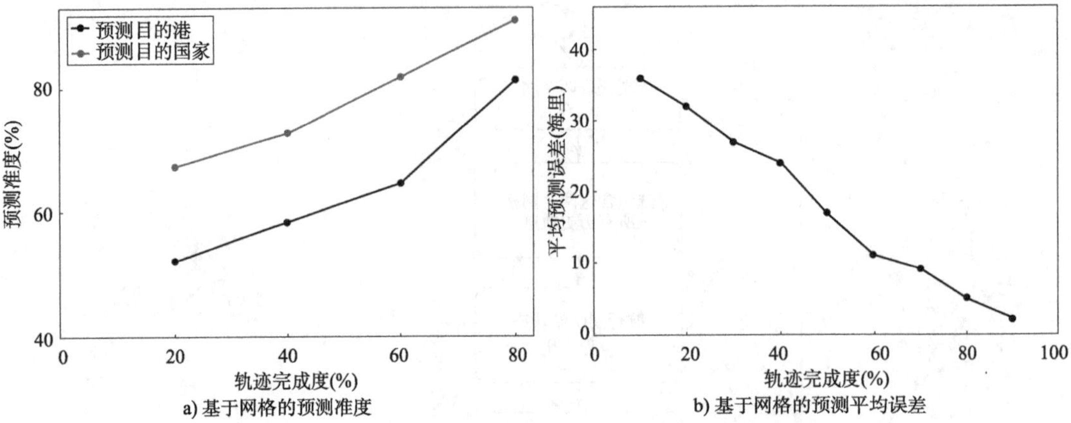

图6-4 基于网格的效果

一艘MMSI为413686000的散货船载满铁矿石从澳大利亚出发,目的港在中国天津港,随着船舶运行依次输入两个网格,输出结果部分展示如表6-1所示。

基于统计单条数据输出结果　　表6-1

当前位置占总航程比例	预测的目的港	概率	预测的国家
0.47%	26345	17.11%	中国
0.7%	26345	20.45%	中国
0.93%	26345	22.22%	中国
1.16%	26345	22.62%	中国
1.4%	26345	23.26%	中国
1.63%	26345	28.00%	中国
1.86%	26345	28.00%	中国
2.09%	26345	23.46%	中国

该方法方便在于输入船舶先后经过的任意两个网格,即可很快得到预测的目的港及可能性。表6-2是单独一次计算输入两网格的预测结果。

基于两网格输出预测结果　　表6-2

目的港代码	概率	目的港代码	概率
327957(曹妃甸)	24.42%	12498(天津)	10.38%
22214(天津)	16.99%	25194(龙口)	3.05%
26345(营口)	12.41%	27311(大连)	2.64%
28684(烟台)	11.29%		

该条数据准确预测到目的港所在国家在航程占比 0.47% 就可达到，此时预测到准确目的港天津港的概率也很高，且排名第一的可能目的港离真实目的港距离很近。

6.2　基于深度学习的预测方法

6.2.1　模型设计

门控循环单元(Gated Recurrent Unit，GRU)是一种类似于长短期记忆(Long short-term memory，LSTM)的循环神经网络架构。与 LSTM 类似，GRU 旨允许随着时间的推移选择性地记住或遗忘信息来对顺序数据进行建模。然而，GRU 的结构较 LSTM 简单且含有较少的参数，使得包含 GRU 的模型更加容易训练且拥有更高的计算效率[16]。

如图 6-5a)所示，GRU 的原理主要是通过引入门控机制来控制信息的更新和遗忘。它有两个主要的门控单元：重置门和更新门。重置门则用于控制上一时刻的信息对当前时刻的影响程度，而更新门则用于控制当前时刻的信息对下一时刻的影响程度。通过这两个门控单元的协作，GRU 能够更好地处理序列数据中的长期依赖关系。GRU 的结构相对简单，参数较少，因此训练速度较快。

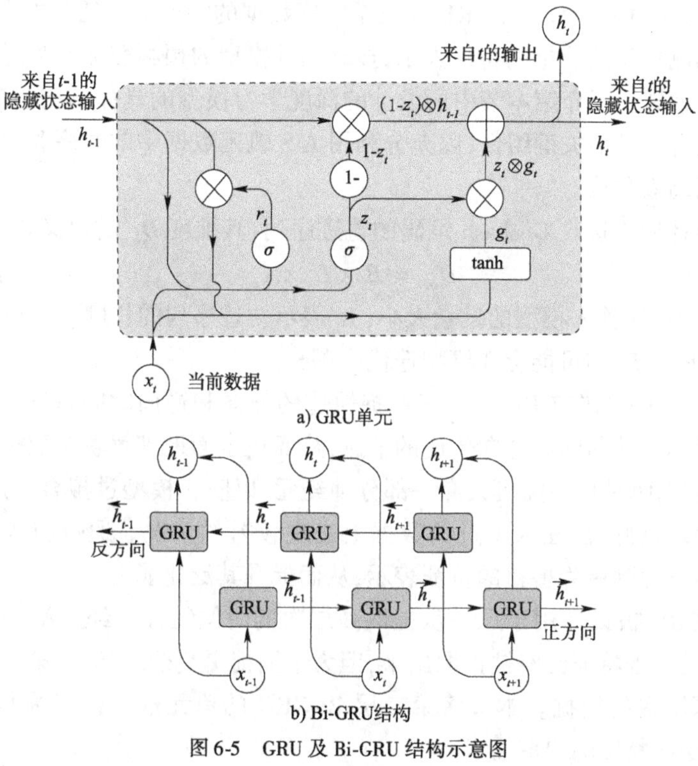

图 6-5　GRU 及 Bi-GRU 结构示意图

如图6-5b)所示,Bi-GRU则是由两个独立的GRU单元组成,一个按照时间序列正向处理数据,另一个按照时间序列的逆向处理数据。通过这种双向结构,Bi-GRU能够同时捕捉序列数据的前向和后向信息,从而更好地理解和预测序列中的模式。Bi-GRU在处理双向依赖关系时表现出色,并在许多序列任务中展现了更好的性能。

在深度学习领域,LSTM、GRU和Bi-GRU作为常用的递归神经网络变体,其强大的时序数据处理能力使得其可以广泛地应用于各种任务中。表6-3罗列了LSTM、GRU和Bi-GRU的主要特性。

循环神经网络结构对比 表6-3

神经网络类型	结构	优点	缺点
LSTM	遗忘门、输入门与输出门	具有长时间依赖捕捉能力	结构复杂,计算开销大;难以调参
GRU	更新门与重置门	计算效率高,性能良好	捕捉长时间依赖的能力稍逊,模型表达能力有所降低
Bi-GRU	双向连接的更新门与重置门	更强的上下文信息捕捉能力强与表达能力	计算开销较大

船舶的轨迹数据具有高度的时间相关性,且不同时间点的航行信息在预测目的港时可能具有不同的重要性。Bi-GRU能够同时捕捉轨迹数据中前向和后向的依赖关系,从而更全面地理解船舶的动态行为模式。此外,相较于RNN,Bi-GRU通过门控机制有效地缓解了长序列训练过程中的梯度消失问题,使得模型在处理长时间跨度的轨迹数据时具有更强的稳定性和鲁棒性。这些特性使得Bi-GRU在复杂时序数据的特征提取任务中表现出色,能够为后续的目的港预测提供高质量的特征表示,显著提升模型的预测准确性和泛化能力。

图6-6清晰地展示了介绍本节中所设计的深度学习模型的具体结构。该模型不仅包括Bi-GRU层,还结合了其他关键组件,以充分利用AIS轨迹数据中的时序和空间特征,从而实现船舶目的港的高效预测。

输入层被设计用于接收Geohash编码的轨迹序列,其维度D_{in}的定义如下。

$$D_{in} = B \times L_s \times L_g \tag{6-3}$$

其中,B表示单次输入模型的批量大小;L_s表示轨迹序列的长度;L_g则表示Geohash的编码长度,其中B和L_g均可能会在模型迭代中调整。

首层Bi-GRU通过双向GRU单元来捕捉轨迹的前向和逆向时间特征。双向GRU可以保证同时捕获序列中从前向和逆向传递的信息,从而更全面地理解轨迹数据的时空特征。

Dropout层在训练过程中随机丢弃一部分神经元,以防止模型过拟合。过拟合是指模型在训练数据上表现良好,但在未见过的数据上表现较差的情况。通过引入随机性,Dropout层能够促使模型学习到更为鲁棒的特征表示,从而提升其泛化能力。

第二层Bi-GRU被设计用于进一步提取高层次的时间特征。经过第一层Bi-GRU处理后,轨迹序列中的基础特征已经被提取出来,但为了捕捉更复杂的模式,第二层Bi-GRU对这些特征进行更深层次的挖掘。本节将第二层Bi-GRU的单元数量设置为与首层不同的32个,以适应不同层次特征的提取需求。

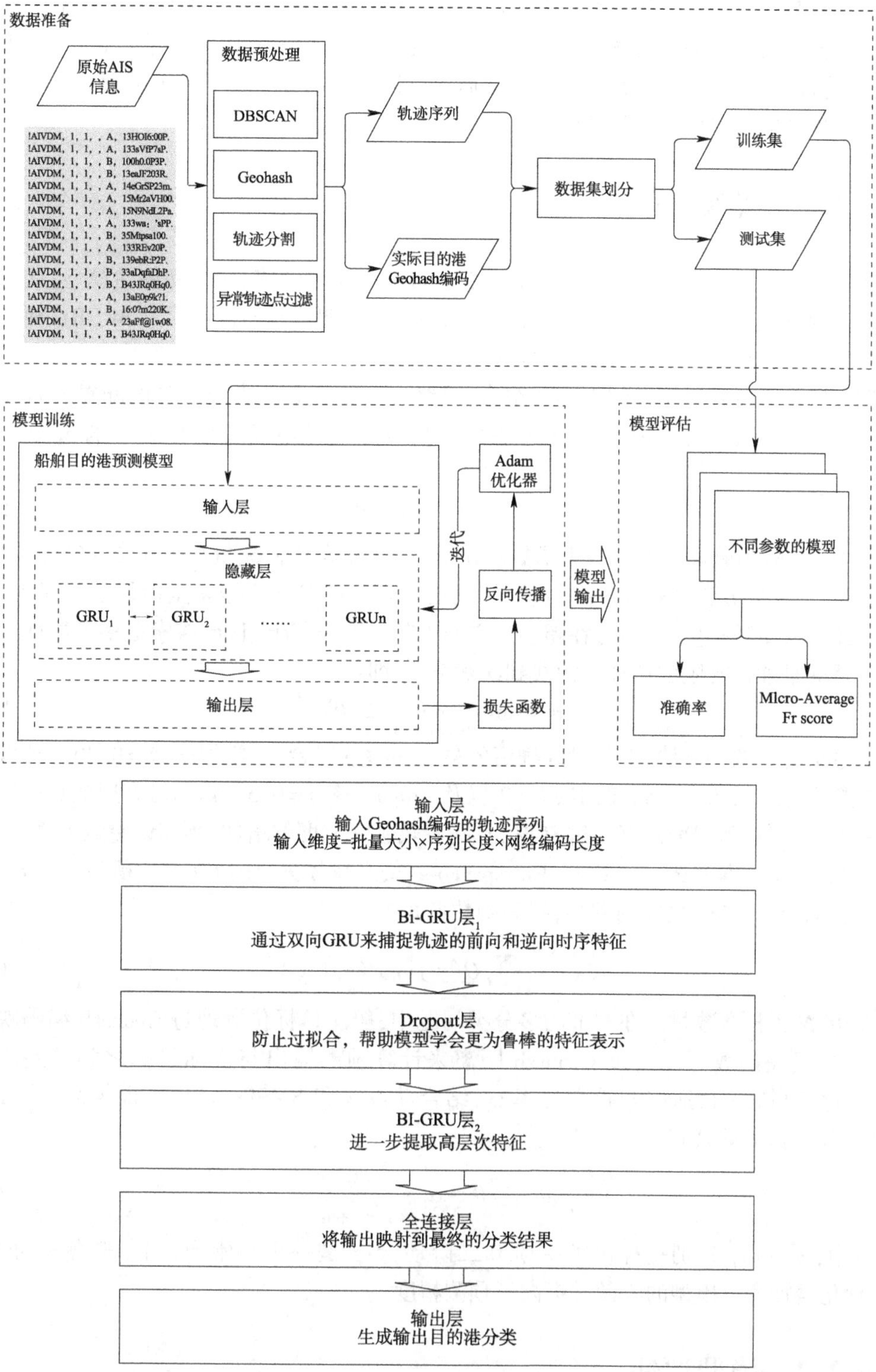

图 6-6　研究使用的深度学习模型结构

全连接层将第二层 Bi-GRU 的输出特征映射到最终的分类结果。这一层起到整合高层次特征并将其与目标分类任务直接关联的作用。该层能够将复杂的时间序列特征转换为用于分类的输出向量。最后的输出层生成最终的港口分类结果。本节使用了 Softmax 激活函数,将全连接层的输出转换为概率分布,从而可以得到输入轨迹属于各个类别的概率。最终选择概率最高的港口作为模型的输出。

6.2.2 实验配置

将数据集划分为训练集、验证集和测试集,以分别用于训练、验证和评估模型,从而有效测试模型的泛化能力。在模型训练过程中,采用了网格搜索和随机搜索对 Bi-GRU 神经网络的超参数进行了优化,以提升预测性能。

网格搜索通过遍历预设的超参数组合,最终选出验证集上表现最佳的配置。假设模型的超参数空间为 Θ,网格搜索的目标是找到在验证集上使损失函数最小的超参数组合 θ^*,即:

$$\theta^* = \arg\min_{\theta\in\Theta}\mathcal{L}(\theta) \tag{6-4}$$

其中,$\mathcal{L}(\theta)$为验证集上的损失函数。在本节中,对学习率 α、批次大小 B、隐藏层单元数量 H、递归层数量 L 和 Dropout 率 p 进行了网格搜索。虽然网格搜索全面但计算成本高,因此本节还引入了随机搜索,通过在超参数空间内随机采样若干组合,探索更多可能性。随机搜索的目标是通过有限的计算资源找到次优解 $\widehat{\theta}$,即:

$$\widehat{\theta} = \arg\min_{\theta\in\mathrm{Random}(\Theta)}\mathcal{L}(\theta) \tag{6-5}$$

通过结合这两种方法,本节最终确定的最优超参数组合为:学习率 $\alpha = 0.005$、批次大小 $B = 32$、隐藏层单元 $H = 128$、递归层 $L = 2$ 以及 Dropout 率 $p = 0.3$。该组合在船舶目的港预测任务中表现出色,预测准确率超过 80%,且随着轨迹完成度的增加,预测误差显著降低。

训练过程中,本节选用了 Cross-Entropy Loss(交叉熵损失)函数来评估预测分布 $P(y|x)$ 与实际目标分布 $Q(y)$之间的差异,损失函数形式为:

$$\mathcal{L}_{\mathrm{C}} = -\sum_{i=1}^{N} Q(y_i)\log P(y_i \mid x_i) \tag{6-6}$$

其中,N 为样本数量。在本节的多分类问题中,船舶目标位置通过 Geohash 编码映射到特定网格,损失函数可以通过 Geohash 距离来计算预测输出与实际目标之间的差距。而 Adam优化器则通过自适应调整学习率 α_t,结合动量法和 RMSProp(均方根传播)算法的优点,其更新参数 θ 的公式为:

$$\theta_{t+1} = \theta_t - \alpha_t \cdot \frac{m_t}{\sqrt{v_t} + \epsilon} \tag{6-7}$$

其中,m_t 和 v_t 分别是梯度的一阶和二阶动量;ϵ 是一个小常数,用于避免分母为零。Adam优化器加速了模型的收敛并提高了预测精度。

6.2.3 模型评估

在评估模型的预测性能时,使用了准确率和 Micro-average F1 score 这两个常见的评估指标。这些指标从不同的角度衡量了模型的预测能力,确保了评估结果的科学性与可靠性。

其中,准确率用于衡量模型在所有预测中正确预测的比例,而 Micro-average F1 score 是在处理多类别分类问题时的一种综合评估指标。它首先将所有类别的个体预测结果汇总在一起,然后计算全局的 F1 score。这种方法在处理不同出发港和目的港的航次这种类别不平衡的情况下尤为有效,它避免了某些类别对整体评估结果的过度影响。

为了对比验证提出的 Bi-GRU 模型的有效性,将其与一种基于统计的数学模型进行对比。

本节中的所提及的实验均使用 Python 语言进行开发和调试。研究选择了成熟的开源深度学习框架 PyTorch 2.4.0,并采用 NVIDIA CUDA 12.4 作为计算后端,以加速模型的训练和推理。

深度学习模型的训练需要大量的数据支持,这就对硬件配置提出了较高的要求。本节使用了上海海事大学商船学院海事信息智能处理实验室的 AI 算力服务器进行模型的训练和推理。服务器的具体配置见表 6-4。

AI 算力服务器配置 表 6-4

型号	主要配置
容天 AIX4455-G3 机塔互换式服务器	Intel® Xeon® Platinum 8352V Processor × 2 32GB DDR4 3200 ECC REG × 16 Nvidia RTX4090 24GB × 4

6.2.4 实验结果

图 6-7 展示了不同参数的模型在不同轨迹完成度下 Bi-GRU 模型的性能表现。从实验结果可以看出,随着轨迹完成度的增加,所有模型的预测准确度和 F1 分数均出现了显著提升。当轨迹完成度较低(如 20% 以下)时,各模型的表现差异较为明显,其中 Static 模型的性能最差,准确度和 F1 分数均低于其他 Bi-GRU 模型。这表明在轨迹信息严重缺失的情况下,静态特征模型难以有效捕捉船舶的运动规律,而 Bi-GRU 模型由于其在时间序列数据上的优势,依然能够在有限信息下提供一定程度的预测能力。

随着轨迹完成度的提升至 50% 以上,64U 8B 和 128U 8B 模型的表现逐渐趋近,准确度和 F1 分数均超过了 0.7。然而,256U 8B 和 256U 7B 模型在此阶段的性能进一步提升,尤其是 256U 8B 模型,其在 70% 轨迹完成度时的准确度已接近 0.9,而 F1 分数也接近 0.85。这一结果表明,增加 Bi-GRU 单元的数量以及适当调整 Geohash 编码长度能够显著提高模型在较高轨迹完成度下的预测效果,尤其是在复杂的海洋环境中,这种提升对于精确预测船舶目的港至关重要。在轨迹完成度接近 100% 时,所有 Bi-GRU 模型的准确度均接近 1.0,F1 分数也达到最高值,这说明在完整的轨迹信息下,Bi-GRU 模型几乎可以完全准确地预测船舶的目的港。

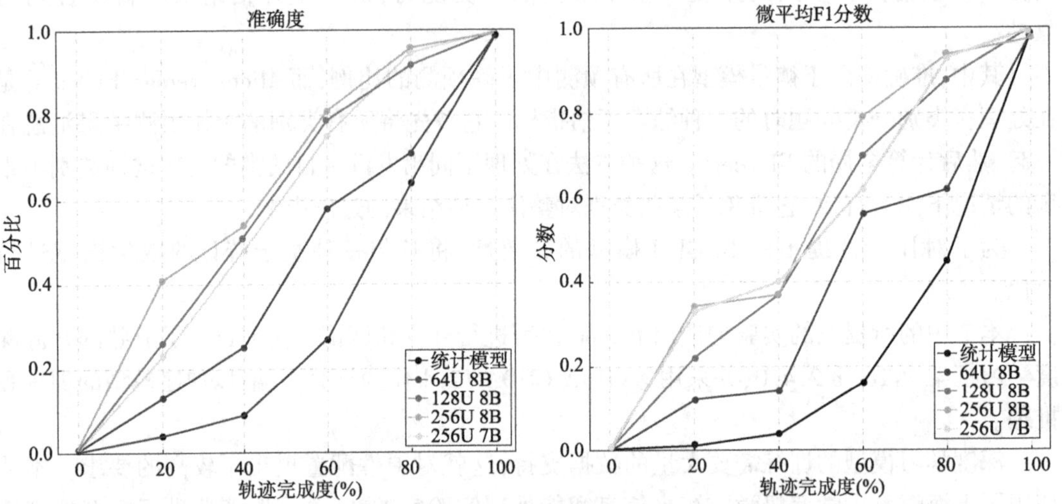

图 6-7　不同模型在不同轨迹完成度的效果

值得注意的是,较高复杂度的模型(如 256U 8B 和 256U 7B)虽然在准确度上略有优势,但其训练时间显著增加。如图 6-8 所示,特别是 256U 8B 模型的训练时间长达 56.2 小时,远高于 128U 8B 模型的 28.3 小时和 64U 8B 模型的 11.3 小时。这一现象表明,尽管增加模型复杂度能够提升预测性能,但也需要在模型的准确性与训练时间之间做出权衡,尤其是在实际应用中,计算资源和时间成本往往是需要重点考虑的因素。

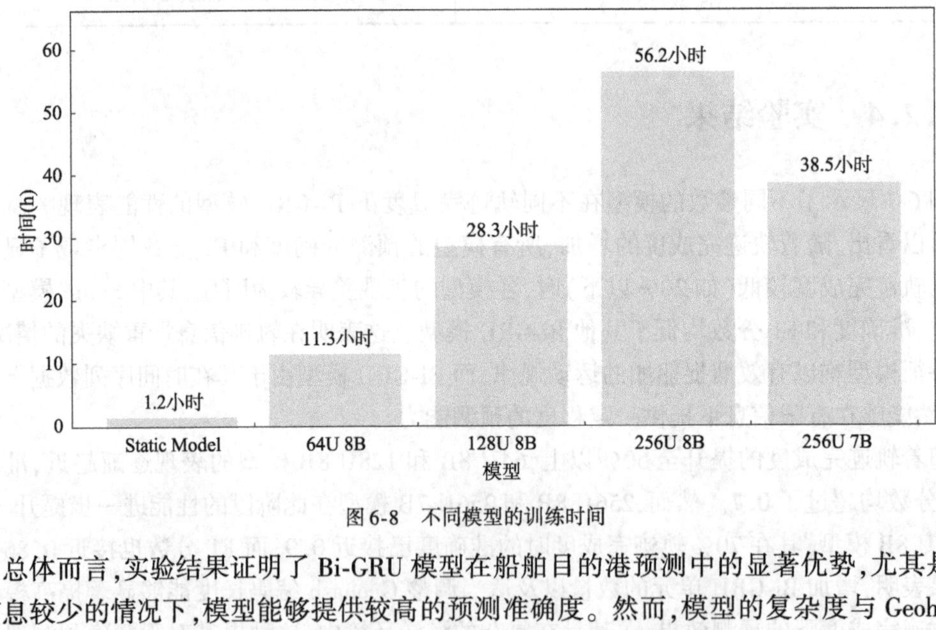

图 6-8　不同模型的训练时间

总体而言,实验结果证明了 Bi-GRU 模型在船舶目的港预测中的显著优势,尤其是在轨迹信息较少的情况下,模型能够提供较高的预测准确度。然而,模型的复杂度与 Geohash 编码长度的选择需要根据具体应用场景进行优化,以在保证模型性能的同时,控制训练时间和计算资源的消耗。

本章通过对全球铁矿石散货船的轨迹数据进行深入分析,提出并验证了两种船舶目的港预测方法:基于网格化的统计模型和基于 Bi-GRU 神经网络的深度学习模型。研究结果表明,这两种方法都在船舶目的港预测任务中展现出了各自的优势和特点。

基于网格化的统计模型展现出了良好的基础预测能力。该方法通过将船舶轨迹数据离散化为网格序列,利用历史数据中的统计规律来预测目的港。研究发现,随着轨迹完成度的增加,该模型的预测准确度逐步提升,预测距离误差逐步下降。特别值得注意的是,该方法在预测目的港所在国家时表现出色,能够在较低的轨迹完成度下就达到较高的准确率。这一发现为快速评估船舶大致航向和目的地区域提供了有效的工具。

基于 Bi-GRU 神经网络的深度学习模型则在处理复杂时序数据方面展现出了更强的能力。实验结果显示,该模型在轨迹完成度达到60%时,可实现超过80%的预测准确率,充分展现了其在处理不完整轨迹数据时的优势。Bi-GRU 模型通过其双向递归结构,能够从时间序列的前后文中提取更多信息,从而提高了预测的准确性和鲁棒性。这一结果不仅揭示了轨迹数据与船舶目的港之间存在着隐含的相关性,还表明了深度学习模型在捕捉复杂时序模式方面的卓越表现。

与传统的统计模型相比,本章在数据处理和模型训练方法上进行了创新。数据预处理过程中采用的 DBSCAN 聚类算法和 Geohash 编码方法,不仅提升了模型的训练效率,还使得模型在面对大规模数据集时表现得更加稳定。这些方法上的改进使得本章的研究工作在理论和实用层面均具有一定的创新性,为后续的研究和应用提供了新的思路和方法。

尽管本章在船舶目的港预测领域取得了显著的成果,仍有一些问题需要进一步探讨。首先,两种模型都尚未充分考虑自然灾害、地缘政治冲突等外部因素对船舶目的港决策的影响,这在特定情况下可能导致预测结果的偏差。其次,在处理某些特定航线时,历史 AIS 信息中目的港的准确性可能会影响预测的置信度。

为进一步提升预测模型的性能,未来研究可以考虑将统计模型和深度学习模型的优势相结合,构建更为强大的混合模型。同时,增加训练数据的多样性和数量,尤其是引入更多类别的船舶数据,是可以显著提高模型性能的有效途径。此外,将注意力机制与 Bi-GRU 模型相结合,也许可以更高效地提取轨迹信息中的关键特征,从而进一步提升预测的准确性。

本章为船舶目的港预测提供了多角度的方法,既包括传统的统计分析,又涵盖了先进的深度学习技术。这些方法在航运安全保障、海域管理优化以及物流链条优化等方面具有重要的理论价值和实际意义。未来的研究将致力于模型的进一步优化和整合,以期在复杂多变的航运环境中提供更为精准和可靠的预测支持,为航运业的智能化发展和安全管理开辟新的可能性。

思考题

1. 在深度学习模型训练前,为什么要使用 Geohash 将 AIS 信息中的经纬度编码为词元?还有哪些其他的词编码方式?

2. 除了本章提及的模型之外,还有哪些方法可以用于时序轨迹序列建模?这些建模方法的基本原理与本章使用的模型有何不同?

3. 除了船舶目的地外,还有哪些信息可以从时序轨迹序列中提取?

本章参考文献

[1] Veenstra A, Harmelink R. On the quality of ship arrival predictions[J]. Maritime Economics & Logistics, 2021: 1-19.

[2] Zhang C, Bin J, Wang W, et al. AIS data driven general vessel destination prediction: A random forest based approach[J]. Transportation Research Part C: Emerging Technologies, 2020, 118: 102729.

[3] Yu J, Tang G, Song X, et al. Ship arrival prediction and its value on daily container terminal operation[J]. Ocean Engineering, 2018, 157: 73-86.

[4] 胡勤友,张蓓,杨春,等. 大量海上 AIS 移动基站对全球船舶监控效果的仿真及可视化[J]. 上海海事大学学报,2022,43(2):14-18. DOI:10.13340/j.jsmu.2022.02.003.

[5] Harati-Mokhtari A, Wall A, Brooks P, et al. Automatic Identification System(AIS): data reliability and human error implications[J]. the Journal of Navigation, 2007, 60(3): 373-389.

[6] Zhang D, Li J, Wu Q, et al. Enhance the AIS data availability by screening and interpolation[C]. 2017 4th International Conference on Transportation Information and Safety(ICTIS). IEEE, 2017: 981-986.

[7] Last P, Bahlke C, Hering-Bertram M, et al. Comprehensive analysis of automatic identification system(AIS) data in regard to vessel movement prediction[J]. The Journal of Navigation, 2014, 67(5): 791-809.

[8] Zhang C, Bin J, Wang W, et al. AIS data driven general vessel destination prediction: A random forest based approach[J]. Transportation Research Part C: Emerging Technologies, 2020, 118: 102729.

[9] Gouareb R, Can F, Ferdowsi S, et al. Vessel destination prediction using a graph-based machine learning model[C]. International Conference on Network Science. Cham: Springer International Publishing, 2022: 80-93.

[10] Yin Z, Yang D, Bai X. Vessel destination prediction: A stacking approach[J]. Transportation Research Part C: Emerging Technologies, 2022, 145: 103951.

[11] Bodunov O, Schmidt F, Martin A, et al. Real-time destination and eta prediction for maritime traffic[C]. Proceedings of the 12th ACM international conference on distributed and event-based systems. 2018: 198-201.

[12] Kim K I, Lee K M. Data-Driven Prediction of Ship Destinations in the Harbor Area Using Deep Learning [C]. Big Data Applications and Services 2017: The 4th International Conference on Big Data Applications and Services 4. Springer Singapore, 2019: 81-90.

[13] Wu H, Chen Z, Sun W, et al. Modeling trajectories with recurrent neural networks[C]. IJCAI, 2017.

[14] Huang M, Zhu M, Xiao Y, et al. Bayonet-corpus: a trajectory prediction method based on bayonet context and bidirectional GRU[J]. Digital Communications and Networks, 2021, 7(1): 72-81.

[15] Liang Y, Zhao Z. NetTraj: A network-based vehicle trajectory prediction model with directional representation and spatiotemporal attention mechanisms[J]. IEEE Transactions on Intelligent Transportation Systems, 2021, 23(9): 14470-14481.

[16] Zarzycki K, Ławryńczuk M. Advanced predictive control for GRU and LSTM networks[J]. Information Sciences, 2022, 616: 229-254.

第7章

船舶徘徊轨迹 Douglas Peucker 算法提取及其深度学习分类

船舶徘徊行为是一种在局部空间中频繁转向的船舶运动,船舶徘徊形态与船舶运动意图相关,对船舶类型识别与异常行为检测有重要研究意义。针对现有船舶徘徊轨迹提取算法的提取效率和精确度、徘徊轨迹分类准确度有待提高等问题,设计了基于 Douglas Peucker 算法的船舶徘徊轨迹提取方法,提出徘徊波点概念来定义船舶大幅度转向变化过渡点,将提取出的徘徊轨迹数据转化为徘徊轨迹图像数据集,并把徘徊轨迹划分为无序往返、两点往返,前进往返,和杂乱线团四种形态,构建了 ResNet50 深度学习模型对船舶徘徊轨迹数据集进行训练,并采用 Adam 算法对模型进行优化,提高了模型的训练效率。实验结果表明:船舶徘徊轨迹提取算法可以达到98.56%的精确率,徘徊轨迹提取效率提高了23%以上,在对四种徘徊轨迹形态数据集的识别分类中,模型获得了91.03%的平均准确率,优于对比实验中的 VGG16 模型和支持向量机(Support Vector Machine,SVM)模型。

在经济全球化的背景下,随着国际贸易的快速发展,船舶作为海洋运输的主要载运工具,分析识别船舶的运动行为模式,对国家的海事安全有着重大意义。AIS 是一种船舶航行数据信息传输系统,AIS 系统[1]采集船名、MMSI、船舶类型等静态信息,以及船舶经纬度、船舶速度、采集时间等动态信息。AIS 具有成本低,效率高、持久性好、分辨率高等优点,根据 IMO 规定,所有总吨位300吨或以上的国际航行的货船和总吨位在500吨及以上未从事国际航行的货船,以及所有客船必须配备 AIS 设备[2]。随着 AIS 设备的普遍安装[3],AIS 系统更新船舶最新航行信息的时间间隔较短,因此导致船舶 AIS 轨迹数据积累得越来越多。随着大数据技术的不断发展,为海量的 AIS 数据的存储计算提供了技术支持。AIS 数据信息可以尽可能实时地表示船舶位置以及速度等航行状态随着时间空间的变化,因此通过 AIS 设备采集的轨迹数据具有时空相关性和时空连续性。每条 AIS 信息就代表船舶的一个轨迹点，通过 AIS 轨迹数据形成的流式轨迹数据段，可以直观地显示船舶在这段时间内的运动位置以及航行状态的变化情况，为船舶运动行为分析提供了大量的轨迹数据。

船舶徘徊行为是指船舶在局部空间内多次往返运动，如捕捞渔船在捕捞作业时会产生无规律的折线形往返运动形态，执法船巡逻执法时会产生前进地毯式往返运动，船舶因为工作性质的差异，会产生不同的徘徊形态[4]，船舶徘徊轨迹提取和分类对特殊船舶类型的识别以及近海安全势态感知等实际场景有着重要意义。

目前已有学者提出基于轨迹特征对船舶运动模式识别分类的研究，Dr Vies[5]等人首次提出将船舶运动行为模式分为停止-移动两个阶段，对相似的船舶运动轨迹进行聚类，最后用机器学习框架完成船舶分类；Sheng K[6]将船舶航行分为直行—转弯—停泊三种运动模式，采用逻辑回归模型学习不同运动模式下的船舶轨迹特征，实现了渔船和货船的分类；Chen X[7]按照船舶的航向变化率和速度变化率，将船舶运动模式分为停泊—直航—转弯三种运动行为，构建基于 CNN 和船舶轨迹图像的船舶运动模式分类模型；Ginoulhac R[8]从船舶 AIS 轨迹数据中提取速度、加速度等统计特征，再利用梯度提升分类器对船舶目标识别分类；Zhou Y[9]利用 k-means 算法对港口区域内船舶的行为进行聚类，并构建基于朴素贝叶斯模型的入港出港船舶分类器；甄荣[10]提出一种基于知识图谱的船舶行为特征挖掘和预测模型；常吉亮[11]根据船舶轨迹图像，构建基于深度卷积神经网络的船舶轨迹分类模型；郑振涛[12]提出一种多条件约束的港口停留区域识别与提取算法，有效地提高了船舶停留轨迹提取的效率。

已有的徘徊行为轨迹提取方法大多是针对特定环境下移动的人群来研究，刘强[13]等人提出计算运动目标轨迹点的离散曲率，通过比较离散熵阈值进行徘徊行为判断，但是该方法没有将轨迹进行压缩，徘徊行为轨迹提取效率较低。行人的活动方式自由度高，与船舶的运动模式有较大差异。Zhang[4]等人于 2022 年根据船舶的操纵特点和轨迹特征，提出轨迹冗余的概念将船舶在局部空间内往返运动定义为船舶徘徊行为，并对不同船舶徘徊形态分类识别，但是该算法未将直航和转向轨迹段从移动轨迹段分割，降低了徘徊子轨迹段提取的精度和效率。

综上所述，目前现有的船舶徘徊轨迹提取算法依赖高精度的轨迹数据，徘徊行为轨迹的提取容易受到航行区域范围限制的影响，提取效率和精确度较低。因此，本章提出了一种基于 Douglas Peucker 算法的船舶徘徊轨迹提取方法，将船舶轨迹分为停留段、直行段、转向段和徘徊段，利用基于时空特征的 Douglas Peucker 算法压缩轨迹，提高了船舶徘徊轨迹提取的效率，提出了徘徊波点的概念，根据轨迹点的曲率和波点夹角判断轨迹是否存在徘徊行为，将从 AIS 轨迹数据中提取的高质量徘徊轨迹点集合转换为船舶轨迹图像，利用在图像检测识别分类领域取得优异成绩的 ResNet50 深度学习模型对船舶徘徊轨迹图像数据集进行识别分类。

7.1 算法

结合船舶“停留—直航—转弯”运动模式[14]和 Zhang 等人提出的徘徊运动模式，本节将船舶轨迹数据分为船舶停留点集合、船舶直航点集合、船舶转向点集合和船舶徘徊点集合。利用 Douglas Peucker 算法压缩轨迹，提高了船舶徘徊轨迹提取的效率，船舶在进行徘徊运动时，会发生主要航行方向的改变，本节提出了波点的概念来定义船舶航向改变的过渡点，通过对轨迹点曲率的计算得出波点集合，在波点满足距离、角度等多特征条件约束时，认为该子轨迹段存在徘徊行为。

基于 Douglas Peucker 算法提取船舶徘徊轨迹主要包括以下几个步骤：本节首先对得到的 AIS 信号数据进行去除漂移点、插值补全、采样稀疏等数据预处理操作，提高轨迹数据的数据质量，将得到的轨迹点数据在多特征约束下提取出移动轨迹点集合，利用 Douglas Peucker 算法对轨迹进行压缩分段，设计徘徊轨迹提取算法提取出徘徊轨迹点集合。船舶徘徊轨迹提取算法处理的流程如图 7-1 所示。

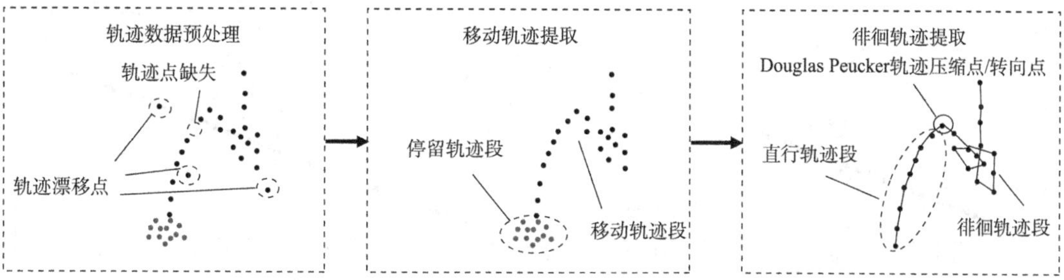

图 7-1　船舶徘徊轨迹提取算法流程示意图

7.1.1 轨迹数据预处理与移动轨迹提取

来自 AIS 的数据在水上交通数据挖掘中起着关键作用。然而，由于设备网络等原因，AIS 数据在时间和空间方面也存在着各种错误。本节对轨迹数据预处理的流程如下：

1）AIS 数据提取

由于由岸基传回来的原始 AIS 消息里面的数据并不是全部有用，因此利用 MySQL 筛选出有效的数据字段，为了提高 AIS 数据的可用性，对有效数据字段数值为空的轨迹点数据进行删除，按照 MMSI 对船舶 AIS 轨迹数据进行分类存储为单独的轨迹数据文件，将得到的轨迹数据序列按照时间戳采集的顺序进行排序，如果有多条数据时间戳相同，则保留第一行数据，删除后面重复的数据。通过以上步骤可以从原始 AIS 轨迹数据中提取出各个船舶的历史轨迹数据集合。

2）经纬度数值异常

遍历船舶历史轨迹数据，删除经纬度不在正常范围内的轨迹点数据，如果相邻轨迹点的经纬度相同且前一个轨迹点的航速不为0,则将前面轨迹点数据删除。

3)轨迹位置漂移

当船舶轨迹在较短的时间内船位发生了明显的偏移时,为了避免漂移的错误轨迹点会给轨迹识别分类造成误差,需要将漂移轨迹点进行删除,如图7-2所示。检测漂移点具体做法如下:首先计算漂移点 p_i 与相邻两个轨迹点的距离,通过经纬度计算两个轨迹点的距离公式如式(7-1)所示:

$$d = 2r\sin^{-1}\left(\sqrt{\sin^2\left(\frac{lat_2 - lat_1}{2}\right) + \cos(lat_1)\cos(lat_2)\sin^2\left(\frac{lon_2 - lon_1}{2}\right)}\right) \tag{7-1}$$

其中,d 表示两个轨迹点之间的距离;(lon_1, lat_1) 和 (lon_2, lat_2) 分别表示两个轨迹点的经纬度;r 表示地球半径。

设 p_{i-1} 与 p_{i+1} 的中点和 p_i 之间的距离为 d_1,p_{i-1} 与 p_{i+1} 之间的距离为 d_2,若 $d_1 > d_2$,则认为 p_i 为漂移点。

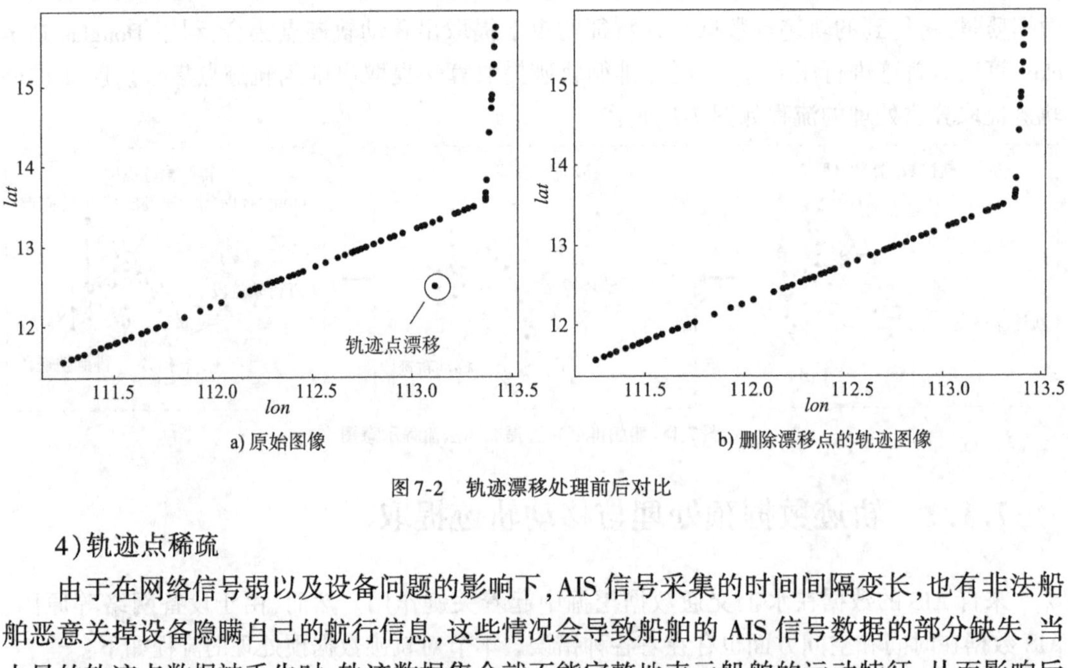

a) 原始图像　　b) 删除漂移点的轨迹图像

图7-2　轨迹漂移处理前后对比

4)轨迹点稀疏

由于在网络信号弱以及设备问题的影响下,AIS信号采集的时间间隔变长,也有非法船舶恶意关掉设备隐瞒自己的航行信息,这些情况会导致船舶的AIS信号数据的部分缺失,当大量的轨迹点数据被丢失时,轨迹数据集合就不能完整地表示船舶的运动特征,从而影响后续的特征提取和分析。本节分为两种情况解决轨迹点稀疏问题,首先设定相邻轨迹点的分割时间间隔阈值为2小时,对于时间间隔大于2小时的轨迹进行分段处理;设定相邻轨迹点的插值时间间隔阈值为30分钟,对于时间间隔小于30分钟的轨迹段采用插值算法对轨迹数据进行补全。本节采用拉格朗日插值法处理轨迹缺失点,拉格朗日插值法就是构造多项式来近似拟合轨迹曲线,根据多项式求得所需插值的未知点。假设一段轨迹点 (x_1, y_1),(x_2, y_2),…,(x_n, y_n),则 n 次拉格朗日插值基函数如式(7-2)所示:

$$P_i(x) = \prod_{j=1, j\neq i}^{n} \frac{x - x_j}{x_i - x_j} \tag{7-2}$$

拉格朗日插值多项式如式(7-3)所示：

$$L_n(x) = \sum_{i=1}^{n} y_i P_i \tag{7-3}$$

由于插值算法只能补全轨迹点的经纬度数值，因此通过式(7-4)补全速度信息：

$$v_i = \frac{d_i}{\Delta t_i} \tag{7-4}$$

其中，d_i 表示该插值点到相邻轨迹点的距离；Δt_i 表示两点时间戳的差值。

图 7-3a)是轨迹点部分缺失的原始图像，图 7-3b)是经过拉格朗日插值处理后的轨迹图像，从图中可以看出拉格朗日插值法可以较好地拟合原始船舶轨迹，使轨迹点均匀分布，提高了特征提取计算的准确性。

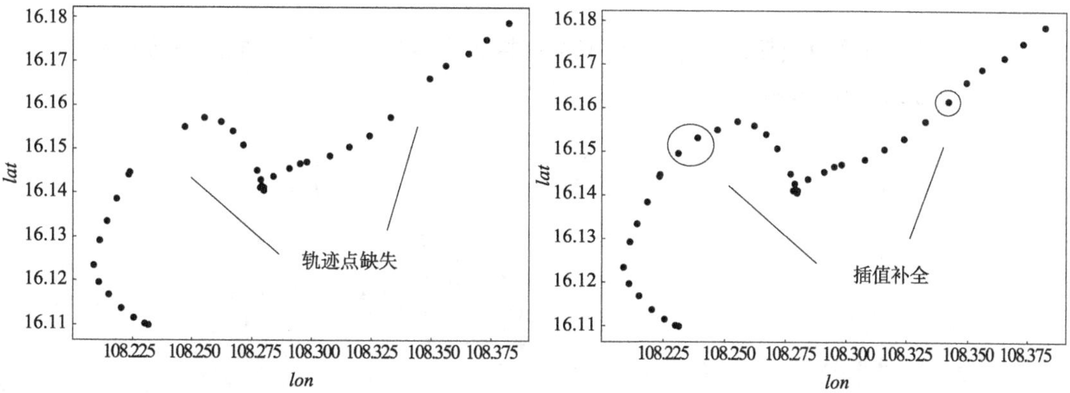

a) 原始图像　　b) 插值补全的轨迹图像

图 7-3　轨迹插值前后对比

5)船舶移动轨迹点提取

船舶在停靠时会出现小范围，长时间的往复运动[15]，为了避免在港口停泊时的停留状态轨迹对徘徊轨迹提取造成干扰，因此本文先将原始轨迹数据划分为轨迹移动点集合 P_{Move} 和轨迹停留点集合 P_{Stop}，划分方式如下：首先，设定速度阈值 max$V$，停留时长阈值 min$T$，相邻轨迹点之间的时间阈值 max$T$ 以及相邻轨迹点的距离阈值 max$D$；遍历轨迹点的速度属性，对于速度小于速度阈值的轨迹点，如果它与相邻轨迹点的时间差值小于时间阈值，并且与相邻点之间的距离小于距离阈值，则认为该时刻的轨迹点处于停留状态；再依次遍历轨迹点，直到速度属性不满足速度阈值，若这段轨迹的时长大于最短停留时长阈值，这样就得到轨迹停留点集合 P_{Stop}。本文根据经验设定停留状态速度阈值为 0.2 米/秒，最短停留时长阈值为 1 小时。

由于分段处理之后，每段轨迹的轨迹点数目可能较稀少，不能直观的展现出轨迹形态，从而影响后期的轨迹形态特征提取与识别分类，所以本文对轨迹点数设置阈值为 30。

7.1.2　基于 Douglas Peucker 算法的船舶徘徊轨迹提取方法

1)Douglas Peucker 轨迹压缩算法

Douglas Peucker 算法是轨迹数据压缩的经典算法[16]，它的核心思想是从船舶轨迹曲线上取有限个点，将曲线变成折线，并且能够在一定程度保持轨迹曲线的基本轮廓，保留船舶轨迹形态的基本特征，Douglas Peucker 算法的原理如图 7-4 所示，经典的 Douglas Peucker 算法的步骤如下：

(1)在轨迹曲线首尾两点 A,B 之间连接一条直线 AB，该直线为曲线的基线；

(2)遍历 AB 之间的轨迹点，计算各点到基线 AB 的垂直距离，得到曲线上离该直线段距离最大的点 C,C 与 AB 的距离为 d；

(3)比较最大距离 d 与设定的压缩阈值 threshold 的大小关系，如果距离 d 小于压缩阈值 threshold，则用基线作为曲线的近似，该段轨迹处理完毕；

(4)如果距离 d 大于压缩阈值 threshold，则轨迹点 C 为轨迹曲线 AB 的轨迹压缩点，将轨迹曲线分割，并形成新的基线 AC 和基线 BC，依次递归两段轨迹曲线，重复进行步骤(1)～(3)的操作；

(5)当所有轨迹曲线都处理完毕时，依次连接各个轨迹压缩点，形成的轨迹折线即可以作为原轨迹曲线的压缩轨迹。

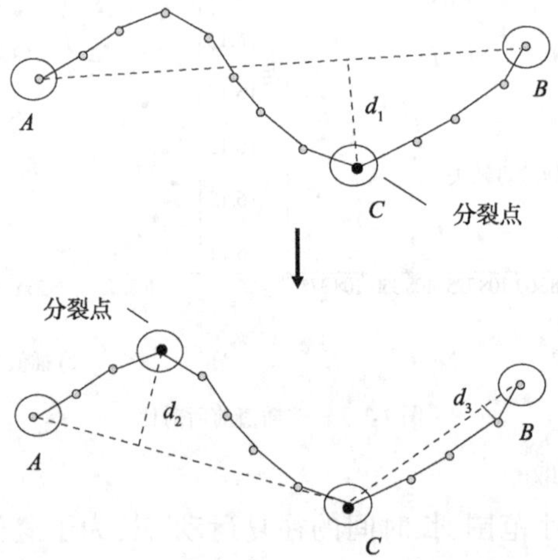

图 7-4　Douglas Peucker 轨迹压缩算法原理图

2)船舶徘徊轨迹提取算法

本节主要是对船舶徘徊轨迹进行提取，为了避免直行和转向行为给徘徊轨迹提取的精确率带来误差，降低轨迹提取效率等问题，需要进一步对轨迹进行分割，对船舶轨迹进行压缩是根据船舶行为模式分割轨迹段的一个重要步骤，为了保证压缩后的数据对船舶速度与航行状态信息的保留效果，本节基于 Douglas 等人提出的 Douglas Peucker 算法对 AIS 轨迹移动点数据集 P_{Move} 进行压缩处理，在此基础上将 Douglas Peucker 算法中的距离度量方法，改为时空同步的欧几里得距离，使其更好地保持原始航迹数据特征。

经过压缩后得到轨迹压缩点集合 DP，利用得到的轨迹压缩点对轨迹进行划分。通过计算每两个轨迹压缩点 DP_{k+1},DP_k 之间的轨迹点 $P_i(i=0,1,2,\cdots)$ 处的曲率值，判断船舶轨迹在轨迹点处的弯曲程度，轨迹点 P_i 处的曲率计算[13]如式(7-5)所示：

$$k_i=\left|\operatorname{sgn}(\Delta P_{i-1}P_iP_{i+1})\frac{2\sin x_i}{P_{i+1}-P_{i-1}}\right|,i=1,2,3,\cdots \tag{7-5}$$

其中，$\Delta P_{i-1}P_iP_{i+1}$表示三角形，遍历轨迹点 $P_i(i=0,1,2,\cdots)$集合，计算的轨迹点曲率集合 $k_i(i=0,1,2,\cdots)$，由于船舶在发生徘徊行为的时候，会出现大幅度方向改变，轨迹曲线的曲率越大则表明弯曲程度越大，如果轨迹点 P_i 的曲率大于前后各 1 个点，则认为该点是一个波点 Pw_i，波点判断条件如式(7-6)所示：

$$Pw_i = \text{波点}, k_i > k_{i+1} \cap k_i > k_{i-1} \tag{7-6}$$

将压缩点 DP_{k+1}，DP_k 和两点之间的波点 $Pw_j(j=0,1,2,\cdots)$按照时间排序得到 DP—波点集合 Pw。为了避免船舶小幅度转向行为对徘徊轨迹段提取的干扰，遍历 DP—波点集合，对集合中每个点与前后一个点的形成角度 β 设置角度阈值进行约束，约束条件如式(7-7)所示，如果 DP—波点夹角 $0° < \beta < 90°$，则认为该点是徘徊波点，如果 DP—波点夹角 $90° \leqslant \beta < 180°$，则认为该点是干扰波点，从 DP—波点集合中移除。

$$Pw_i = \begin{cases} \text{徘徊波点}, 0° < \beta < 90° \\ \text{干扰波点}, 90° \leqslant \beta < 180° \end{cases} \tag{7-7}$$

考虑到船舶转向行为时不会频繁改变方向，算法设置波点数量阈值为 2，如果两个压缩点之间的波点数量小于等于 2，就认为这两个压缩点之间的船舶轨迹为直行轨迹或转向轨迹，如果两个 DP 压缩点之间的波点数量大于 2，则认为这段轨迹存在徘徊行为，将这两个压缩点 DP_k，DP_{k+1}之间的所有轨迹点加入徘徊轨迹段集合 SP 中，遍历完所有船舶压缩点集合 DP 和轨迹点集合，最终得到每条 MMSI 船舶在不同时段的徘徊轨迹段集合。算法如图 7-5 所示。

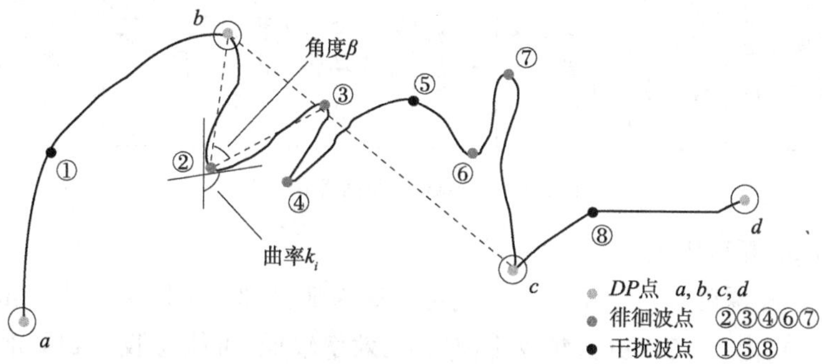

图 7-5 船舶徘徊子轨迹提取示意图

其中 ab 段的①波点为干扰波点，cd 段的⑧波点为干扰波点，故判断 ab 段和 cd 段为直行子轨迹段，bc 段有徘徊波点②③④⑥⑦，所以认为 bc 段为徘徊子轨迹段。

7.1.3 深度神经网络构建

1) ResNet50 网络结构设计

ResNet 模型是何凯明团队[17]于 2016 年提出的一个新的深度残差网络，ResNet 模型利用短路连接实现输入层和输出层的恒等映射，残差块通过跨层的数据通道，提高了残差网络的识别率。ResNet 让网络的局部层学习拟合残差函数 $F(x)=H(x)-x$，当 $F(x)=0$ 时，则构成恒等映射 $H(x)=x$。图 7-6 为 ResNet 残差块的基本结构，输入直接通过短路链接的自身映射与在网络中拟合的残差相加得预测值 $H(x)$。

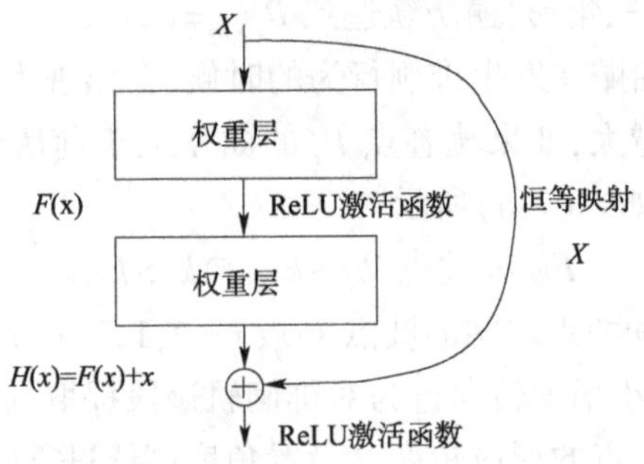

图 7-6　残差块结构图

选取 ResNet50 模型对船舶徘徊形态进行识别分类，训练样本经过 ResNet50 网络卷积层、批量归一化层和最大池化层预处理后，再通过 4 个残差模块进行残差学习，残差块中有两个相同输出通道数的卷积层，卷积之后通过批量归一化层进行归一化，将得到的残差与自身映射相加后，使用 RELU 激活函数激活。最后将学习得到的特征通过平均池化层、Flatten 层展平为一维向量，输入到全连接层进行分类[18]，最终由 softmax 函数输出分类的概率，ResNet50 结构如图 7-7 所示。

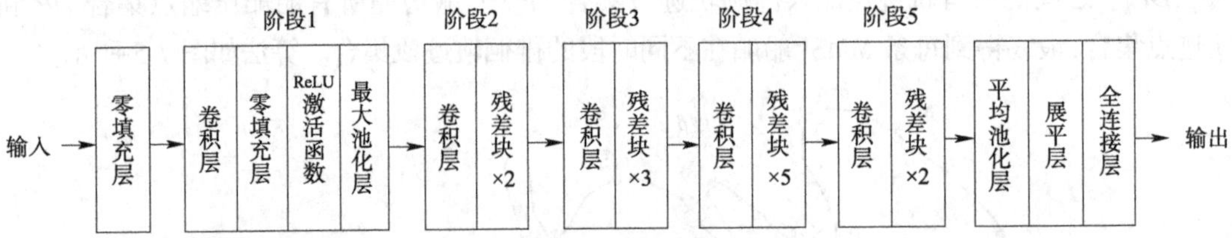

图 7-7　ResNet50 模型网络结构图

2）采用 Adam 算法优化模型

传统的 ResNet 深度学习模型采用的优化算法为随机梯度下降算法[19]（stochastic gradient descent，SGD），由于 SGD 更新参数比较频繁，效率较低，可能会收敛到局部最小值处，因此改用 Adam 算法对模型进行优化，Adam[20] 优化器可以自动调整学习率，参数更新不受梯度的伸缩变换影响，缓解了 SGD 梯度震荡的问题，能够更快速地收敛到全局最优点。Adam 优化算法利用梯度的一阶矩估计和二阶矩估计动态调整每个参数的学习率[21]，计算公式如式（7-8）、式（7-9）所示：

$$m_t = \mu * m_{t-1} + (1-\mu) * g_t \tag{7-8}$$

$$n_t = \gamma * n_{t-1} + (1-\gamma) * g_t^2 \tag{7-9}$$

其中，μ 和 γ 为矩估计的指数衰减率，再对 m_t、n_t 进行偏差修正[21]，计算公式如式（7-10）、式（7-11）所示：

$$\hat{m}_t = \frac{m_t}{1-\mu^t} \tag{7-10}$$

$$\hat{n}_t = \frac{n_t}{1-\gamma^t} \tag{7-11}$$

则第 t 次迭代时，参数 θ_t 如式(7-12)所示：

$$\theta_t = \theta_{t-1} - \frac{\eta \cdot \hat{m}_t}{\sqrt{\hat{n}_t} + \varepsilon} \tag{7-12}$$

其中，ε 是一个常数参量，通常取 10^{-8}；η 为学习率，本文将初始学习率设置为 0.001。

7.1.4　船舶 AIS 轨迹数据转换为图像

由于本节主要是对徘徊形态的识别和分类，为了避免轨迹段时间跨度和距离范围对识别效果的影响，将以上步骤得出的徘徊轨迹点数据集合按照经纬度可视化为 224 × 224 像素大小的轨迹曲线灰度图像。使用最大类间方差法（Nobuyuki Otsu，OTSU）[22]将轨迹灰度图像分割为背景和轨迹两个部分。为了扩充训练样本数据集的容量，增强样本数据的多样性，避免模型过拟合，通过对二值化处理得到的轨迹图像进行数据增强，以此增加样本的多样性，提高模型的泛化能力，依次对轨迹图像样本进行水平垂直翻转、直角旋转、10% 范围内随机水平垂直移动，最终实验得到 10 倍的训练数据集。

7.2　算法实验

7.2.1　数据集准备

本节使用来自于船队在线 HiFleet 网站（https://www.hifleet.com）提供的船舶 AIS 数据，选用了 2022 年 1 月越南、南海附近海域的数据，数据纬度范围 6～13°N，经度范围 106～112°E，共 91046248 条数据。本节提取原始 AIS 信息数据的 MMSI 号、时间戳、速度、经度、纬度五个字段进行实验。实验软硬件平台：操作系统为 Windows10，CPU 为 AMD R7-5800H 90HZ，内存为 16G，使用编程语言为 Python3.9，深度学习框架为 PyTorch1.0.2。

将徘徊轨迹分为无序往返形态、两点往返形态，前进往返形态，和杂乱线团形态，通过对得到的 AIS 轨迹数据进行预处理后，用基于 Douglas Peucker 算法的船舶徘徊轨迹提取方法提取出徘徊轨迹段共 4582 条。通过 Douglas Peucker 算法对轨迹进行压缩后，压缩率达97.19%，根据 *DP* 压缩点分段，计算轨迹点曲率得到波点集合，只需判断 *DP*—波点集合是否满足阈值条件，不需要对所有轨迹点进行计算判断，减少了算法的计算量，实验徘徊轨迹提取总用时为 12 分 53 秒，未用 Douglas Peucker 算法压缩轨迹的传统徘徊轨迹提取算法提取徘徊轨迹用时为 16 分 47 秒，本节算法轨迹提取的效率相较于传统徘徊轨迹提取算法提高了 23% 以上。算法分割出直行轨迹段和转向轨迹段，提高了船舶徘徊轨迹提取的精确度。基于 Douglas Peucker 算法的船舶徘徊轨迹提取方法与传统算法的效率对比如表 7-1 所示。

基于 Douglas Peucker 算法的船舶徘徊轨迹提取方法与传统算法的效率对比　　表 7-1

算法	徘徊轨迹提取时间(秒)	徘徊轨迹提取提高效率(%)
本节算法	773	23.23
传统算法	1007	

为了验证本节算法提取船舶徘徊轨迹的精确性,本节将提取出的徘徊轨迹转化为轨迹图像,将徘徊轨迹图像与原始轨迹进行人工验证对比,为了保证人工验证结果的客观性与准确性,将实验人员分为三组对所有徘徊轨迹图像进行人工验证并标记类别,计算每组提取错误轨迹段的平均数量与提取轨迹段总数量的比值,作为算法提取的精确率,船舶徘徊轨迹提取算法与传统算法的人工分类结果和精确率对比如表 7-2 所示:每组人员发现错误徘徊轨迹段平均数量为 66 条,因此本文提出的徘徊行为轨迹提取算法精确率在 98% 以上,较传统徘徊行为轨迹提取算法的精确率提升了 2% 左右。

船舶徘徊轨迹提取算法与传统算法的精确率对比　　表 7-2

算法	轨迹段总数	错误轨迹段数	算法精确率(%)
本节算法	4582	66	98.56
传统算法	4582	159	96.53

将船舶徘徊轨迹数据集按照 7∶3 的比例划分为训练集和测试集,最终得到的徘徊轨迹数据集规模如表 7-3 所示。

船舶徘徊轨迹数据集　　表 7-3

轨迹类型	轨迹数量	训练集样本数量	测试集样本数量
 无序往返形态	2318	16226	6954
 两点往返形态	557	3899	1671

续上表

轨迹类型	轨迹数量	训练集样本数量	测试集样本数量
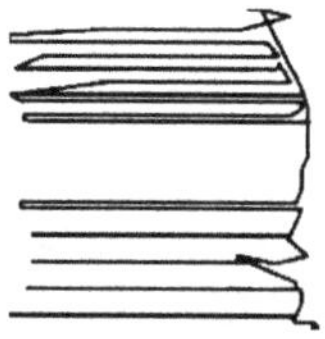 前进往返形态	585	4095	1755
 杂乱线团形态	831	5817	2493

7.2.2　模型识别的结果与分析

本节使用改进的 ResNet 50 模型对徘徊行为轨迹提取算法提取的徘徊轨迹数据训练集进行训练，在测试集中测试模型的准确率，将模型迭代次数 *epoch* 设置为 20，批样本数目设置为 32，如图 7-8 和图 7-9 所示，随着模型迭代次数的增加，在 *epoch* = 15 时，模型的准确率曲线和损失值曲线已逐渐趋于平稳，此时模型已经收敛。

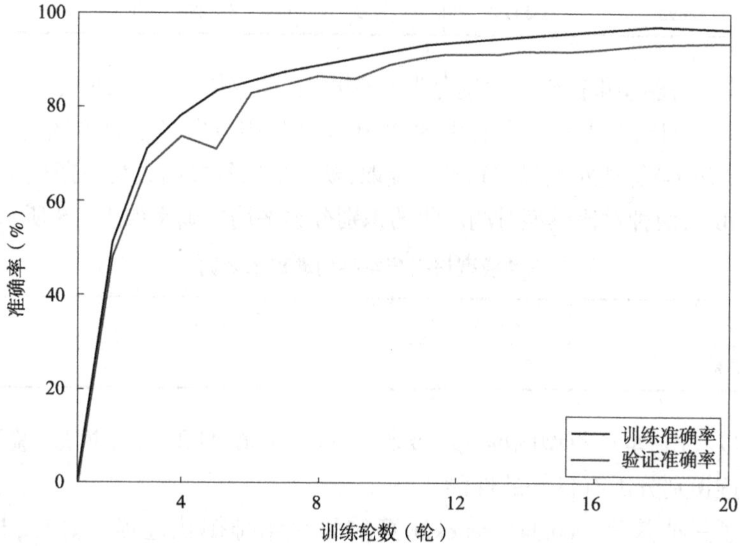

图 7-8　识别准确率变化曲线图

本节使用测试集对训练好的 ResNet 50 模型进行测试，徘徊轨迹形态识别分类准确率分析如表 7-4 所示，从表 7-4 中的结果得出，模型对于四种徘徊轨迹形态识别的平均准确率约为 91.03%，因此本章模型可以较好的对四种不同形态的徘徊轨迹进行识别分类。

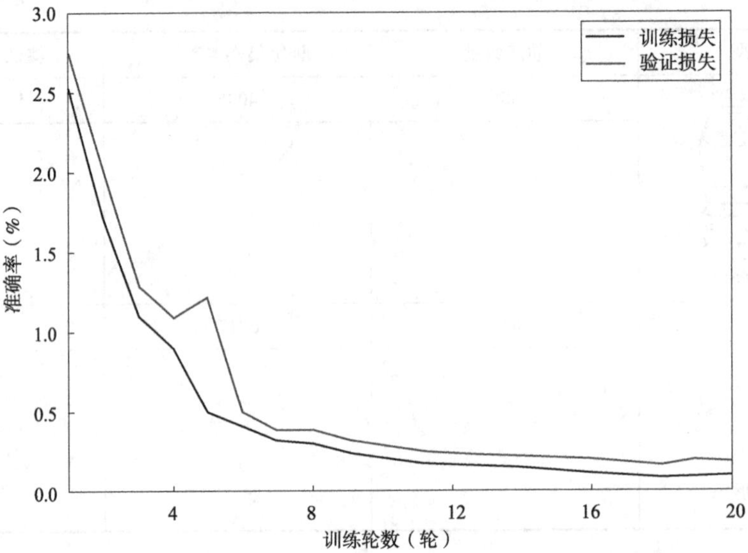

图7-9　损失函数变化曲线图

徘徊轨迹形态识别分类准确率分析　　表7-4

轨迹类型	测试集数量	正确识别数量	错误识别数量	准确率(%)	平均准确率(%)
无序往返形态	6954	6377	577	91.70	91.03
两点往返形态	1671	1506	165	90.13	
前进往返形态	1755	1692	63	96.41	
杂乱线团形态	2493	2141	352	85.88	

为了验证模型对船舶徘徊轨迹识别分类的有效性，选取传统 VGG16 模型和支持向量机模型与本文模型进行对比，其中对比实验中的 SVM 模型利用方向梯度直方图（Histogram of Oriented Gradients，HOG）算法对图像进行特征提取，模型采用的核函数为高斯核函数（Radial Basis Function，RBF），两种对比模型对测试集的识别分类平均准确率如表7-5所示。

三种模型识别分类平均准确率对比　　表7-5

算法	本文模型	VGG16 模型	SVM 模型
平均准确率(%)	91.03	83.85	81.12

从表中可以看出，本章模型的准确率要高于 VGG16 模型和 SVM 模型，验证了本章模型在船舶徘徊轨迹识别分类有良好的性能。

本章提出了一种基于 Douglas Peucker 算法的船舶徘徊轨迹提取算法，构建了改进的 ResNet 50 深度学习模型对徘徊轨迹图像进行识别分类。本章首先对船舶 AIS 数据进行预处理并提取船舶移动子轨迹段，接着利用 Douglas Peucker 算法对船舶移动轨迹段进行压缩分段，减少了徘徊轨迹提取的计算量，提高了算法的效率。为了避免了转向情况的干扰，本章提出了徘徊波点的概念，从移动轨迹段中分割出直行和转向轨迹段，增加了徘徊子轨迹段提取的精确度,再将船舶徘徊轨迹点数据集合转化为图像数据。本章将徘徊轨迹分为无序往返、两点往返,前进往返,和杂乱线团四种形态,采用 Adam 算法对传统的 ResNet 50 模型进行优化,提高了模型的精确度。本章算法对徘徊轨迹的提取精确率可达 98.56%,相较于传统的船舶徘徊轨迹提取算法,徘徊轨迹的提取效率提高了 23% 以上,本章模型对四种形态的徘徊行为轨迹识别分类取得了 91.03% 的平均准确率,高于 VGG16 模型的 83.85% 的平均准确率和 SVM 模型的 81.12% 的平均准确率,验证了本章模型的有效性。目前,本章方法对船舶徘徊行为的识别,结合对始发港及船舶尺寸等要素的分析已实际应用到南海海域越南渔船监管项目中,在未来的工作中,可以将本章方法结合船舶轨迹数据的停留等行为特征,对船舶的行为异常检测以及特殊船舶类型识别分类进行下一步的研究。

思考题

1. 为什么在船舶徘徊轨迹提取中选用了 Douglas Peucker 算法？请简述其主要原理。

2. “徘徊波点”在本章方法中发挥了关键作用,请详细阐述其生成过程及对徘徊轨迹提取精确度的影响。

3. 结合 ResNet50 的结构特点,分析其在船舶徘徊轨迹分类任务中的适用性及优势。

4. 结合 AIS 数据的结构特征与本文方法,探讨其在其他海域船舶异常行为检测和特殊船舶类型识别中的潜在扩展应用。

本章参考文献

[1] 崔彤彤. 基于海洋大数据的船舶类型自动识别[D]. 北京:北方工业大学,2020.

[2] Sheng P, Yin J. Extracting shipping route patterns by trajectory clustering model based on automatic identification system data[J]. Sustainability, 2018, 10(7): 2327.

[3] 冯宏祥,ANNAMujal C,杨忠振. 基于距离分布的 AIS 异常数据处理方法[J]. 中国航海,2021,44(4):26-31.

[4] Zhang Z, Huang L, Peng X, et al. Loitering behavior detection and classification of vessel movements based on trajectory shape and Convolutional Neural Networks[J]. Ocean Engineering, 2022, 258: 111852.

[5] De Vries G K D, Van Someren M. Machine learning for vessel trajectories using compression, alignments and domain knowledge[J]. Expert Systems with Applications, 2012, 39(18): 13426-13439.

[6] Sheng K, Liu Z, Zhou D, et al. Research on ship classification based on trajectory features[J]. The Journal of Navigation, 2018, 71(1): 100-116.

[7] Chen X, Liu Y, Achuthan K, et al. A Ship Movement Classification Based on Automatic Identification System (ais) Data Using Convolutional Neural Network[J]. Ocean Engineering, 2020, 218: 108182.

[8] Ginoulhac R, Barbaresco F, Schneider J Y, et al. Target classification based on kinematic data from ais/ads-b, using statistical features extraction and boosting[C], 2019 20th International Radar Symposium (IRS).

IEEE, 2019: 1-10.

[9] Zhou Y, Daamen W, Vellinga T, et al. Ship classification based on ship behavior clustering from AIS data [J]. Ocean Engineering, 2019, 175: 176-187.

[10] 甄荣,邵哲平,潘家财. 基于AIS数据的船舶行为特征挖掘与预测: 研究进展与展望[J]. 地球信息科学学报,2021.

[11] 常吉亮,谢磊,魏志威,等. 基于深度卷积神经网络的船舶轨迹分类研究[J]. 武汉理工大学学报(交通科学与工程版),2022,46(1): 160-165.

[12] 郑振涛,赵卓峰,王桂玲,等. 面向港口停留区域识别的船舶停留轨迹提取方法[J]. 计算机应用,2019,39(1): 113-117.

[13] 刘强,罗斌,翟素兰,等. 基于离散曲率熵的徘徊行为检测[J]. 计算机工程与应用,2013,49(18): 164-166.

[14] 罗璞. 基于轨迹大数据的船舶类型自动识别方法研究[D]. 北京:北方工业大学,2021.

[15] 黄亮,张治豪,文元桥,等. 基于轨迹特征的船舶停留行为识别与分类[J]. 交通运输工程学报,2021,21(5):189-198.

[16] DOUGLAS D H, PEUCKER T K. Algorithms for the reduction of the number of points required to represent a digitized line or its caricature[J]. Cartographica: the international journal for geographic information and geovisualization, 1973, 10(2): 112-122.

[17] HE K, ZHANG X, REN S, et al. Deep residual learning for image recognition[C]//Proceedings of the IEEE conference on computer vision and pattern recognition. 2016: 770-778.

[18] 朱伟鹏,操超超,刘金华. 基于ResNet50模型的乳液泵缺陷分类[J]. 工业控制计算机,2022,35(7): 59-61.

[19] LI L, XU W, YU H. Character-level neural network model based on Nadam optimization and its application in clinical concept extraction[J]. Neurocomputing, 2020, 414: 182-190.

[20] Bera S, Shrivastava V K. Analysis of various optimizers on deep convolutional neural network model in the application of hyperspectral remote sensing image classification[J]. International Journal of Remote Sensing, 2020, 41(7): 2664-2683.

[21] 毕常遥,袁晓彤. 基于Adam局部优化的分布式近似牛顿深度学习模型训练[J]. 计算机应用与软件,2021,38(10):278-283.

[22] 徐婷婷. 基于深度学习的图像分割研究[D]. 北京:华北电力大学,2021.

第 8 章

光学与 AIS 信息融合技术

在传统航运业中，船舶与监管部门主要依赖于 AIS、雷达、GPS 等传感器进行数据采集，感知水上通航环境。这些方法在获取船舶位置、速度等基本信息方面具有一定的优势，但在实时性、船舶类别识别等方面仍存在不足。此外，传统的数据分析方法多基于单一的规则和经验，难以应对复杂的海洋环境和高维数据。

随着计算机视觉技术的不断发展，越来越多的研究者将光学数据应用于航运业。例如，利用船舶视觉检测技术实现船位估计，提高水路交通的监管能力；通过视觉增强为船舶提供辅助驾驶功能；通过图像特征进行船舶外形尺寸估计，补充船舶资料数据；统计水上交通流量，分析通航条件。此外，视觉数据还在船舶事故预警、船舶追踪等领域展现出了广阔的应用前景。

本章介绍了包括可见光图像、激光雷达点云与遥感影像等多种视觉数据与 AIS 信息的融合技术以及它们在航运业中的应用，这些应用旨在解决传统海事信息感知能力的不足，提高船舶航行安全，优化智能管理水平。

船舶跟踪是实现船舶位置信息采集、船舶航行动态监管的关键技术。传统的监视手段主要依赖于人工观测与基础设施辅助，如沿岸设置的瞭望塔、灯塔、信号旗、海图与航海日志等。而视觉、雷达、AIS、全球卫星定位系统(Global Navigation Satellite System，GNSS)等新型信息技术使船舶监视不再受限于人的视野范围和环境干扰。目前，该技术领域的研究多集中在船舶目标探测能力提升与监视系统完善方面，并体现出信息处理智能化、感知方式多元化的发展趋势。依托于可见光视频图像、激光、遥感影像等信息采集途径的光学感知是重要的船舶跟踪手段，光学与 AIS 信息融合技术可克服光学信息来源单一的缺陷，实现全面、即时的船舶跟踪定位，对航道交通监管具有重要意义。基于不同光学感知方式的信息融合技术具有相似的技术原理却很少被显性描述与整合，因此，本章将围绕光学与 AIS 信息融合技术,立足于信息处理、信息融合、技术应用的路径展开论述,揭示光学与AIS信息融合技术的一般流程与基础方法,内容涉及图像船舶目标识别、AIS轨迹提取、光学与AIS目标关联等方法,以及信息融合技术的相关应用。

8.1 可见光图像中的船舶目标识别

8.1.1 船舶目标检测

船舶作为水上运输的主要载体,在内河航运和领海航运中发挥着重要作用。但随着水运需求的增加,水上交通问题也日益增多,包括船舶相撞、船桥相撞等事故,不仅会造成人员和物资损失,还会影响航道的流畅度。海事监管部门规定船舶需装备AIS系统,但仍有部分船舶未按规定打开或安装AIS设备,导致AIS信息缺乏,降低了海事部门对重点通航水域的监管力度。为了解决这些问题,对船舶目标实施有效的检测变得越来越重要。

随着计算机视觉、神经网络和图像处理技术的快速发展,基于深度学习的目标检测算法精度大幅提升,解决了由目标背景复杂度、多变性引起的漏检、误检等问题,同时图形处理器(Graphics Processing Unit,GPU)的广泛应用也为目标检测算法提供了硬件支持。

船舶目标检测技术是实现视频中船舶目标位置提取的关键技术,也是进一步实现视频与AIS信息融合的基础[1]。船舶目标检测方法主要包括两类:基于机器学习方法的检测和基于深度学习方法的检测。前者主要基于传统机器学习方法进行检测,检测过程阶段性明显,一般分为视频预处理、兴趣区域提取、目标分割、特征提取和基于特定机器学习方法的目标分类等几个阶段,应用部署容易。后者是近几年随着深度学习技术发展起来的一种检测方法,但该方法对计算设备、存储设备和数据集要求过高,应用通常是基于高性能边缘计算器部署。船舶检测方法一般有以下几种形式。

1)基于水天界限的船舶检测

对距离稍远或者远距离位置上进行船舶检测时,船舶常出现在水天线(海天线或者水陆线)位置,因此可以通过检测水界线来发现船舶所在的图像局部区域。大多数水界线检测是基于直线段的方法来提取水界线,如最小二乘法、Hough变换、LSD算法、RANSAC算法和FLD算法等。以上各种算法在特定的海洋场景下具有一定的适应性,能够检测出水界线,但在雨雾、多目标遮挡、光照变化等复杂环境下的普适性较差。文献[2]结合图像中天空与海水像素的高斯分布和霍夫变换直线检测原理,提出了基于最优水天边界提取的船舶检测方法。

2)基于图像显著性的船舶检测

在水路视频监控图像中,船舶相比水面、天空和陆地背景更容易吸引人们的注意,基于视觉注意机制能找出图像中视觉焦点集中的位置,即显著性船舶区域。使用自底向上控制的视觉注意模型，在RGB空间按照不同分辨率提取了光强度、颜色和方位等图像特征，然后通过高斯金字塔和中央周边差算子计算局部视觉对比，对比大的区域表征较容易引起视觉关注的区域，然后融合各个尺度、各个特征下的对比结果，从而获取综合性的视觉显著图。

3）基于运动检测

船舶目标检测主要是以运动目标检测的方法为主，逐帧进行处理从而判断有无运动区域产生，将序列图像运动区域判定为运动的船舶目标。采用自适应帧间差分对不同航速的船舶进行检测跟踪，自适应地提取关键帧，可以解决传统的帧间差分法在运动船舶速度较慢时，前后帧的灰度值差较小，前景容易被识别为背景的问题。文献[3]提出了一种区别于传统的固定间隔的帧间差分方法，采用基于关键帧自适应提取的帧间差分方法对不同船速的船舶进行自适应检测。

4）基于深度学习方法的船舶检测

基于深度学习的目标检测算法克服了传统目标检测算法缺乏目标区域选择、候选区域冗余、算法复杂度高等缺点。将深度学习算法应用于船舶目标检测可以显著提高检测效果，卷积神经网络（Convolution Neural Network，CNN）已经被广泛应用于目标检测模型任务，包括Faster R-CNN[4]、Mask RCNN[5]等双阶段算法，按照先提取候选框，之后再分类的结构来进行。但这种方法的检测效率并不明显，且难以满足实时性的要求。另一类检测方法即单阶段的检测方法，直接完成检测框回归与分类，比较适合实时检测，代表模型主要以YOLO系列[6]检测模型为主，也包括SSD[7]及其相关改进算法等。基于深度学习的船舶检测算法往往需要根据实际的应用和部署场景，对模型做出结构上的调整，如针对不同天气、不同光照条件、船舶目标远近以及船舶密集交织场景。

8.1.2　船舶目标跟踪

目标跟踪是解决对视频中运动物体实时锁定的关键技术，经典的目标跟踪算法有Mean-shift、粒子滤波和相关滤波等，这一类方法主要对当前目标区域进行建模，然后在下一帧图像中寻找相似的区域。核相关滤波跟踪算法[8]（Kernel Correlation Filter，KCF）是一种典型的相关滤波算法，具体过程为：

（1）对初始帧给出的矩形检测框进行循环移位近似密集采样，来生成样本集及其对应的标签，有目标区域作为正样本，其他区域作为负样本，用这些样本训练一个判别分类器。

（2）在下一帧图像中，使用分类器判断位置上是否有目标出现，根据标签空间排列产生一个与循环移位大小相对应的高斯响应分布图并认为响应大的地方就是目标所在位置。

（3）使用上一帧的填充框进行循环移位，得到新的正负样本。

在实际情况下，我们往往需要对视频序列中的多个船舶目标的轨迹进行跟踪并提取，需要用到视频多目标跟踪技术，与单目标跟踪不同，它需要根据每一帧图像中不同目标的身份识别,对于新出现的目标,需要生成新的跟踪,对于已经离开摄像机视野的目标,需要终止轨迹的跟踪。一种方法是基于 KCF 的多目标跟踪算法,使用多线程完成多个单目标跟踪,但这种方法难以克服物体间的相互遮挡;另一种方法为基于深度学习的 Deep SORT 算法[9],它在 2017 年被提出,将多目标跟踪看成数据关联问题,使用卡尔曼滤波对目标在下一帧的位置进行预测;结合物体运动和表面特征信息,使用马氏距离和余弦距离作为检测框内运动和深度特征之间相似性的度量,使用匈牙利算法将预测目标与当前帧中的检测目标进行级联匹配,优先考虑未丢失的物体;使用最小交并比阈值对低置信度匹配进行过滤,减少错误匹配;设置一个阈值来移除循环次数过多的跟踪器。

通过多目标跟踪算法,我们可以提取视频中不同船舶的运动轨迹,由像素坐标组成,形如式(8-1)

$$V_x = (u_{x1}, v_{x1}), (u_{x2}, v_{x2}), \cdots, (u_{xn}, v_{xn}) \tag{8-1}$$

其中,V_x为船舶 x 在的视频中的轨迹;(u_x, v_x)表示船舶的像素坐标。视频的轨迹坐标可进一步换算为世界坐标系下的真实坐标,为多种信息融合提供数据基础,图 8-1 表示了使用 DeepSORT 进行船舶多目标跟踪的效果。

图 8-1　使用 Deep SORT 算法实现视频船舶跟踪

8.2　AIS 轨迹提取与时间同步

8.2.1　AIS 轨迹处理

AIS 数据记录了船舶每时每刻的航速以及经纬度,提取航速大于零的数据来获取某一时刻下的船舶位置,将相同船舶的位置按时间排列,剔除掉异常的位置数据,可以得到船舶在一段时间内按时间排列的轨迹信息。从海量的位置数据中提取出所有船舶的运动轨迹,具体步骤如下。

(1)使用甚高频天线接收周围一定范围内所有的 AIS 信号,接收解析成标准格式,从 AIS 原始信息中提取 MMSI 编号、经度、纬度、航速和航向等信息,示例如表 8-1 所示。

从原始数据中提取信息　　表 8-1

原始数据	! AIVDM,1,1,,B,16:auu0008BrONA0jWaPP140000,0*08
提取信息	MMSI:413826548　经度:115.9799　纬度:29.7313　航速:4.0 节　航向:243.4 度

(2)删除 MMSI 位数不为 9 的位置数据,将具有相同 MMSI 编号的位置数据按照时间顺序排列,分离出不同的船舶轨迹,如式(8-2)所示:

$$S_x=(t_1,lon_{x_1},lat_{x_1}),(t_2,lon_{x_2},lat_{x_2}),\cdots,(t_3,lon_{x_n},lat_{x_n}) \tag{8-2}$$

其中,S_x 为船舶 x 的轨迹;(lon_x,lat_x)为经纬度坐标。

(3)使用滑动平均法,通过顺序逐期增减新旧数据求算移动平均值,将船舶轨迹数据中经纬度异常的位置数据删除,得到最终的轨迹,图 8-2 表示长江某一航段内的船舶轨迹。

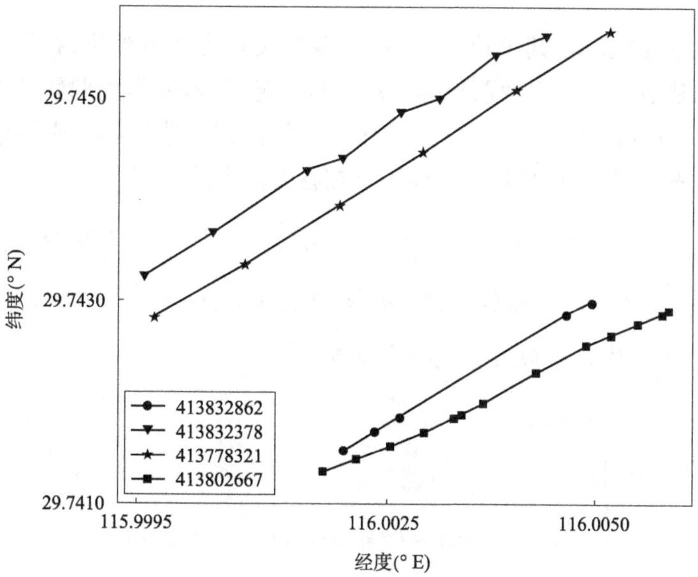

图 8-2　长江某航段船舶 AIS 轨迹

8.2.2　AIS 轨迹插值

AIS 能够发射和接收船舶的动态信息和静态信息。其中动态信息包括船舶发出信息的时刻,该时刻船舶经度、纬度值,船舶航向,船首向等;静态信息包括 ETA(预计到达时间)、船舶长度、宽度、AIS 天线到船首距离和左右舷距离等。AIS 性能标准要求,船舶静态信息需每 6 分钟发送一次或被询问时发送,船舶动态信息根据船舶航速的不同和航向的变化情况不同，报告最快每2秒发送一次，最慢每3分钟发送一次。在同一水域航行的船舶播发AIS数据的时间并不同步，在同一秒钟内，只有一部分船舶播发AIS信息，因此AIS数据与视频信息难以保持在相同采样频率下。其次，如果船舶航行通过视频监控水域过程中仅播发一条AIS数据，或者播发AIS数据较少，不足以形成轨迹，那么视频数据将难以准确匹配AIS数据，倘若存在多船遮挡，船舶识别将更加困难。所以，对AIS数据进行精确和高效的等时间间隔插值显得十分重要。

为了使船舶行为分析中用于建模的轨迹数据更接近真实航行轨迹，考虑采用三次多项式插值轨迹恢复算法，结合两相邻AIS轨迹点信息中速度、航向和加速度信息建立船位与时间关系的函数方程以实现两轨迹点间任意时间间隔插值。

在进行插值之前，需将以节为单位的船速转化为米/秒，并根据对地航向 α 将速度分解到 x、y 轴上，转化公式如式(8-3)：

$$\begin{cases} V = 0.5144V_1 \\ V_x = V \cdot \cos(\pi\alpha/180) \\ V_y = V \cdot \sin(\pi\alpha/180) \end{cases} \tag{8-3}$$

船位坐标由 (x,y) 表示，其单位为米，根据多项式轨迹插值算法，在已知 t_i 时刻轨迹点 (x_i,y_i)，t_j 时刻轨迹点 (x_j,y_j) 以及两点速度 v_i、v_j 的情况下，若要得到两轨迹点之间任意时刻轨迹点信息 $\{x(t),y(t),v(t)\}$（t 为 t_i 至 t_j 中任意时刻），需构造轨迹点坐标位置与时间的三次多项式插值方程为式(8-4)分别计算轨迹点在各方向上的插值。

$$\begin{cases} x(t) = a_0 + a_1(t-t_i) + a_2(t-t_i)^2 + a_3(t-t_i)^3, t_i \leqslant t \leqslant t_j \\ y(t) = a_0 + a_1(t-t_i) + a_2(t-t_i)^2 + a_3(t-t_i)^3, t_i \leqslant t \leqslant t_j \end{cases} \tag{8-4}$$

以 x 轴为例，上式中各参数表达式如式(8-5)：

$$\begin{cases} a_0 = x_i \\ a_1 = v_i \\ a_2 = 3(x_j - x_i) - (2v_i + v_j)(t_j - t_i)/(t_j - t_i)^2 \\ a_3 = -2(x_j - x_i) + (v_i + v_j)(t_j - t_i)/(t_j - t_i)^3 \end{cases} \tag{8-5}$$

对由 n 个坐标点组成的船舶轨迹，只需要对所有相邻的两个轨迹点分别在 x, y 轴方向上使用上述公式即可依次计算得到整条插值曲线。最后，轨迹中各点速度信息由式(8-6)求得。

$$v_t = v_i + (v_j - v_i)(t - t_i)/(t_j - t_i) \tag{8-6}$$

利用三次多项式插值算法对轨迹进行恢复，可以使船舶轨迹尽可能接近船舶实际航行轨迹，避免AIS轨迹信息中轨迹点过于稀疏从而影响船舶行为分析，图8-3表示抽取某条轨迹10%的数据进行还原实验的结果。

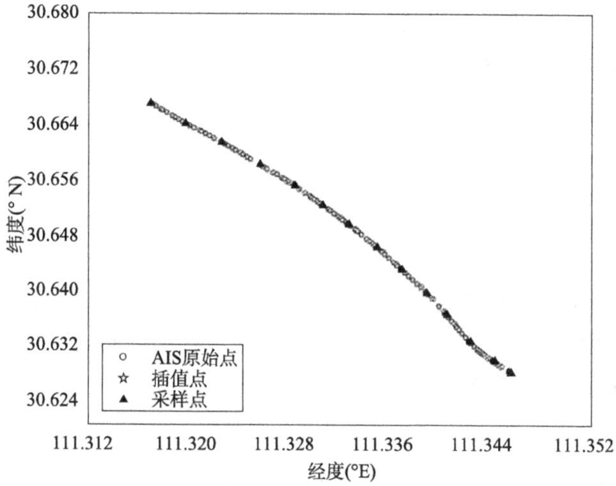

图8-3　船舶轨迹插值结果

8.3　水路交通视频与AIS融合

8.3.1　视频感知在水路交通的发展

随着AIS的普遍应用,内河航运业逐渐朝信息化发展。近些年来,得益于大数据和物联网等现代化技术手段,内河航运监管逐渐显示出智能化、网络化的趋势,各种风险可以被及时预警,保障了船舶的安全航行。

摄像机采集的视频图像被用来辅助人力,对重点通航水域进行监管。随着人工智能技术的发展,搭载于桥梁、岸基的视觉感知系统开始被重视,越来越多的图像信息可以被智能提取,进而实现对交通环境的动态感知。近年来,视觉、AIS、雷达等多源态势融合技术蓬勃发展,不同形式的感知数据可以相互补充。

在内河通航水域,由于部分小型船舶未安装AIS设备或损坏、违法行驶船舶躲避监管而关停设备、AIS信息时隙不固定等原因,导致AIS信息更新不及时或缺失。雷达是除AIS之外的另一种有效的跟踪手段,但是不能对目标成像,成本高,常因安装高度有限而无法覆盖弯曲河段,电磁辐射导致安装困难(内河沿岸靠近居民区),因此难以弥补AIS信息的缺失。水路交通视频可以覆盖较大场景,包含更加丰富的船舶特征信息,视频与AIS信息融合可以帮助提高自主航行船舶的态势感知能力,确保安全航行,也可帮助人力增强对重点水域内船舶的信息识别能力。

8.3.2　单目视觉定位原理

1)单目投影的坐标转换原理

单目投影过程可以表现为像素点坐标在不同坐标系之间的投影变换关系,为了得到世界坐标系和图像坐标系之间的投影变换，坐标投影将经历以下几个过程。

图像物理坐标系与像素坐标系间的关系为：

$$\begin{bmatrix} u \\ v \\ 1 \end{bmatrix} = \begin{bmatrix} \frac{1}{\mathrm{d}x} & 0 & u_0 \\ 0 & \frac{1}{\mathrm{d}y} & v_0 \\ 0 & 0 & 1 \end{bmatrix} \begin{bmatrix} x \\ y \\ 1 \end{bmatrix} \tag{8-7}$$

其中，(u,v)表示图像中某点的像素坐标；(x,y)表示该点所对应的物理坐标；(u_0,v_0)为主点的像素坐标；dx 和 dy 分别为像素单元在 x 轴和 y 轴方向上的物理尺寸。

相机坐标系与世界坐标系之间的关系为：

$$\begin{bmatrix} x_c \\ y_c \\ z_c \\ 1 \end{bmatrix} = \begin{bmatrix} R & T \\ 0 & 1 \end{bmatrix} \begin{bmatrix} x_w \\ y_w \\ z_w \\ 1 \end{bmatrix} \tag{8-8}$$

其中，(x_c,y_c,z_c)表示物点的相机坐标；(x_w,y_w,z_w)表示物点的世界坐标；R 为一个 3×3 维度的旋转矩阵；T 为 3×1 维度的平移向量，相机坐标系与世界坐标系的转换可以理解是一次旋转和一次平移之后的结果。外参矩阵由摄像机在 6 个自由度方向的旋转角度和高度共同决定，公式如下：

$$R = \begin{bmatrix} 1 & 0 & 0 \\ 0 & \cos u & \sin u \\ 0 & -\sin u & \cos u \end{bmatrix} \begin{bmatrix} \cos\Psi & 0 & \cos\Psi \\ 0 & 1 & 0 \\ -\sin\Psi & 0 & \cos\Psi \end{bmatrix} \begin{bmatrix} \cos\Psi & \sin\Psi & 0 \\ -\sin\Psi & \cos\Psi & 0 \\ 0 & 0 & 1 \end{bmatrix} \tag{8-9}$$

$$T = [0 \quad 0 \quad -h] \tag{8-10}$$

式中，u、φ、Ψ 分别表示摄像机的偏向角、俯仰角和转滚角；h 表示摄像机距离水面的高度。

相机坐标系与图像坐标系之间的关系为：

$$z_c \begin{bmatrix} x \\ y \\ 1 \end{bmatrix} = \begin{bmatrix} f & 0 & 0 & 0 \\ 0 & f & 0 & 0 \\ 0 & 0 & 1 & 0 \end{bmatrix} \begin{bmatrix} x_c \\ y_c \\ z_c \\ 1 \end{bmatrix} \tag{8-11}$$

结合以上坐标，得到世界坐标系与像素坐标系之间的关系为：

$$z_c \begin{bmatrix} u \\ v \\ 1 \end{bmatrix} = \begin{bmatrix} F_x & 0 & u_0 & 0 \\ 0 & F_x & v_0 & 0 \\ 0 & 0 & 1 & 0 \end{bmatrix} \begin{bmatrix} R & T \\ 0 & 1 \end{bmatrix} \begin{bmatrix} x_w \\ y_w \\ z_w \\ 1 \end{bmatrix} \tag{8-12}$$

其中，等式右侧第一项为相机的内参矩阵，可通过棋盘格标定法获取，等式右侧第二项为外参矩阵，可通过测量相机姿态获得。

2）单目投影的坐标转换原理

除了利用投影原理计算以外，还可直接根据控制点来计算两平面间的单应性变换矩阵，公式如下：

$$[x' \quad y' \quad w'] = [u \quad v \quad w]\begin{bmatrix} a_{11} & a_{12} & a_{13} \\ a_{21} & a_{22} & a_{23} \\ a_{31} & a_{32} & 1 \end{bmatrix} \tag{8-13}$$

其中，u 和 v 是原始平面的坐标，参数 $w=1$。单应性变换矩阵包含了平面的缩放、旋转和平移操作，通过单应性变换后的坐标表示为 x_w, y_w，其中$x_w = \frac{x'}{w'}$，$y_w = \frac{y'}{w'}$，代入式(8-13)可得到：

$$\begin{cases} x = \dfrac{a_{11} \times u + a_{21} \times v + a_{31} \times 1}{a_{13} \times u + a_{23} \times v + 1 \times 1} \\ y = \dfrac{a_{12} \times u + a_{22} \times v + a_{32} \times 1}{a_{13} \times u + a_{23} \times v + 1 \times 1} \end{cases} \tag{8-14}$$

根据公式(8-14)，只需确定四组关键点即可求得透视矩阵，直接实现图像中水面上任意像素坐标至经纬度坐标的转化。

使用视频叠加AIS实现增强现实的效果，需要在同一地点布设AIS信号接收基站，同时通过网络传输至远程处理服务器。计算江面与图像平面之间的透视关系，使图像中的像素点向世界坐标系下江水平面中的某一经纬度转换。分别建立视频船舶目标模型和AIS目标模型，将二者居于同一坐标系下，优先匹配距离较近的目标。图8-4表示了使用航道附近长焦距网络摄像机，所接收视频信号分辨率为2550×1440像素，在江水平面中设置经纬度距离均为0.00045的虚拟网格在图像平面中的透视效果。

图8-4 世界坐标系中的虚拟网格在图像中的透视效果

8.3.3 视觉与AIS目标关联

在同时得到视觉轨迹和AIS轨迹之后，继续进行两者间的航迹关联，用于判断视觉目轨迹和 AIS 轨迹是不是属于同一个目标。在水上交通场景中,AIS 报告点相对船身可能靠前或靠后,导致前后相邻的船舶对应的 AIS 轨迹点往往难以区分,如图所示,因此,使用模糊数学的方法来进行实现航迹间的关联。使用模糊数学方法进行建模的关键步骤是隶属度函数的建立,一般采用柯西型隶属度函数,表达式为:

$$\xi(\eta_k) = \frac{1}{\pi\sigma_k\left(1 + \frac{n_k^2}{\sigma_k^2}\right)} \tag{8-15}$$

其中,η_k和σ_k分别是模糊因素集中的第 k 个因素的欧氏距离和展度。模糊因素包括位置、速度、航向。模糊因子的展度与航机的误差分布有关,取各因素欧氏距离的均方根作为每个模糊因素的展度,公式如下:

$$\sigma_k = \sqrt{\sum_{i=1}^{n} \frac{\eta_k}{n}} \tag{8-16}$$

在计算出各个模糊单因素的柯西隶属度函数值之后,通过加权计算得到综合相似度,对于来自视频的 m 条目标轨迹和 AIS 信息的 n 条目标轨迹,综合相似度计算方法如下

$$\gamma_{ij} = \alpha_1\xi(\eta_1)\alpha_2\xi(\eta_2)\alpha_3\xi(\eta_3) \tag{8-17}$$

其中,α_1、α_2、α_3分别为三个单因素的权重值,$i \in m, j \in n$,优先匹配γ_{ij}值最大的两条目标轨迹,将视频与 AIS 目标进行关联。

8.3.4 船舶目标定位的应用

国家海事局明文规定,船舶应当按照管理条例装备 AIS 系统,便于海事监管部门对船舶状态的跟踪查看,有些违规行驶的船舶为了躲避监管,在装备了 AIS 后并未按照要求打开,此外,在内河占有较多的渔船、打捞船等小型船舶,其中也有很多未安装 AIS 设备。AIS 动态信息中的位置数据是对船舶展开跟踪的主要数据来源,然而数据更新的间隔经常达到 30 秒以上,这会导致特定水域中监管的短暂性瘫痪。由诸多因素造成的 AIS 信息缺乏将大大降低海事部门对重点通航水域的监管力度,是水路运输信息化发展中不容忽视的问题。

为了填补 AIS 信息的缺失,各领域对船舶目标的检测需求越来越迫切,对检测的精度和速度的要求也越来越高。如今,目标检测技术突飞猛进,得益于计算机视觉、神经网络技术[6]、图像处理技术[7]的快速发展。2014 年以来,目标检测算法取得了重大突破,基于深度学习的目标检测算法精度大幅提升,解决了由目标背景复杂度、多变性引起的漏检、误检等问题。同时,GPU 的广泛应用也为目标检测算法提供了硬件支持,扩展了准确且实时的目标检测算法的实际应用场景。然而基于复杂交通场景下的船舶视觉定位和目标方法研究较少,尤其是移动目标的检测与定位。目前水上移动目标的定位主要依赖于雷达、GPS、北斗以及 GLONASS 等定位系统,海事监管人员对周围环境的感知主要利用人眼、雷达以及电子海图,工作效率低,也增加了人员的工作负担。对于周围环境的感知能力有待于进一步提高。

使用前文所述的信息融合方法,可以实现 AIS 信息在视频上的叠加显示,同时借助单目视觉定位原理,实时计算船舶位置,作为 AIS 信息的补充。图 8-5a)表示视觉增强的结果,

图 8-5b）表示船舶经过视频定位后在地图上显示的船舶位置（黑色标记）。

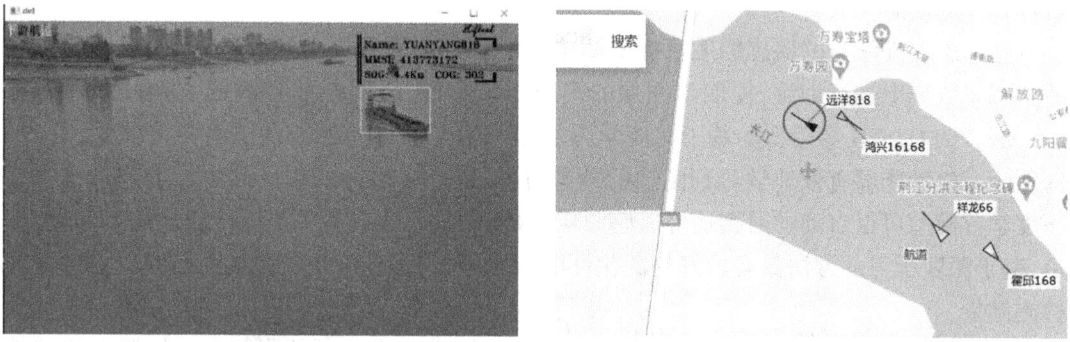

a) 船舶视觉增强　　　　b) 船舶定位结果

图 8-5　船舶视觉增强与定位结果

8.4　遥感影像的应用

8.4.1　遥感影像中的船舶目标识别

遥感目标检测是利用遥感图像进行地面目标的自动识别和提取的过程。在遥感图像中，常常存在大量的背景杂波和噪声，使得目标的检测变得困难，在进行检测之前，需要使用多种图像处理技术来去除云雾、杂散光、海杂波以及船舶尾迹。对于检测到的船舶目标，可以进行后续的处理和跟踪，如目标分离、速度估计等。

本节主要介绍 SAR 遥感影像和光学遥感影像中的船舶检测方法，两者的传统检测方法不同，分别介绍如下：

1）SAR 影像的船舶检测

SAR 影像是基于雷达技术获取的，能够有效测量目标的相位信息，包括高度、形态、运动等参数。CFAR 算法是经典的 SAR 船舶检测算法，它主要通过在遥感图像中建立检测窗口，计算窗口内的信号功率的平均值和方差来检测目标信号。首先，确定检测窗口的大小和形状，通常采用矩形或圆形；然后，在该窗口内计算信号功率的平均值和方差，可以采用不同的计算方法，如对数变换、线性平均或动态平均；将检测窗口划分为若干个子窗口，每个子窗口的大小和形状可根据实际情况进行调整；根据期望的误检概率和背景噪声的统计特性，CFAR 算法计算每个子窗口的阈值（常见的阈值计算方法包括高斯分布的概率密度函数）；最后，比较每个子窗口内的信号功率与阈值的大小关系，判断该子窗口内是否存在目标信号。

2）光学遥感影像的船舶检测

传统的方法类似于可见光图像的船舶检测，包括：基于海面背景灰度分布的方法，利用水体和船舶目标的灰度统计特性差异进行图像阈值分割提取目标；以及基于视觉显著性的方法，适用于开阔海域，对海杂波等背景干扰的抑制能力较强，可迅速觉察到与当前场景及目标相关的信息[10]。

在基于深度学习的遥感船舶目标检测中，常用 CNN 的目标检测算法，在大规模的标注遥感图像数据上进行训练，提取出图像的高级语义特征，提取船舶检测框，如常见的 Faster R-CNN、YOLO、SSD 等模型。基于深度学习的遥感船舶目标检测方法具有以下优势：首先，深度学习模型能够有效地学习到图像的抽象特征，提高了目标的识别和定位准确性；其次，深度学习模型可以自动学习到适应遥感图像的特征表示，减少了手工设计特征的工作量；最后，基于深度学习的方法具有较好的泛化性能，在不同的遥感图像数据集上都能取得较好的检测结果。

由于船舶在遥感影像中的朝向不同，传统的深度学习方法所预测的水平检测框往往难以直观的表示船舶的长、宽形状特征，因此，当前更多的研究者更倾向于在一阶段目标检测算法[11]，设计损失函数来回归得到船舶目标的五个参数：(x,y,w,h,θ)，其中，x 和 y 分别表示检测框的中心点坐标，w 和 h 表示检测框的宽度和高度，θ 表示旋转角度。

8.4.2 基于遥感影像的船舶目标追踪

基于遥感的船舶跟踪是一项重要的任务，它利用卫星、飞机或无人机等遥感技术来监测和追踪船舶的位置、速度、航向以及其他相关信息。这种技术对于海洋管理、海上安全和环境保护等方面具有重要意义，基于遥感影像的船舶目标追踪可用于多个领域，包括海上交通监控、海上安全、港口管理、环境监测和资源管理等。

通过遥感影像与 AIS 信息融合结果可进一步丰富船舶信息，视觉追踪可以帮助决策者实时判别当前时刻下船舶的身份信息，检测船舶活动并做出相应的决策。以下是实施基于遥感的船舶追踪的一般步骤和方法：

(1)数据获取。获取卫星或其他遥感平台收集的高分辨率影像或 SAR 数据。这些数据可以提供关于海洋和船舶的信息。

(2)预处理。对遥感数据进行预处理，包括去除噪声、大气校正和地理校正，以确保数据的准确性和一致性。

(3)目标检测与识别。利用图像处理和计算机视觉技术，检测和识别遥感图像中的船舶目标。可以采用 CNN 或其他机器学习方法的目标检测算法来实现。

(4)数据融合。结合来自不同遥感传感器的数据，如光学图像、SAR 数据和 AIS 数据，将遥感视觉轨迹与 AIS 轨迹相互关联，匹配相同的船舶目标，增加遥感影像所表达的内容。图 8-6所示为 SAR 数据和 AIS 数据融合后的效果。

(5)船舶跟踪。根据当前时刻影像中的船舶目标检测框，提取出长度、宽度，以及表面特征信息组成特征向量，计算当前遥感影像与历史影像中船舶目标特征向量之间的欧式距离，并根据最小距离原则匹配相同的船舶，实现对当前影像中船舶目标的身份确认。

(6)精度评估。对跟踪结果进行精度评估，以确保跟踪系统的性能和准确性。需要指出的是，船舶跟踪是一个复杂的任务，其准确性受到遥感数据质量、目标检测和跟踪算法的影响。因此,在实施基于遥感的船舶跟踪时,需要仔细选择合适的数据源和算法,并进行适当的数据处理和分析以获得准确的结果。

图8-6　遥感影像与AIS信息融合

本章介绍了在大规模海事信息处理的背景下,从各种常见的海事视觉感知信息中提取船舶目标的一般方法和个例,包括可见光图像及遥感影像。并介绍了各种视觉信息与AIS数据关联分析的一般过程,展现了数据融合在水路交通的应用。这些应用增加了水路交通的智能化监管水平,也提升了船舶的辅助驾驶能力。随着海事物联网的快速发展,依赖于各种感知设备的信息融合技术仍具有较大的发展前景。

思考题

1. 请简述AIS系统在船舶跟踪中的优势和局限性。结合教材内容,说明为什么需要将光学数据与AIS信息进行融合。

2. 教材中提到的船舶目标检测方法有哪些?请列举并简要描述基于水天界限、图像显著性和深度学习的船舶检测方法的主要特点。

3. 在船舶目标跟踪中,Deep SORT算法的基本原理是什么?请结合教材内容,说明该算法如何实现多目标跟踪,并解释其在船舶跟踪中的应用。

4. AIS轨迹提取的主要步骤是什么?请结合教材内容,详细描述从AIS原始数据中提取船舶轨迹的过程。

5. 为什么需要对AIS轨迹进行插值处理?请结合教材内容,解释三次多项式插值算法的原理及其在AIS轨迹恢复中的应用。

6. 单目视觉定位的基本原理是什么？请结合教材内容，说明如何通过单目投影将图像中的像素坐标转换为世界坐标系中的经纬度坐标。

7. 在视觉与AIS目标关联中，模糊数学方法的作用是什么？请结合教材内容，解释如何使用柯西型隶属度函数进行航迹关联。

8. 遥感影像中的船舶目标检测方法有哪些？请结合教材内容，分别说明SAR影像和光学遥感影像中船舶检测的主要方法及其优缺点。

9. 基于遥感影像的船舶目标追踪的一般步骤是什么？请结合教材内容，详细描述从数据获取到船舶跟踪的完整流程。

10. 光学与AIS信息融合技术在水路交通中的应用有哪些？请结合教材内容，说明这些技术如何提升船舶航行安全和海事监管能力。

本章参考文献

[1] Huang Z S, Hu Q Y, Mei Q, Yang C, Wu Z. Identity recognition on waterways: A novel ship information tracking method based on multimodal data[J]. Journal of Navigation, 2021, 74(6): 1336-1352.

[2] Fefilatyev S, Goldgof D, Shreve M, Lembke C. Detection and tracking of ships in open sea with rapidly moving buoy-mounted camera system[J]. Ocean Engineering, 2012, 54: 1-12.

[3] Yang T J, Zhang S, Zhou G Q, Jiang C X. Design of a real-time system of moving ship tracking on-board based on FPGA in remote sensing images[C]//International Conference on Intelligent Earth Observing and Applications 2015. International Society for Optics and Photonics, 2015.

[4] Ren S, He K, Girshick R, et al. Faster R-CNN: Towards Real-Time Object Detection with Region Proposal Networks[J]. IEEE Transactions on Pattern Analysis & Machine Intelligence, 2017, 39(6): 1137-1149.

[5] HE K, GkioxARi G, DoLLaR P, et al. Mask R-CNN[C]//Proceedings of the IEEE International Conference on Computer Vision, 2017: 2961-2969.

[6] 邵延华，张铎，楚红雨. 等. 基于深度学习的YOLO目标检测综述[J]. 电子与信息学报,2022,44(10): 3697-3708.

[7] Liu W, Anguelov D, Erhan D, et al. SSD: Single Shot Multi Box Detector[J]. Springer, Cham, 2016: 21-37.

[8] DU B, SUN Y, CAI S, et al. Object Tracking in Satellite Videos by Fusing the Kernel Correlation Filter and the Three-Frame-Difference Algorithm[J]. IEEE Geoscience and Remote Sensing Letter-s, 2018, 15(2): 168-172.

[9] VEERAMANI B, RAYMOND J W, CHANDA P. DeepSort: Deep convolutional networks for sorting haploid maize seeds[J]. BMC Bioinformatics, 2018, 19(9): 1-9.

[10] 徐芳，刘晶红，孙辉，等. 光学遥感图像海面船舶目标检测技术进展[J]. 光学精密工程,2021,29(4): 916-931.

[11] 焦仕昂，罗亮，杨萌，等. 基于改进YOLOv7的光学遥感图像船舶旋转目标检测[J/OL]. 武汉理工大学学报(交通科学与工程版). http://kns. cnki. net/kcms/detail/42. 1824. U. 2023 0704. 1821. 111. html.

第9章

基于机器学习的单船风浪失速预测

船舶失速预测对于气象导航和能效优化至关重要。目前船舶在风浪中的失速主要利用失速公式求解，往往并未考虑船舶本身特点及其他影响因素。本章融合船舶正午报告和AIS数据，利用机器学习方法建立船舶失速预测模型。对原始数据进行数据清洗、特征筛选等预处理后，将满足冗余特征筛选要求的主机平均转速、吃水、风、流等指标构建训练集进行机器学习模型训练，采用R_squared、RMSE、MAE、MSE以及MAPE作为模型的评价指标，经过贝叶斯超参数调优后，根据评价指标筛选性能最优的机器学习模型用于单船失速预测。以两艘VLCC船的正午报告数据进行实验，分别以VLCC1、VLCC2命名，结果表明，梯度提升决策树(Gradient Boosting Decision Tree, GBDT)回归预测模型在VLCC1上的失速预测上具有最佳的效果，拟合程度为87.57%；CatBoost回归预测模型在VLCC2上的失速预测上具有最佳的效果，拟合程度为89.88%。本章为船舶在风浪中的失速预报提供了一个新的研究方法，并可为实现基于气象导航的航线优化提供支持，从而减少船舶营运过程中的碳排放。

船舶失速信息的获取能够有效帮助船舶实现气象导航和航线优化，进而降低船舶营运过程中的碳排放，因此准确高效的船舶失速预测模型对航运业应对全球气候变化挑战具有重要意义，这不仅有助于航运业的可持续发展和技术创新，还对全球环境保护和气候变化缓解产生积极影响。IMO关于航运业碳排放问题，已出台一系列严格的应对措施，明确为船舶设立了脱碳减排的目标。针对此目标，特别引入了国际航运碳强度规则，该规则详细规定了新造船的能效设计指数(Energy Efficiency Design Index, EEDI)，现有船的能效指数(Energy Efficiency Existing Ship Index, EEXI)，以及营运碳强度指标(Carbon Intensity Indicator, CII)等关键性条款[1]，均对船舶提出强制性要求，见表9-1。除此之外，国际海事组织长期以来一直致力于减少当前营运船舶的碳排放量，主要是通过出台一系列船舶能效相关的政策法规，其中包括船舶能效管理计划（Ship Energy Efficiency Management Plan，SEEMP）等[2]。

国际航运碳强度规则下的强制性要求　　表 9-1

适用对象	时间	措施
400 总吨及以上的适用船舶	2023 年 1 月 1 日及以后	必须要进行 EEDI 计算，并且满足相应的能效要求
400 总吨及以上的适用船舶	2023 年 1 月 1 日及以后	第一次初次检验、年度检验、中间检验或换证检验（取早者）完成 EEXI 验证
5000 总吨及以上的适用船舶	2023 年 1 月 1 日及以后	每个日历年结合 IMO 燃油消耗数据收集（DCS）进行船舶的 CII 计算和评级（A-E 级）
CII 适用船舶	2023 年 1 月 1 日之前	对此后连续三年评级为 D 的船舶或者年度 CII 评级为 E，还需制定能效改进计划纳入 SEEMP 之中

作为航运大国，提升我国远洋气象导航技术与服务的自主能力，构建专业化的远洋气象导航服务体系和团队，并研发具有自主知识产权的智能气象导航系统，不仅有助于航运业实现脱碳减排的目标，更能打破国外气象导航公司在该领域的垄断格局，为国家的海洋强国战略提供有力支撑。气象导航中船舶失速预报误差的大小将会直接影响到最佳航线设计的质量，进而影响船舶营运过程中碳排放量，因此研究如何快速准确得获取船舶失速值意义重大。

关于船舶失速，大量研究集中于机理分析，即失速计算公式的推算及改进，如：何惠明等[3]针对未做过静水快速性能模型试验的船舶，提出一种在波浪中失速的近似估算公式。Lang Xiao 等[4]提出了一种半经验模型（A semi-empirical model）预估船舶失速值，该模型将船体类型以及其他主要特征考虑在内，改进了船舶由于波浪增阻引起的失速计算公式。Kenji Sasa 等[5]为了评估船舶最优航线，提出了一种与等时线法相结合的速度损失分析算法。Jae-Hoon Lee 等[6]提出了一种评估航道总阻力的方法，波浪产生的附加阻力采用面元法计算，风阻采用 CFD 计算，从而计算船舶失速值。Shawn Aram 等[7]采用 URANS 方程和六自由度刚体运动方程（RBM）的耦合解，计算了船舶在迎浪情况下的速度损失。

除了机理分析，对于船舶失速的研究还涉及其他方面，陆泽华[8]提出的 RTIM 经验修正方式考虑了相对旋转效率的影响，适当减小了预报值，且其预报结果与 QNM 和 TNM 更接近，证明了其合理性，可在实际应用中节约试验时间与成本。李臣[9]所做的仿真结果表明，梯度风可以抑制失速初期双元素翼帆表面的流动分离，起到延缓失速的作用，但失速后的升力系数降低较快，需要严格控制双元素翼帆的平均风速范围，保证其风载荷的可靠性。Li Xiaohe 等[10]所做的研究结果显示，考虑船舶失速的模型优化结果与不考虑船舶失速的结果有显著不同，为使优化结果更准确并更符合实际航行条件，有必要在优化模型中考虑船舶失速。Natalija Vitali 等[11]根据真实的航行数据和天气重分析数据调查船舶失速情况，提出了一种耦合天气和航行数据的方法，该研究包括不同类型的船舶、尺寸和天气条件，从而更准确地预测波浪载荷、燃料消耗或船舶排放。

然而机器学习方法在船舶失速方面的研究应用较少，Andrea Coraddu 等[12]由于船舶污底会造成船舶失速及油耗增加，利用船载传感器获取大量的船舶监测数据，通过 ELM 的衍生算法深度极限学习机(Deep Extreme Learning Machine, DELM)进行失速预测，最后根据失速情况检测船舶污底，结果显示该方法优于 ISO 19030 方法。机器学习方法与传统机理分析方法相比，机器学习方法具有明显的优点，其一是可以降低对船舶领域专业知识储备的要求，避开复杂的船舶失速计算公式，其二是能够考虑到单船的特点及其他难以量化的影响因素，具有更强的适用性。因此，本章提出基于机器学习的船舶失速值预测方法，对比现下主流机器学习方法在船舶失速方面的预测性能指标，筛选出合适的方法建立船舶失速预测模型。

9.1　研究内容及框架

9.1.1　研究内容

研究数据来自远洋固定航线上航行的两艘超大型原油运输船(Very Large Crude Oil Carrier, VLCC)正午报告，由于油船运输行业竞争，出于数据保密的目的，下文分别以 VLCC1、VLCC2 命名，不再展示船舶的具体信息。采集的数据包括日期、经纬度、实际航速、吃水、航行里程、主机平均转速，以及风、浪、流等水文气象数据，VLCC1 采集时间为 2021 年 5 月 11 日至 2023 年 3 月 31 日，共采集数据 689 条，VLCC2 采集时间为 2021 年 8 月 1 日至 2023 年 3 月 30 日，共采集数据 608 条。

本章利用上述船舶正午报告中的每日工况和气象数据，融合 AIS 数据，首先将两艘 VLCC 船舶的原始数据进行数据清洗、数据整合等预处理；其次对选取的输入变量进行相关性分析，筛选出满足冗余特征筛选要求的主机平均转速、吃水、风、流等指标；接着构建训练集进行机器学习模型训练，采用 R_squared、RMSE、MAE、MSE 以及 MAPE 作为模型的评价指标；最后经过贝叶斯超参数调优后，根据评价指标筛选出预测效果最优的机器学习模型用于船舶失速预测。

9.1.2　研究框架

根据研究内容，研究框架如图 9-1 所示。

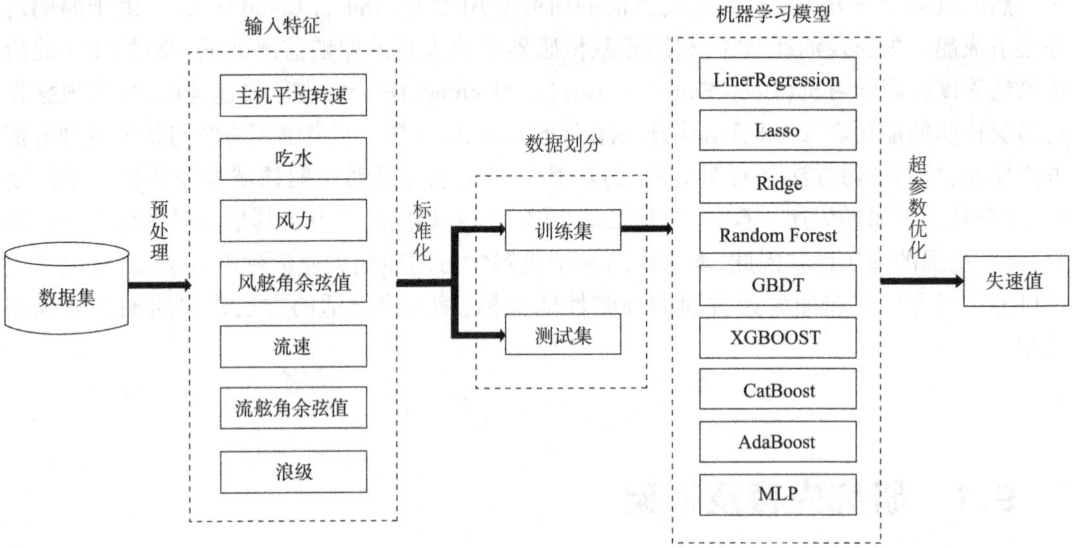

图 9-1　本文研究框架

9.2　数据预处理

本章所选取的两艘 VLCC 船舶的气象及船舶工况数据采集过程中由于观测误差、信息记录遗漏，导致所获取的数据存在一定的数据缺失、噪声数据、特征冗余等问题，因此需要对数据进行预处理，涉及的数据预处理步骤如下：数据清洗、数据整合、特征工程、数据转换。通过以上数据预处理步骤，得到一份质量较高的数据集用于机器学习模型预测。

9.2.1　数据清洗

数据清洗包括缺失值处理以及异常值检测。其中缺失值处理：识别并处理数据中的缺失值。可以通过删除含有缺失值的记录、使用中位数或均值填充，或者使用更复杂的插值方法来处理。异常值检测：识别数据中的异常值或离群点，这些值可能是由于录入错误、测量误差或其他原因造成的，可通过统计测试或可视化方法来识别异常值，并决定是删除、修正还是保留这些数据[13]。为节省篇幅，数据清洗过程以 VLCC1 为例进行展示。

VLCC1 正午报告数据采集时间为 2021 年 5 月 11 日至 2023 年 3 月 31 日，共采集样本数量 689 条，正午报告数据部分字段如表 9-2 所示。

本节数据清洗主要以异常值处理为主，包括以下步骤：

（1）浪级数据记录成如'CLOUDY'、'RAIN'等天气数据的共 32 条，将其删除，剩余 657 条数据。

（2）船舶处于锚泊阶段主机平均转速、实际航速以及理论航速均为 0 节，且失速值恒为 0，此类数据共 302 条。由于船舶在此阶段不存在失速问题，且用于机器学习的训练集若包含此类数据，将大幅提升模型拟合度，从而导致模型预测准确性失真，因此将该类 302 条数据予以剔除，剩余 355 条数据。数据剔除前后主机转速分布如下图所示，图 9-2a）为包含锚泊阶段数据的主机转速分布图，图 9-2b）为剔除锚泊阶段数据的主机转速分布图。

正午报告数据部分字段　　表 9-2

日期	纬度	经度	风向	风力	浪级	…
2021-05-11	01°03.0 N	084°40.7 E	SE	3	3	…
2021-05-12	01°03.0 N	084°40.7 E	SE	3	3	…
2021-05-13	05°43.5 S	076°17.9 E	SE	5	5	…
2021-05-14	09°07.7 S	072°01.9 E	SE	5	5	…
…	…	…	…	…	…	…
2023-03-29	01°14.6 N	103°53.2 E	S	3	2	…
2023-03-30	01°14.8 N	103°53.1 E	NE	3	2	…
2023-03-31	01°14.7 N	103°53.2 E	NE	3	2	

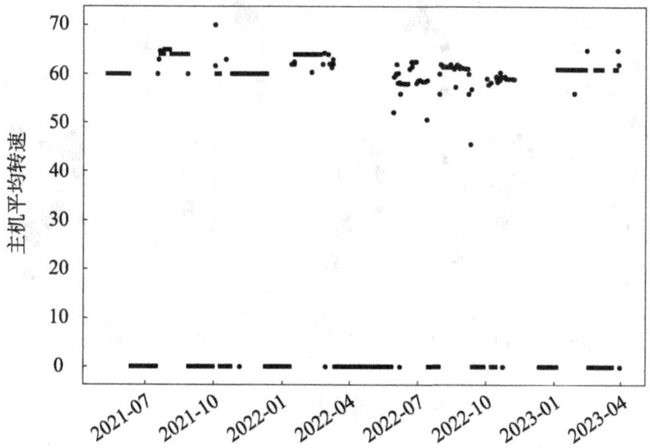

a) 主机平均转速分布(含锚泊)

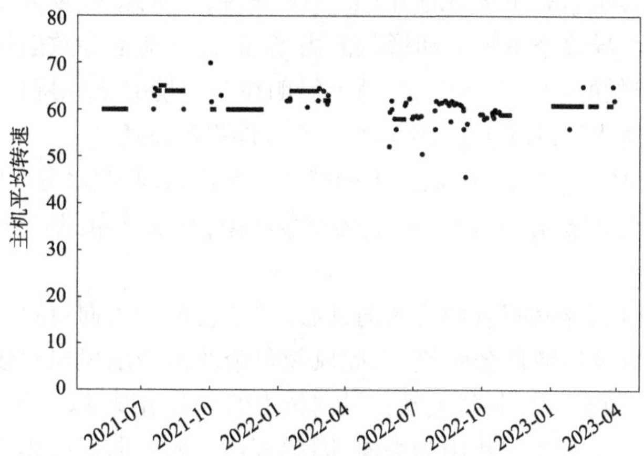

b) 主机平均转速分布(除锚泊)

图 9-2　主机转速分布图

9.2.2 数据整合

本节结合两艘 VLCC 的正午报告数据与 AIS 数据，提取影响船舶失速的字段，将其融合于同一数据集，并将风向、流向等字段转换成更加直观影响失速值的风舷角余弦值、流舷角余弦值，此处以 VLCC1 为例进行数据整合，主要有以下几个步骤：

(1)由于船舶正午报告数据中缺少船首向数据，而后续风舷角以及流舷角的计算则需要船首向数据，因此结合船舶前后两天的经纬度数据，利用 python 中 Geodesic 算法来推算船首向，推算后的船首向数据随时间变化的散点图如图 9-3 所示，由图可知船舶在做周期性往返航行，与船舶实际沿固定航线航行相符。

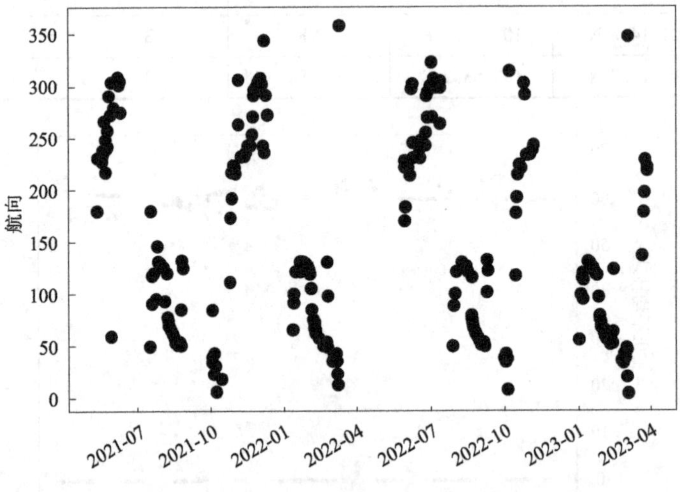

图 9-3 船首向随时间分布

(2)VLCC1 正午报告数据中缺少船舶吃水数据，而吃水是影响船舶航速的重要影响因子。一方面，吃水会影响船舶在水中的阻力。一般来说，吃水越深，船舶的水下部分越大，与水接触的面积也越大，导致摩擦阻力和形状阻力增加，这可能会导致航速降低。另一方面，深吃水可能增加了船舶的水动力面积，有助于船舶在某些情况下保持稳定和高速航行。如在深水区域，较大的吃水可以减少波浪阻力，从而可能提高航速。

结合 VLCC1 的 MMSI，融合 AIS 数据中的船舶吃水信息，其吃水分布情况如图 9-4 所示，吃水 22 米左右为满载状态，吃水 12 米左右为空载状态，吃水分布图亦可佐证船舶实际沿固定航线航行。

(3)风向数据在实际采集过程中为来向，因此需要转换为去向，然后与船首向做差得出风舷角，根据风舷角计算风舷角余弦值，以此风舷角余弦值表示风向对于船舶失速的影响，图 9-5 展示了 VLCC1 在该固定航线上整体风向风力的分布情况，以西北风为主。

(4)流向数据在实际采集过程中为去向，因此直接与船首向做差得出流舷角，根据流舷角计算流舷角余弦值，以此流舷角余弦值表示流向对于船舶失速的影响。

(5)失速值为理论航速与实际航速之差，其中理论航速于船舶正午报告中已有体现，其计算公式为：

$$V = p/1000 \times rpm \times 60/1852 \tag{9-1}$$

其中，V 为理论航速；p 为船舶螺旋桨螺距；rpm 为主机转速，实际航速由 GPS 定位系统获得，为对地航速。理论航速与实际航速做差得到失速值，失速值为正表示实际航速小于理论航速，存在速度损失的现象，为负则表示实际航速大于理论航速。

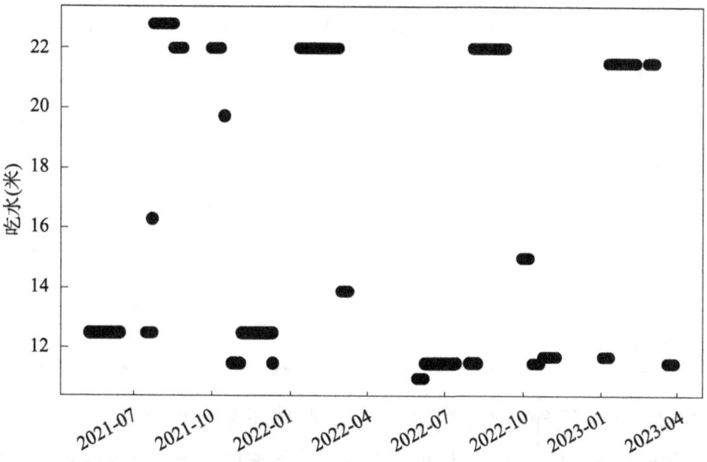

图 9-4　船舶吃水分布

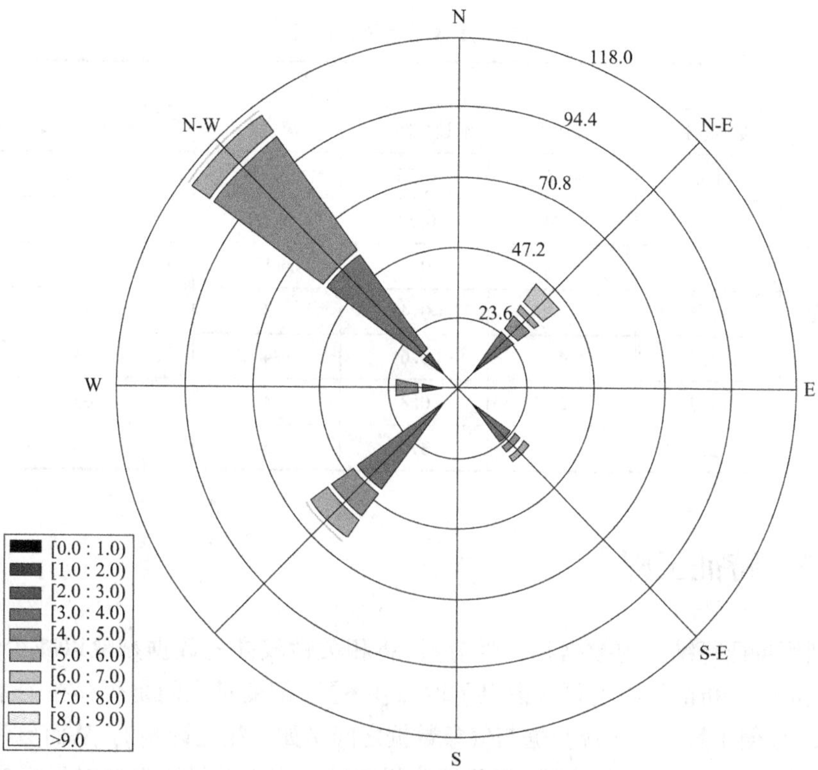

图 9-5　风向风力分布

最后经过数据清洗和数据集成后 VLCC1 样本数量从 689 条数据减少至 355 条，表 9-3 为处理后的 VLCC1 数据集统计分析结果。主要气象数据分布情况为：风力最大 8 级，最小 3 级；流速最大 2.7 米/秒，最小 0.1 米/秒；浪高最大 7 级浪，最小 2 级浪。

VLCC1 数据集统计结果　　表 9-3

统计指标	特征项					
	吃水(米)	风力(级)	流速(米/秒)	浪(级)	主机平均转速(转/分)	…
均值	16.95	4.45	0.65	3.58	61.04	…
标准差	4.94	1.02	0.52	0.84	2.46	…
最小值	11	3	0.1	2	45.6	…
25% 分位数	11.7	4	0.3	3	60	…
中位数	15	4	0.5	3	61	…
75% 分位数	22	5	0.8	4	62.47	…
最大值	22.8	8	2.7	7	70	…

同理，VLCC2 经过数据清洗和数据集成后样本数量从 608 条减少至 322 条，表 9-4 为处理后 VLCC2 数据集统计分析结果。主要气象数据分布情况为：风力最大 8 级，最小 2 级；流速最大 3.5 米/秒，最小 0.1 米/秒；浪高最大 5 级浪，最小 1 级浪。

VLCC2 数据集统计结果　　表 9-4

统计指标	特征项					
	吃水(米)	风力(级)	流速(米/秒)	浪(级)	主机平均转速(转/分)	…
均值	14.65	4.56	0.73	3.67	58.62	…
标准差	4.36	1.24	0.51	0.59	3.25	…
最小值	11.5	2	0.1	1	41	…
25% 分位数	11.5	4	0.4	3	57	…
中位数	11.7	4	0.6	4	58	…
75% 分位数	19.7	5	0.8	4	60	…
最大值	22.8	8	3.5	5	66	…

9.2.3　特征工程

本节利用特征降维中的数据相关性分析，将相关性较高的数据剔除以减少特征纬度。进行数据相关性分析的原因主要考虑以下两点：一是了解变量之间是否存在关系以及关系的强弱程度，以便了解船舶工况数据与气象数据之间是如何相互影响的，从而更深入地理解数据。二是在建立机器学习模型时，相关性分析有助于识别并排除那些对目标变量影响较小或与其他变量高度相关的自变量，从而优化模型。在数据分析过程中最常用的相关性系数矩阵法主要包含 Pearson、Spearman、Kendall 三种典型算法，以下展开简要分析。

(1)皮尔逊(Pearson)相关系数，一般用于分析两个变量的之间的关系，是一种线性相关系数[14]。该系数为两个变量之间的协方差和标准差的商，公式定义如下：

$$r = \frac{\sum_{i=1}^{n}(X_i - \overline{X})(Y_i - \overline{Y})}{\sqrt{\sum_{i=1}^{n}(X_i - \overline{X})^2}\sqrt{\sum_{i=1}^{n}(Y_i - \overline{Y})^2}} \tag{9-2}$$

(2)斯皮尔曼(Spearman)相关系数，又称斯皮尔曼秩相关系数。“秩”在此处指数据的排序或次序[15]，通过变量在数据集中的位置进行计算得出，其公式为：

$$\rho = 1 - \frac{6\sum d_i^2}{n(n^2 - 1)} \tag{9-3}$$

与皮尔逊相关系数相比，斯皮尔曼相关系数具有更广泛的适用性，它无需关注数据的具体分布形态或变化方式，仅需关注每个变量对应数值的排序位置，从而确定各自之间的相关性。

(3)肯德尔(Kendall)相关系数，又称肯德尔秩相关系数，其主要针对有序类别变量。在计算肯德尔相关系数时，引入了“成对”这一概念，通过对比变量间的配对情况，进而确定相关系数的大小，从而反映出变量间相关性的强弱[16]，其公式为：

$$\tau_B = \frac{n_c - n_d}{\sqrt{(n_0 - n_1)(n_0 - n_2)}} \tag{9-4}$$

其中，n_c 表示 XY 中拥有一致性的元素对数；n_d 表示 XY 中拥有不一致性的元素对数。与前两种方法相比，其更适用于有序的变量。

由于本节中的变量类型，还存在非连续型变量且不符合正态分布特性，因此在三种系数中选择斯皮尔曼系数进行输入变量相关性分析，得到变量的相关性系数矩阵：

$$Matrix_\rho = \begin{bmatrix} \rho_{11} & \rho_{12} & \cdots & \rho_{1D} \\ \rho_{21} & \rho_{22} & \cdots & \rho_{2D} \\ & & \vdots & \\ \rho_{D1} & \rho_{D2} & \cdots & \rho_{DD} \end{bmatrix} \tag{9-5}$$

其中，ρ_{ij}变量 i 与变量 j 之间的 Spearman 相关系数值；D 表示当前选取的输入变量个数，本节为预处理后的 7 维。对输入变量进行相关性分析后得到相关性系数矩阵，如表 9-5 所示。

由表可得风力与浪级相关性系数较高，达到 0.7729，表明两者存在较强关联性，结合实际经验可知风力越强，浪越高，即风力与浪级存在正相关性，其中浪级是因变量。通常情况下，输入变量相关性系数绝对值低于 0.6 时，可保留两个变量，表中其余 5 种输入变量相关性系数绝对值均低于 0.5，说明各变量间独立性较高，满足冗余特征筛选要求，因此为优化模型结构，提高模型的预测精度和解释性，剔除浪级这一指标，保留影响浪级的风力，最后将吃水、风力、风舷角余弦值、流速、流舷角余弦值以及主机平均转速这 6 种输入变量用于后续船舶失速预测。

输入变量相关性系数矩阵　　表 9-5

变量	吃水	风力	风舷角余弦值	流速	流舷角余弦值	浪	主机平均转速
吃水	1.0000	-0.0020	-0.2632	-0.0438	-0.4597	0.0706	0.4552
风力	-0.0020	1.0000	-0.1270	0.1724	-0.0432	0.7729	-0.0310
风舷角余弦值	-0.2632	-0.1270	1.0000	0.1119	0.3108	-0.1775	-0.1455
流速	-0.0438	0.1724	0.1119	1.0000	-0.0171	0.1322	-0.0939
流舷角余弦值	-0.4597	-0.0432	0.3108	-0.0171	1.0000	-0.0986	-0.2856
浪	0.0706	0.7729	-0.1775	0.1322	-0.0986	1.0000	0.0152
主机平均转速	0.4552	-0.0310	-0.1455	-0.0939	-0.2856	0.0152	1.0000

9.2.4 数据转换

本节结合所选取数据的类型,使用数据标准化方法,即去均值和方差归一化,用来消除量纲和单位的影响,不同的变量往往具有不同的量纲和单位[17],例如本节数据的吃水单位为米,而流速的单位为米/秒。这些不同的量纲和单位可能导致在数据分析中产生误导性的结果,降低机器学习算法的表现性能。通过标准化,可以将这些变量转换到同一量纲下,使得它们可以进行比较和综合分析。同时在使用机器学习算法时,不同变量的数值范围差异过大可能导致数值不稳定,影响结果的准确性。标准化可以缩小变量的数值范围,整体提升数值的稳定性,使算法更易于收敛。因此在进行机器学习回归预测前,需要对预处理后的数据进行标准化处理,其转化函数为:

$$x^* = \frac{x - \mu}{\sigma} \tag{9-6}$$

其中,μ 为所有样本数据的均值;σ 为标准差。该方法针对每一个特征维度进行处理,可以使得经过处理的数据符合均值为 0,标准差为 1 的标准正态分布。表 9-6、表 9-7 为VLCC1 部分数据标准化前后的样本。

VLCC1 数据标准化前　　表 9-6

报告时间	吃水（米）	风力（级）	风舷角余弦值	流速（米/秒）	流舷角余弦值	主机平均转速(转/分)	失速值（节）
2021-05-11	12.5	3	-0.707	1.2	0.707	60	-1.027
2021-05-12	12.5	5	0.107	0.8	0.994	60	-0.677
2021-05-13	12.5	5	0.107	0.5	0.994	60	-0.427
2021-05-14	12.5	5	0.077	0.3	0.756	60	-0.257
…	…	…	…	…	…	…	…
2023-03-26	11.5	3	-0.726	0.1	-0.726	65	-0.329
2023-03-27	11.5	3	-0.776	0.1	-0.776	65	-0.629
2023-03-28	11.5	3	-0.753	0.1	-0.753	62	-1.378

VLCC1 数据标准化后　表 9-7

报告时间	吃水	风力	风舷角余弦值	流速	流舷角余弦值	主机平均转速	失速值
2021-05-11	-0.901	-1.426	-0.510	1.056	0.884	-0.422	-1.306
2021-05-12	-0.901	0.537	0.563	0.281	1.215	-0.422	-1.087
2021-05-13	-0.901	0.537	0.523	-0.299	1.215	-0.422	-0.931
2021-05-14	-0.901	0.537	0.516	-0.687	1.218	-0.422	-0.824
…	…	…	…	…	…	…	…
2023-03-26	-1.104	-1.426	-0.535	-1.074	-0.770	1.609	-0.869
2023-03-27	-1.104	-1.426	-0.602	-1.074	-0.828	1.609	-1.057
2023-03-28	-1.104	-1.426	-0.571	-1.074	-0.801	0.390	-1.525

9.3　基于机器学习的单船风浪失速预测

9.3.1　机器学习模型评价指标对比

采用 R_squared、RMSE、MAE、MSE 以及 MAPE 作为模型的评价指标，以此来衡量各个机器学习模型的预测精度。经过标准化处理的数据集被随机分成两部分，85% 作为训练集，其余 15% 作为测试集，分别放入机器学习模型中进行训练，VLCC1 测试集各评价指标的训练结果如表 9-8 所示，由表可知 GBDT 回归预测模型在 4 个评价指标中均表现最优；VLCC2 测试集各评价指标的训练结果如表 9-9 所示，CatBoost 回归预测模型在 4 个评价指标中均表现最优。

VLCC1 测试集评价指标　表 9-8

预测模型	RMSE	MSE	MAE	MAPE	R-Squared	数据类型
LinearRegression	0.4859	0.2361	0.3646	59.2138	0.7504	测试集
Lasso	0.4836	0.2338	0.3617	58.2165	0.7528	测试集
Ridge	0.4857	0.2359	0.3644	59.1161	0.7506	测试集
Random Forest	0.4054	0.1644	0.2754	48.6573	0.8542	测试集
GBDT	0.4004	0.1603	0.2644	45.3927	0.8578	测试集
XGBoost	0.4055	0.1645	0.2654	53.7529	0.8541	测试集
CatBoost	0.4383	0.1921	0.2909	54.1658	0.8296	测试集
AdaBoost	0.5563	0.3095	0.4592	83.2208	0.7256	测试集
MLP	0.4916	0.2417	0.3663	84.7235	0.7857	测试集

VLCC2 测试集评价指标 表 9-9

预测模型	RMSE	MSE	MAE	MAPE	R-Squared	数据类型
LinearRegression	0.6721	0.4517	0.5157	62.5037	0.6116	测试集
Lasso	0.6726	0.4523	0.5170	61.7097	0.6111	测试集
Ridge	0.6724	0.4522	0.5162	62.4348	0.6113	测试集
Random Forest	0.4459	0.1988	0.3000	53.9369	0.8141	测试集
GBDT	0.4598	0.2114	0.3162	55.4295	0.8023	测试集
XGBoost	0.4512	0.2036	0.3336	58.7758	0.8096	测试集
CatBoost	0.4437	0.1969	0.2973	50.1652	0.8159	测试集
AdaBoost	0.4854	0.2356	0.3503	57.4954	0.7797	测试集
MLP	0.5025	0.2525	0.4006	69.6465	0.7639	测试集

9.3.2 超参数调优

超参数是影响模型准确度的重要因素。为了提升模型的性能,本节展开关于模型超参数的实验,以期确定最佳的超参数配置。其中有些算法,如 LASSO 和 Ridge,由于超参数较少且算法复杂度相对较低,因此在进行超参数优化时,对模型性能的提升空间相对有限,计算成本也较低。但随机森林算法、GBDT 等拥有较多超参数的算法,如果进行全面优化,采用网格搜索的方法将耗费大量时间。因此,我们仅选取部分表现优异的机器学习回归预测模型进行超参数优化,其中超参数选取的种类和数量均控制在一定范围,缩减超参数寻优的时间成本,以此提升对比搜索算法性能的效率,并在此基础上对比了三种不同超参数优化方法的优劣。

9.3.1 已对未进行超参数调优的机器学习模型评价指标进行展示,其中 VLCC1 性能表现最优的为 GBDT 预测模型,VLCC2 性能表现最优的为 CatBoost 预测模型。综合考虑,选取 GBDT 与 CatBoost 算法来比较超参数优化方法的性能,并利用 MSE 和运行时间来评估三种超参数优化方法的表现。GBDT 和 CatBoost 算法的超参数设置及区间范围如表 9-10 所示,三种超参数优化方法结果如表 9-11 所示。由表 9-11 可知,GBDT 中贝叶斯搜索方法 MSE 最小,时间最短,表现最优;CatBoost 算法模型中贝叶斯搜索方法相比网格搜索,MSE 高约 1/10,但网格搜索的时间约是贝叶斯搜索的 7 倍,可见贝叶斯搜索在时间性能上大幅超过网格搜索,另外,相比随机搜索,时间几乎相同,但贝叶斯搜索的 MSE 更小,对比之下,贝叶斯搜索方法表现更优。

从以上分析可知,GBDT 和 CatBoost 模型使用贝叶斯优化方法相较于网格搜索与随机搜索表现更优。因此,后续选择贝叶斯搜索对超参数进行优化,并在此基础构建船舶失速预测模型。利用贝叶斯搜索进行超参数优化后,VLCC1 与 VLCC2 的超参数优化区间及选取结果如表 9-12 所示。

GBDT 与 CatBoost 超参数设置及区间范围　　表 9-10

模型	超参数值设置及优化区间范围
GBDT	n_estimators = [100,400], max_depth = [1,10], learning_rate = [0.001,0.1]
CatBoost	depth = [1,10], iterations = [10,100], learning_rate = [0.001,0.1],

GBDT 与 CatBoost 三种超参数优化方法性能对比　　表 9-11

模型	优化方法	MSE	时间(秒)
GBDT	网格搜索	0.1443	79.404
	随机搜索	0.1161	15.139
	贝叶斯搜索	0.0921	14.419
CatBoost	网格搜索	0.2279	89.474
	随机搜索	0.2673	13.575
	贝叶斯搜索	0.2472	13.172

超参数选取　　表 9-12

模型	超参数值设置及优化区间范围	VLCC1 超参数选取	VLCC2 超参数选取
LR	fit_intercept = {'True','False'}	fit_intercept = True	fit_intercept = True
Lasso	alpha = [0.001, 100]	alpha = 0.01	alpha = 0.01
Ridge	alpha = [0.001, 100]	alpha = 0.01	alpha = 0.01
RF	n_estimators = [10,400], max_depth = [1,40], min_samples_split = [1,10], min_samples_leaf = [1,10],	n_estimators = 200, max_depth = 20, min_samples_split = 2, min_samples_leaf = 1	n_estimators = 100, max_depth = 10, min_samples_split = 4, min_samples_leaf = 1
GBDT	n_estimators = [10,400], max_depth = [1,40], learning_rate = [0.001,1], loss = ['squared_error','absolute_error','huber','quantile']	n_estimators = 400, max_depth = 5, learning_rate = 0.01, loss = 'huber'	n_estimators = 200, max_depth = 7, learning_rate = 0.01, loss = 'huber'

续上表

模型	超参数值设置及优化区间范围	VLCC1 超参数选取	VLCC2 超参数选取
XGBoost	n_estimators = [10,400], max_depth = [1,40], gamma = [0.1,0.8], learning_rate = [0.001, 0.1]	n_estimators = 373, max_depth = 30, gamma = 0.1, learning_rate = 0.01	n_estimators = 40, max_depth = 20, gamma = 0.5, learning_rate = 0.01
CatBoost	depth = [1,40], iterations = [10,100], learning_rate = [0.001, 1], subsample = [0.1,1]	depth = 5, iterations = 89, learning_rate = 0.1, subsample = 1	depth = 6, iterations = 40, learning_rate = 0.1, subsample = 0.5
AdaBoost	n_estimators = [10,400], learning_rate = [0.001, 1], loss = ['linear','square','exponential']	n_estimators = 57, learning_rate = 0.6, loss = 'linear'	n_estimators = 200, learning_rate = 0.01, loss = 'linear'
MLP	activation = {'identity', 'logistic','tanh', 'relu'}, solver = {'lbfgs','sgd', 'adam'}, learning_rate = {'constant', 'invscaling', 'adaptive'}, alpha = [0.01, 0.001, 0.0001], hidden_layer_sizes = [50,150]	activation = 'relu', solver = 'adam', learning_rate = 'invscaling', alpha = 0.001, hidden_layer_sizes = 150	activation = 'relu', solver = 'adam', learning_rate = 'invscaling', alpha = 0.001, hidden_layer_sizes = 150

VLCC1 超参数调优前后各机器学习模型评价指标变化如表 9-13 所示。由表可知三种线性的回归预测模型各指标均无变化，默认参数即为最优超参数，树模型及神经网络模型的各个评价指标都有一定提升，而 GBDT 预测模型超参数调优后综合评价指标排名第一，RMSE 为 0.3314，MSE 为 0.1098，MAE 为 0.2571，MAPE 为 43.1278，R-Squared 为 0.8757。为了更直观得对比各个模型超参数调优后的性能，图 9-6 将机器学习模型作为横坐标，对应的评价指标大小作为纵坐标，按评价指标性能高低进行了排序，由图可明显得出超参数调优后 GBDT 预测模型各项评价指标均表现最佳。

VLCC2 的超参数调优流程同上，调优后各机器学习模型评价指标变化如表 9-14 所示。由表可知 VLCC2 的三种线性的回归预测模型各指标同样均无变化，默认参数即为最优超参数，树模型及神经网络模型的各个评价指标也都有一定提升，而 CatBoost 预测模型超参数调优后综合评价指标排名第一，RMSE 为 0.3430，MSE 为 0.1176，MAE 为 0.2507，MAPE 为 36.8239，R-Squared 为 0.8988。图 9-7 为各个预测模型调参后的评价指标对比，由图可明显得出超参数调优后 CatBoost 预测模型各项评价指标均表现最佳。

VLCC1 调参后评价指标对比　　表 9-13

预测模型	RMSE	MSE	MAE	MAPE	R-Squared	类型
LinearRegression	0.4859	0.2361	0.3646	59.2138	0.7504	调参后
Lasso	0.4836	0.2338	0.3617	58.2165	0.7528	调参后
Ridge	0.4857	0.2359	0.3644	59.1161	0.7506	调参后
Random Forest	0.3397	0.1154	0.2524	40.6537	0.8694	调参后
GBDT	0.3314	0.1098	0.2271	39.0278	0.8757	调参后
XGBoost	0.3916	0.1533	0.2924	49.7063	0.8264	调参后
CatBoost	0.3316	0.1099	0.2366	39.1146	0.8755	调参后
AdaBoost	0.4840	0.2343	0.3865	66.4787	0.7349	调参后
MLP	0.4039	0.1632	0.2969	49.2712	0.8153	调参后

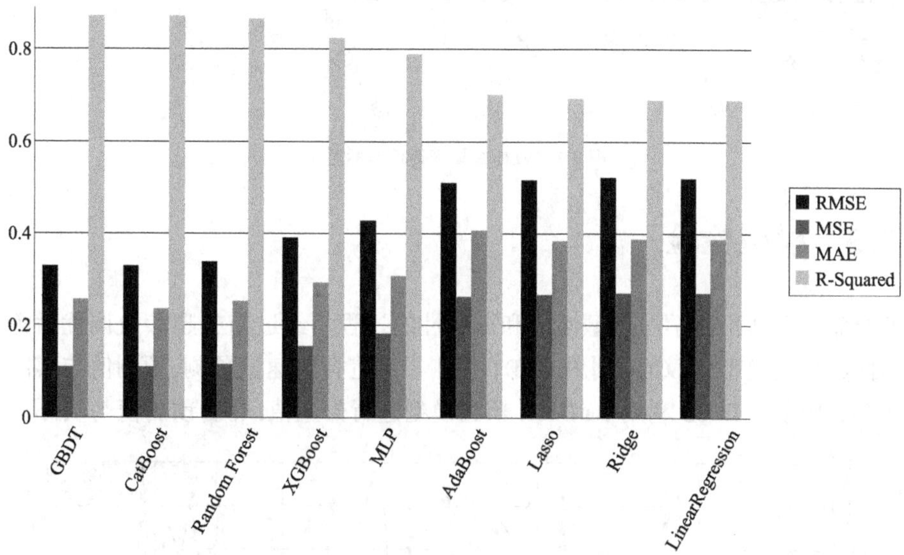

图 9-6　VLCC1 模型评价指标对比

VLCC2 调参后评价指标对比　　表 9-14

预测模型	RMSE	MSE	MAE	MAPE	R-Squared	类型
LinearRegression	0.4859	0.2361	0.3646	59.2138	0.7504	调参后
Lasso	0.4836	0.2338	0.3617	58.2165	0.7528	调参后
Ridge	0.4857	0.2359	0.3644	59.1161	0.7506	调参后
Random Forest	0.4028	0.1622	0.2677	38.0293	0.8605	调参后
GBDT	0.4155	0.1726	0.2959	38.0378	0.8515	调参后
XGBoost	0.3798	0.1442	0.2949	44.6893	0.8760	调参后

续上表

预测模型	RMSE	MSE	MAE	MAPE	R-Squared	类型
CatBoost	0.3430	0.1176	0.2507	36.8239	0.8988	调参后
AdaBoost	0.4848	0.2350	0.3738	43.1945	0.7979	调参后
MLP	0.5100	0.2601	0.3864	46.9045	0.7763	调参后

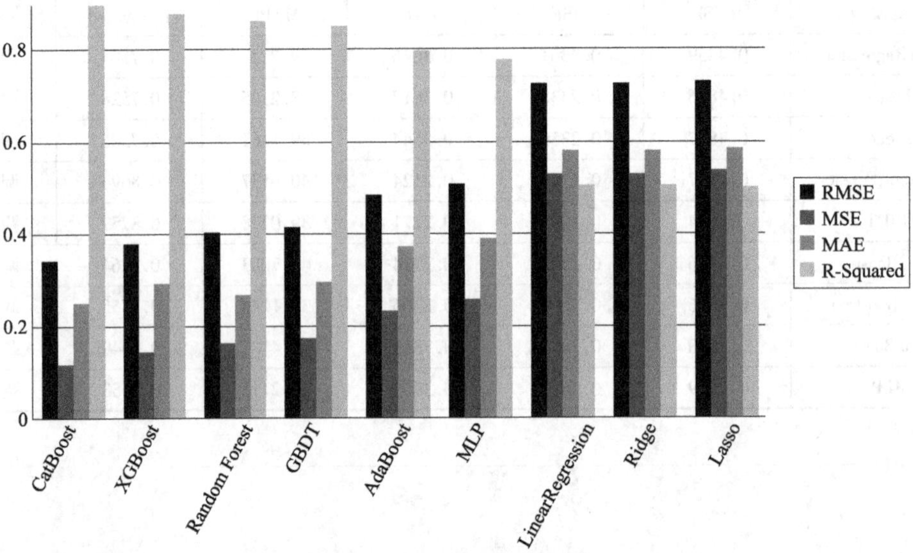

图 9-7　VLCC2 模型评价指标对比

9.3.3 模型检验

模型检验是评估机器学习模型性能和可靠性的过程。经过前文超参数调优后筛选出性能最优的回归预测模型，VLCC1 利用 GBDT 预测模型进行失速值预测，预测值与实际失速值对比如图 9-8 所示，VLCC2 利用 CatBoost 预测模型进行失速值预测，预测值与实际失速值对

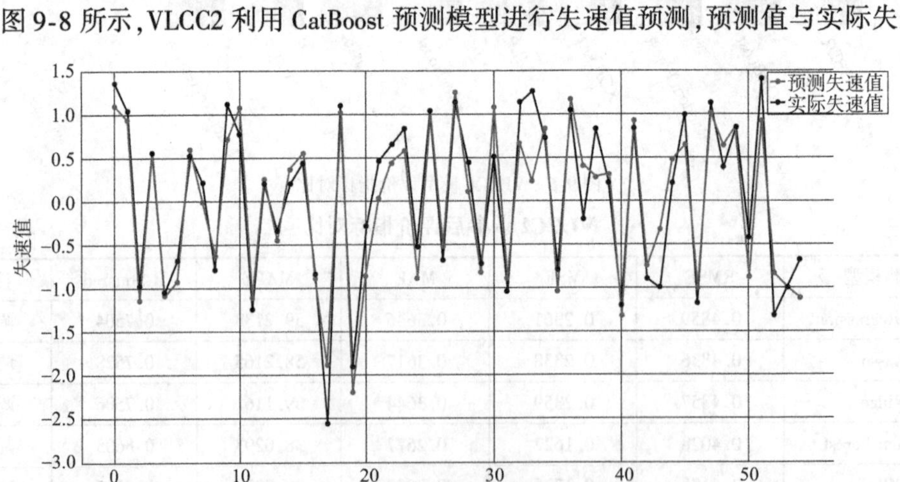

图 9-8　VLCC1 失速预测值与实际值对比

比如图 9-9 所示，其中蓝色点为实际失速值，红色点为预测失速值。由对比图可得 VLCC1、VLCC2 的预测值与实际失速值两者的误差均控制在一定范围内，模型表现良好，能够结合未来气象预报数据给船舶提供较为准确的失速值预报。

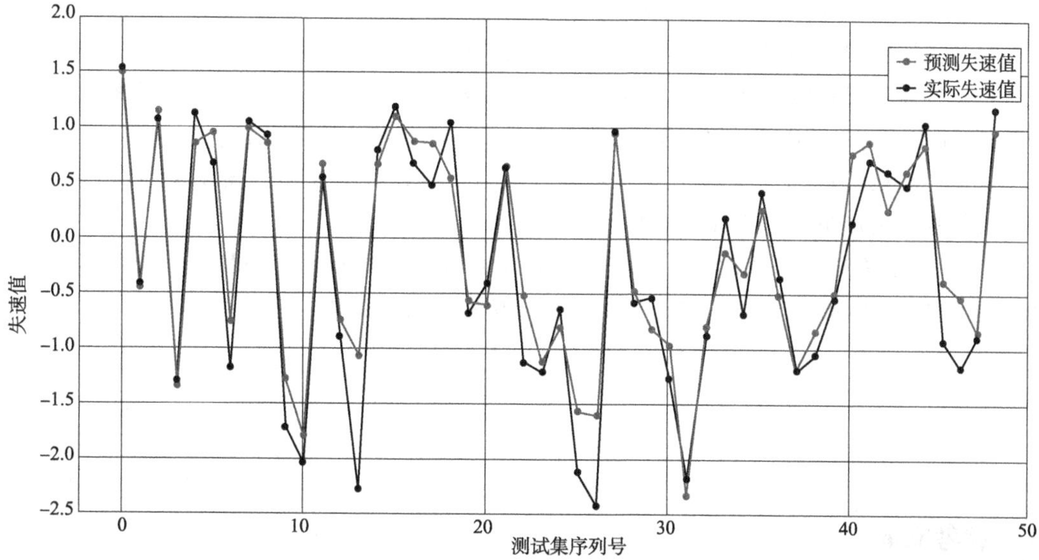

图 9-9　VLCC2 失速预测值与实际值对比

为了应对全球气候变化挑战，实现国家节能减排的战略目标，本章从数据驱动的角度出发，为船舶失速预报的实现提供了一个全新的方向，建立了在不同海洋气象条件下基于机器学习的船舶失速值预测模型。尽管研究取得一定进展，仍存在值得探讨的方面，如数据是本章的基础，而所获取的正午报告数据量少，机器学习模型预测过程中存在不稳定的情况；另外数据获取时间跨度大，而船舶在此期间可能由于修船，或因海洋生物附着，阻力增加，导致预测的偏差。因此，如果能够获取更高频率的传感器数据将为本研究提供更准确有效的支持，但安装传感器需要时间和成本，在没有传感器数据前，正午报告数据是一个较好的替代数据源。

思考题

1. 请简述船舶失速预测在气象导航和能效优化中的重要性。结合教材内容，说明船舶失速预测如何帮助减少船舶营运过程中的碳排放。

2. 教材中提到的 IMO 关于航运业碳排放的应对措施有哪些？请列举并简要说明 EEDI、EEXI 和 CII 的具体要求。

3. 在船舶失速预测中，为什么传统的失速公式方法存在局限性？请结合教材内容，说明机器学习方法在船舶失速预测中的优势。

4. 教材中提到的数据预处理步骤有哪些？请详细描述数据清洗、数据整合、特征工程和数据转换的具体过程及其在船舶失速预测中的作用。

5. 在特征工程中，为什么要进行相关性分析？请结合教材内容，解释如何使用斯皮尔曼相关系数进行输入变量的相关性分析,并说明如何筛选冗余特征。

6.教材中提到的机器学习模型评价指标有哪些?请结合VLCC1和VLCC2的实验结果,说明这些评价指标如何用于评估模型的预测性能。

7.在超参数调优中,贝叶斯搜索方法相比网格搜索和随机搜索有哪些优势?请结合教材内容,说明贝叶斯搜索在GBDT和CatBoost模型中的应用及其效果。

8.请结合教材内容,详细描述GBDT和CatBoost模型在VLCC1和VLCC2上的失速预测结果,并说明为什么GBDT和CatBoost模型分别在这两艘船上表现最佳。

9.在模型检验中,如何评估预测模型的可靠性?请结合教材中的图9-8和图9-9,说明预测值与实际失速值的对比如何反映模型的预测效果。

10.教材中提到的船舶失速预测模型在实际应用中可能面临哪些挑战?请结合数据获取、模型稳定性等问题,讨论如何进一步改进船舶失速预测模型。

本章参考文献

[1] 汤晓敏, 周月丽.国际船舶新规范与应对[J].船舶工程, 2010,32(S1):113-115+119.

[2] Fan A, Yan X, Bucknall R, et al. A novel ship energy efficiency model considering random environmental parameters[J]. Proceedings of the Institute of Marine Engineering, Science and Technology, Part A. Journal of Marine Engineering and Technology, 2020(4):19.

[3] 何惠明, 董国祥, 蒋永旭.运输船舶在波浪中失速的近似估算[J].上海船舶运输科学研究所学报, 2009,32(2):6-9.

[4] Lang X, Mao W. A semi-empirical model for ship speed loss prediction at head sea and its validation by full-scale measurements[J]. Ocean Engineering, 2020, 209:107494.

[5] Sasa K, Chen C, Fujimatsu T, et al. Speed loss analysis and rough wave avoidance algorithms for optimal ship routing simulation of 28,000-DWT bulk carrier[J]. Ocean Engineering, 2021, 228:108800.

[6] Lee J H, Kim Y. Time-domain Approach for Speed Loss of Ship in Waves[C]. ISOPE Pacific/Asia Offshore Mechanics Symposium. 2018.4.

[7] Aram S. A Numerical Study of Added Resistance, Speed Loss and Added Power of a Surface Ship in Regular Head Waves Using Coupled URANS and Rigid-Body Motion Equations[C]. VII International Conference on Computational Methods in Marine Engineering, MARINE 2017. 2017.

[8] 陆泽华, 李建鹏, 李传庆.基于模型试验的波浪中实船功率及失速预报方法对比[J].船舶与海洋工程,2021,37(5):22-27.

[9] 李臣.风帆助航船舶双元素翼帆的失速特性与改进研究[D].大连海事大学,2024.

[10] Li X., Sun B., Guo C., et al. Speed optimization of a container ship on a given route considering voluntary speed loss and emissions[J]. Applied Ocean Research, 2020, 94:101995.

[11] Vitali N,Prpi-Ori J, Soares C G. Coupling voyage and weather data to estimate speed loss of container ships in realistic conditions[J]. Ocean Engineering, 2020, 210:106758.

[12] Coraddu A, Oneto L, Baldi F, et al. Data-driven ship digital twin for estimating the speed loss caused by the marine fouling[J]. Ocean Engineering, 2019, 186(Aug. 15):106063.1-106063.14.

[13] Assadi A, Milo T, Novgorodov S. DANCE: Data Cleaning with Constraints and Experts[C]. 2017 IEEE 33rd International Conference on Data Engineering(ICDE). IEEE Computer Society, 2017.

[14] Song J, Lee J, Kim T, et al. Study of Peak Load Demand Estimation Methodology by Pearson Correlation Analysis with Macro-economic Indices and Power Generation Considering Power Supply Interruption[J]. Journal of Electrical Engineering & Technology, 2017, 12.

[15] 徐维超. 相关系数研究综述[J]. 广东工业大学学报, 2012, 29(3):6.

[16] 胡军, 张超, 陈平雁. 非参数双变量相关分析方法Spearman和Kendall的Monte Carlo模拟比较[J]. 中国卫生统计, 2008, 25(6):2.

[17] Al N A A E. Laboratory Instruments' Produced Scientific Data Standardization through the Use of Metadata[J]. Turkish Journal of Computer and Mathematics Education(TURCOMAT), 2021.

第10章

航运复杂网络

本章首先介绍了复杂网络的起源和相关理论,进而引入复杂网络在航运分析和绿色发展上的应用介绍。随着“碳达峰”“碳中和”发展目标的提出,重点分析LNG海上运输网络演化模式,对掌握全球能源格局动态具有重要意义。本文利用船舶轨迹数据和复杂网络理论,聚焦2018—2020年期间全球LNG海上运输网络演化趋势。结果表明:(1)2018—2020年期间,全球LNG海上运输网络呈扩大趋势;同时骨干网络节点连接的“广度”和“深度”正在增强,全球LNG贸易存在趋于垄断的风险;(2)“一带一路”沿线国家贸易参与度强,萨贝塔、邦尼按照贸易出口量排名已进入全球前八;(3)网络的平均最短路径值在2018—2020年逐年递增,“转运港”业务新模态逐渐兴起;截止到2020年,共有21个转运港口参与LNG贸易中,美国占据全球转运的主导地位。

随着全球贸易的发展,学界对于物资供应链的安全十分关注,以流空间理论的视角,利用复杂网络理论探索物流过程中流量和流向等规律,分析供应体系的时变特征成为当前研究的主要切入方向之一。该方法是基于图论和拓扑学的计算方法,可以通过多种指标测度网络的动态时空演化规律,相对于指标评价法,运用该类方法能够更细粒度地揭示贸易流向的内在机制,深层次的反映网络结构和空间布局的时变特征,相关研究包括对能源、粮食 、肉类等全球大宗贸易的分析[1-2]。但这类研究成果中使用的面板数据为国与国贸易统计数据,且时间尺度以年为单位,时间和空间精细程度偏向于大尺度。为从港口角度进行小尺度精细化的研究,聚焦“细时隙、可变尺度”的网络演化分析,近年来学者选择利用全球船舶轨迹数据,构建海运贸易网络对贸易网络和社区演化进行分析,成果包括航运网络的结构变化、能源社区的分析、港口潜能和优势度评价。本文聚焦海上运输网络状况,从港口尺度定量化研究贸易的发展趋势,利用复杂网络方法从网络结构的角度刻画网络的时变过程,所得到的数据和结论,对于掌握贸易现状,保障能源安全具有实际意义。

10.1　研究背景

作为一种研究系统各部分包括个体、环境如何相互作用和形成关系的科学方法，复杂系统受到了学术界的持续关注。该理论主要将集体或系统范围的行为视为基本的研究对象，从系统内组成部分和它们之间的个体相互作用来解释运转机理和趋势发展。在系统中节点通过之间的流实现连接，随之形成图网络结构[2-3]。而传递的流主要包括信息流、物资流、贸易流等。2020 年度国家自然科学基金指南引导类原创探索——《面向复杂对象的人工智能理论基础研究项目指南》的提出也表明了研究复杂系统以及一系列子理论的重要性。指南要求从复杂性与多尺度视角探索人工智能基础理论与方法，突破现有人工智能可解释性瓶颈，推动动态、稳健与可信的智能模型与方法体系的构建，并在相关应用领域验证可解释的原型系统或实现典型示范应用系统，而图模型的构建、可解释性的挖掘和特征学习必定是研究的重要一环（https://www.ncsti.gov.cn/），也表明本研究的理论探索价值。

作为复杂系统中的重要研究课题，复杂网络（Complex Network）产生了数学的一个新的分支——图论与几何拓扑，也由此展开了数学史上的新历程。该理论最早可以追溯至 18 世纪数学家欧拉所提出的“哥尼斯堡七桥问题”，典型的图网络由节点和邻边组成，其中节点用来代表系统中实体，而边则用来表示实体间关系。网络的连接具有某种特定的关系并且由连边构成，从而形成具有图结构的图网络。

哥尼斯堡 7 桥图如图 10-1 所示。该问题共涉及了 4 块区域，7 座桥梁，进而将区域抽象为点，桥梁抽象为线，点与点、线与线直接所连接的整体就成为了一张网络。根据钱学森先生的较为严格的定义，即该网络具有自组织、自相似、吸引子、小世界、无标度的部分或者全部的性质。相关理论已应用于计算机网络、电力网络应用、社会计算、智能交通等领域[4]。

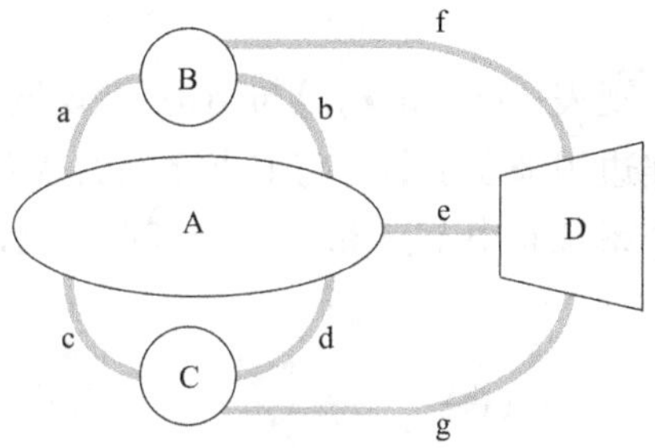

图 10-1　哥尼斯堡 7 桥图

国内学者也较早地关注到该研究，相关成果最早始于 2002 年汪小帆博士的阐述。汪博士在论文中详细回顾了近年来国外图网络研究所取得的重要成果，介绍了包括平均路径长度、聚集系数、度分布等图网络基础特征。文中所引入的理论成为后来国内图网络研究的重要基础[5-6]。吴金闪等从统计物理学的角度总结了图网络的主要研究结果，对无向网络、有向网络和加权网络等三种不同网络统计性质研究的现状分别作了综述[7]；在研究图网络中节点之间流动的方面,学者裴韬引入了地理流空间模式的概念。文章从地理的视角阐述了网络中信息、资源流动的本质。裴韬认为在复杂系统中,不同要素之间,以及系统与外部环境之间都存在着物质、信息、能量等的移动或交换,从而形成各种形式的流,包括信息流、地理流等。其中,地理流(后文简称为流)可抽象为包含起点和终点的概念模型。流是由起点与终点组成有序点对多元组表达。其中令 Origin(后文简称 O)表示起点,点的坐标为(X_1,Y_1)及 Destination(后文简称 D)表示终点,点坐标为(X_2,Y_2)。流来往于(X_1,Y_1)和(X_2,Y_2)之间,由流作为基本元素构成的空间称为流空间,流最终将网络中的节点由流进行有效串联,最终构成图计算的数据源[8]。鉴于此,针对地理流的拓扑结构的研究,将有助于从流空间的角度理解地理格局及其形成机理,其中空间与地理流之间的耦合研究将有助于探索空间内系统(贸易、物流等)的运作规律,对于探索复杂网络的发展趋势具有重要意义。

10.2 航运复杂网络

10.2.1 复杂网络理论

随着近年来科学研究的发展与多类学科的融合,人们开始尝试使用更加新颖和准确的理论工具进行各个领域的研究,使得复杂网络理论及其应用也得到了发展与融合,关于复杂网络的研究不断深入,尤其是利用复杂网络相关理论与方法结合计算机算法设计出相关复杂网络模型,来解决现实世界所遇到的各类大型的、复杂的、综合的系统中的问题,进行分析及优化[9-10]。

复杂网络主要分为以下三种表达方式。

1)复杂网络的图表达

顾名思义,以图的形式直观表达网络的构成与结构,展现网络最原本的面貌。它的组成部分主要包括节点与连边,连边用来表示节点与节点之间的相互作用。在系统的语言当中,网络就变成了一个系统,这个系统是由节点和节点与节点之间的相互作用抽象出来的连边所构成的,如图 10-2 所示。

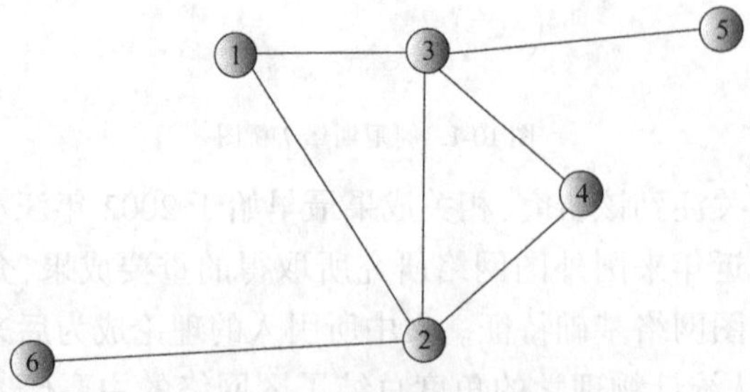

图 10-2 复杂网络的图表达示意图

2）复杂网络的集合表达

在集合表达中，网络变成了一个大的集合，这个大的集合是由三个小的集合所组成的，第一个是点集，第一个是边集，第三个是权重。即点集 $V(G)$、边集 $E(G)$ 和权重集 $W(G)$ 组成一个网络 $G=(V,E,W)$。网络通常可分为有向网络、无向网络和加权网络。令 $i\in V(G)$，$j\in V(G)$，$e_{ij}\in E(G)$，一对点 (i,j) 是边 e_{ij} 两端的节点，若任意 (i,j) 和 (j,i) 对应着同一条边 e_{ij}，则该网络为无向网络，否则为有向网络；若任意 $|e_{ij}|=1$，则该网络为无权网络，否则为加权网络[10-12]。

3）复杂网络的链接矩阵表达

复杂网络的第三种表达方式是链接矩阵，设节点个数为 n，则根据节点个数与连边情况构造 n 阶矩阵。在链接矩阵当中，两节点之间若有边存在，所对应的元素取值为 1，反之取值为 0，对角线元素所对应的数值为 0。链接矩阵构造如图 10-3 所示。

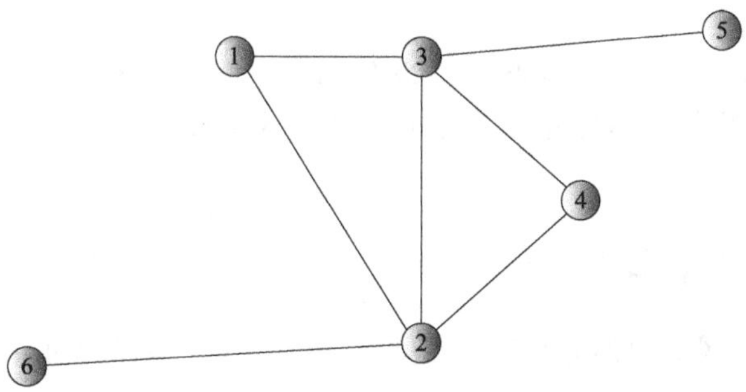

$$A=\begin{pmatrix}0&1&1&0&0&0\\1&0&1&1&0&1\\1&1&0&1&1&0\\0&1&1&0&0&0\\0&0&1&0&0&0\\0&1&0&0&0&0\end{pmatrix}$$

图 10-3　复杂网络的链接表达示意图

10.2.2　复杂网络的特征

复杂网络主要具有三类特征。

1）小世界特征

小世界特征指以简单的方式描述出大多数规模很大的网络中任意两个节点之间可以存在一条较短的平均路径长度，以及较大的聚类系数。现实世界中小世界特征反映出相互关系的数目即使很小，但是却可以进行世界的连接的事实。如数学领域的猜想六度空间理论所说，处于现实世界的社会网络中的一个个体，如果想要寻找到该网络中的任何一个另外的个体，他们之间间隔的个体数量不会超过 6 人，最多只需要通过 5 个中间个体就能够取得彼此的联系。这表明两个个体之间的相互关系即使十分微弱，但是仍然可以找到间隔遥远的他人。

2）幂律的度分布特征

度定义为与节点相连的边的个数，度分布是指随机地从网络中选取一个节点，与该节点相连的边的个数的概率分布。

幂律的度分布则指网络中选取的节点的度分布满足幂律分布的规律，可以近似地用一个幂函数进行表示，所呈现出来的图像为一条升降趋势相对缓慢的曲线，使得度很大的节点可以存在于网络，具备特有的形态。

一般来说，随机网络的度分布属于正态分布，存在一个大部分节点的度数都趋近的特征度值，无标度网络的度分布属于集散分布，表现为少部分节点具有大量连接，而大部分节点仅具有少量连接，因此将度分布满足幂律分布的规律的网络称作无标度网络。

3）集群结构特征

集群结构特征指网络中存在内聚倾向进而形成集群性质的集群化结构，反映出大网络下包含的各个小网络的集群分布与相互联系的情况。如现实世界的社会网络中，存在每个个体各自的交际圈或朋友圈，物以类聚，人以群分，而圈子中的每个个体都可以认识其他的成员[11]。

10.2.3 复杂网络的相关统计量

1）度

节点的度定义为与该节点相连的边的个数，能够反映该节点在网络中的重要程度。一般情况下，节点的度值是一个离散型随机变量。网络中所有节点的度的平均值是该网络的平均度，表示如下：

$$\bar{k} = \frac{1}{N}\sum_{i=1}^{N} k_i \tag{10-1}$$

其中，N 是网络中的节点总数；k_i 表示网络中第 i 个节点的度值，$i=1,2,3\cdots N$，$\bar{k}$ 表示网络的平均度值。

度中心性 DC_i 是指在某网络中，若一个节点的邻居数目越多，则该节点在某网络中的影响力就越大，在某网络中就越重要，这是网络中刻画节点重要性的最简单指标，表示如下：

$$DC_i = \frac{k_i}{N-1} \tag{10-2}$$

2）平均最短路径长度

网络中的一条路径指的是一个节点序列，即每一对相邻的节点之间都有一条连边对这两个节点进行连接。网络中的最短路径是指连接这两个节点的边数最少的路径。网络中连接两个节点的最短路径所用边的个数为两点之间的最短距离，如 d_{ij} 表示节点 i 和 j 之间最短路径的边数，即节点 i 与节点 j 之间的最短路径。在有向网络中，从节点 i 到节点 j 的最短路径可能不等于从节点 j 到节点 i 的最短路径。

网络中所有节点之间最短路径的平均值即为平均最短路径长度，反映了网络规模的大小和节点之间联系的紧密程度，表示如下：

$$L = \frac{2}{N(N-1)}\sum_{1\leqslant i,j\leqslant N} d_{ij} \tag{10-3}$$

其中，L 表示网络的平均最短路径长度。

3）平均集聚系数

节点的集聚系数表示为相邻节点之间实际存在的边数与最大可能边数的比值，反映一个节点的相邻节点之间相互连接的情况。即节点 i 的 k_i 个邻居节点之间实际存在的边数与总的可能边数之比,用 C_i 表示。

集聚系数分为整体集聚系数与局部集聚系数两种。整体集聚系数表示对一个网络图整体的集聚程度的评估,局部集聚系数则表示网络图中每一个节点及其附近的聚集程度。网络的平均集聚系数 C 表示为网络中所有节点集聚系数的平均值,反映了网络的结构特性,表示如下:

$$C_i = \frac{2e_i}{k_i(k_i - 1)} \tag{10-4}$$

$$C = \frac{1}{N}\sum_{i=1}^{N} C_i \tag{10-5}$$

4)介数

介数分为两类:点介数和边介数。点介数表示为经过该节点的最短路径数目占所有最短路径数目的比例,这样的点在实际网络中,就有可能对应着网络中的枢纽点或中介点;边介数则表示为所有经过该边的最短路径数目占所有最短路径数目的比例。介数是一个全局特征变量,反映了节点或边在整个网络中的作用和影响力。

介数中心性表示为网络中所有节点对的最短路径中,经过一个节点的最短路径数目越多,这个节点就越重要,主要刻画了节点在某网络中对沿最短路径传输的网络流的控制力,从而体现节点在某网络中的重要性,表示如下:

$$BC_i = \sum_{i \neq s,t} \frac{g_{st}^i}{g_{st}} \tag{10-6}$$

其中,BC_i 是指节点的介数中心性;g_{st}^i 是指通过节点 i 的最短路径的数目;g_{st} 是指通过节点 s 和节点 t 的最短路径。

5)接近中心性

接近中心性是指通过计算节点与网络中其他所有节点间的距离的平均值来消除特殊值的干扰,利用信息在网络中的平均传播时长来确定节点的重要性。从一个节点很容易到达其他节点,则这个节点在网络中的位置很重要。一个节点与网络中其他可以连通的节点间的平均距离越小,该节点的接近中心性就越大,表示如下:

$$CC_i = \frac{N}{\sum_{j=1}^{N} d_{ij}} \tag{10-7}$$

其中,CC_i 是指节点 i 的接近中心性;d_{ij} 是节点 i 与节点 j 之间最短路径的长度[11-14]。

10.2.4　基于 K-CORE 的骨干网络提取与分析

作为一种图挖掘算法,K-CORE 方法可以用来在网络图中识别出符合指定核心度值的紧密关联的子图结构。该算法利用迭代方法不断减少网络中小于 k 的节点,直至获得完整子图和最大值 k 值,具体的计算步骤如图 10-4 所示。

(1)图在初始化时都是 1-Core 结构,如图中黄色虚线所示;

(2)从 $k=2$ 开始，过滤掉度值小于 2 的节点(图中紫色点被删除)，将满足要求的节点凸显出来进行进一步过滤分析；

(3)k 值不断递增，在循环计算的过程中，按照 k 值过滤掉达不到度值要求的节点(黄色点随之也被移除)，直至循环计算的过程结束，保留的点构成的子图拓扑具有完整性，每个节点的度值至少为 k(图 10-4 中所示例的最终保留绿点，即 3-Core 层中，此时 k 值最大为 3)，且所有的节点都至少与该结果子图中的 k 个其他节点相连接。最终所得到的完整子图，在整个运输网络中具有核心的枢纽地位[11]。

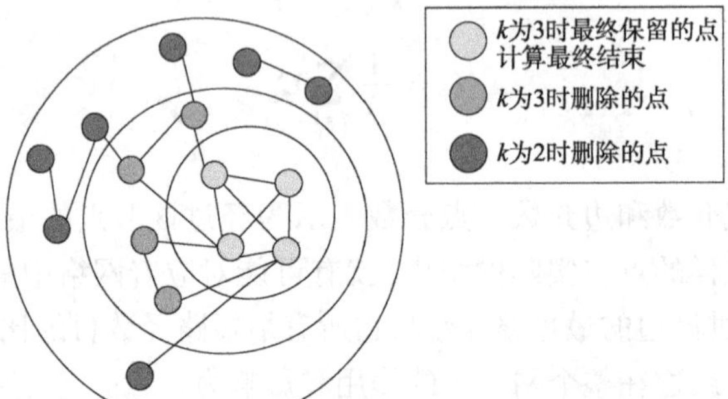

图 10-4　K-CORE 算法的步骤

相关伪码如下：

算法 10-1：统计各节点数 *core*

```
输入：图 G
输出：数组 core
degree = dict(G.degree);
/*统计图中每个节点的度/*
nodes = sorted(degree);
/*按节点度数升序排列/*
for eachv ∈ nodes do
/*依次移除图中每个节点/*
core[v] = degrees[v];
for eachu ∈ Neighbors(v) do
/*遍历节点 v 的每个邻居节点/*
    if degrees[u] > degrees[u] then
        degrees[u]- =1;
/*节点 v 被移除，因此 v 的邻居节点 u 度数相应减一/*
    end
end
Reorder the rest nodes ∈ nodes/*将剩余节点重新升序排列/*
end
```

算法 10-2：返回图 G 的 *k-core*

```
输入:图 G,数组 core,k
输出 k-core 子图
foreach v ∈ V do
if core[v]≥k then
/*将节点 v 的及对应的边加到 k-core 子图中/*
  end
end
```

10.3　全球航运网络分析——以 LNG 为例

10.3.1　全球航运网络数据构建

实验中使用的基础数据包括 2018—2020 年的 AIS 数据、船舶档案数据和港口空间数据等,AIS 数据可提供船舶的唯一识别符 MMSI、船舶位置、船舶速度等动态信息,吃水、目的地港等航次相关信息,船舶档案数据主要包括船舶的类型和所属国、公司等基本静态属性,港口空间数据提供了设施的地理区域信息。

贸易中的各个港口通过船舶的航线相互连接,构成了复杂网络形式,其中港口在网络中作为节点,而港与港之间的航线作为边。网络数据的计算生产框架,包括船舶 AIS 与档案数据的融合层、港口区域计算层以及港口实际设施验证层,最后产生标准化的 OD 数据。

基本步骤如下:

(1)在船舶 AIS 与档案数据的融合层内,实现对 AIS 与档案数据进行有效整合,获取具有准确属性信息的船舶数据点,最终完成种类为 LNG 的船舶数据的归类。整理后的数据样式为: < MMSI, IMO, NAME, Deadweight, Lon, Lat, Spd, Draught >。其中 MMSI 表示船舶的 ID,IMO 号表示船舶的海事编号,NAME 表示船名,Deadweight 表示船舶的载重吨,*Lon* 表示船舶的经度,*Lat* 表示船舶的纬度,Spd 表示船舶的速度,而 Draught 表示船舶吃水。

(2)结合码头的地理区域信息,港口区域计算层进行空间数据计算,判断船舶进出港口区域的行为;考虑到船舶在海峡时,可能会与在海峡内的港口相交。针对靠港计算准确性的问题,基于遥感数据对接收港是否存在设施进行实际验证,实现对接收港口的准确标定,最后得到的 OD 数据元组为: < MMSI, IMO, NAME, Origin, Leave_time, Destination, Arrive_time, Volume >其中,Origin 表示船舶的驶离港口,Leave_time 表示离开时间,Destination 表示船舶的到达港,Arrive_time 表示船舶的到达时间;Volume 表示 LNG 货量,通过简化计算,即当前吃水与已出现过的吃水的最大值的比值,再与载重吨相乘后得到的数值作为此次发货量。

(3)基于 LNG 类型船舶的 OD 数据元组构建海上运输网络。其中用于分析的数据结构为 $G=(N,E,W)$,其中 N 表示的网络之间的节点,E 表示节点之间的边,W 代表边与边的权重值,表示节点与节点之间的货物量。

10.3.2 全球 LNG 贸易规模分析

目前全球"减碳"的背景下,LNG 海上发货量和航次数都在持续增长中。全球的贸易规模如表 10-1 所示,从总体看,2018—2020 年,发货总航次数、总发货量、参与的船舶数量和平均航次发货量均呈明显增长态势,尤其是 2020 年,虽然疫情席卷全球,但全球的 LNG 海上发货量达到 38353.05 万吨;发货总航次数为 5854 次,参与运输 LNG 运输船共 559 艘,平均每航次发货量 6.55 万吨,规模巨大的贸易网络正在逐步形成。

2018—2020 年全球海上 LNG 贸易规模特征 表 10-1

年份(年)	航次数(次)	发货量(万吨)	参与船舶总艘数(条)	平均航次发货量(万吨)
2018	4668	29 748.82	481	6.37
2019	5440	35 434.99	557	6.51
2020	5854	38 353.05	559	6.55

LNG 贸易进口国主要为地区的经济强体,如南美的巴西、南亚的印度、东南亚的新加坡、东北亚的中日韩三国、北美的加拿大和美国、西欧诸国等,这些国家地区对于清洁能源存在较大需求,且拥有完善配套设施的经济实力,即 LNG 需求方的经济规模对贸易量和流向起着关键作用,物流导向性与经济水平存在明显关联性。

LNG 贸易中航线"重载化"趋势明显,本节以年超过 400 万吨运输量为重载航线的统计标准,2018 年的重载航线为 5 条,均围绕卡塔尔的拉斯拉凡港展开;到 2020 年重载航线增加到 10 条,新增卡塔尔拉斯拉凡港到卡西姆港、英国米尔福德港的航线、俄罗斯萨贝塔港到比利时泽布吕赫港的航线以及澳大利亚丹皮尔港到中国深圳港的航线、澳大利亚格拉德斯通港到中国董家口港和宁波港的航线,大型 LNG 贸易港存在锁定固定货源的倾向。

10.3.3 全球 LNG 网络特征及骨干网络

伴随着贸易规模的扩大化,全球海港参与度加强,节点数、连边数及平均度增长明显,如表 10-2 所示,2020 年的 LNG 海上运输网络中,港口(节点)数量增长到 167 个,航线(连边数)增长到 1351 条,"扩大化"趋势明显。就网络中港口节点的活跃度来看,2020 年的平均度同比增长 21.3%。对比 2019 年 10.7%的同比增长率,表明网络"活跃度"正在增加,节点之间连接速度加快。

基于贸易节点强度的港口重要性排名情况如表 10-3 所示。虽然港口重要性排名存在小幅波动,但贸易核心参与国却相对比较固定。从出强度来看,世界 LNG 贸易核心出口国主要有卡塔尔、澳大利亚、尼日利亚、马来西亚、美国和俄罗斯等。其中,借助拉斯拉凡和格拉德斯通两港的出强度优势,卡塔尔和澳大利亚保持作为全球核心出口国的优势。伴随着俄罗斯在全球 LNG 供应地位的提升,"一带一路"重要港口萨贝塔港在 2020 年进入了前八的行列。

2018—2020 年全球海上 LNG 海上运输网络特征 表 10-2

年份(年)	节点数	连边数	平均度	平均集聚系数
2018	140	864	5.993	0.092
2019	165	1095	6.636	0.113
2020	167	1351	8.048	0.113

全球 LNG 贸易节点强度排名前八位的港口演变情况 表 10-3

排名	2018 年		2019 年		2020 年	
	出强度	入强度	出强度	入强度	出强度	入强度
1	拉斯拉凡	达荷	拉斯拉凡	达荷	拉斯拉凡	川崎
2	格拉德斯通	亚瑟	民都洛	仁川	格拉德斯通	达荷
3	丹皮尔	仁川	亚瑟	川崎	民都洛	天津
4	邦尼	平泽	格拉德斯通	平泽	丹皮尔	仁川
5	民都洛	川崎	邦尼	永安	邦尼	永安
6	亚瑟	永安	丹皮尔	天津	亚瑟	深圳
7	巴罗岛	木更津	福廷角	米尔福德	萨贝塔	泽布吕赫
8	福廷角	千叶	巴罗岛	木更津	巴罗岛	米尔福德

从入强度来看,日本、中国、韩国和印度等 LNG 进口规模位于世界前列,尤其是中国,2020 年天津、永安和深圳的排名进入前八,贸易地位明显提升。

全球 LNG 的骨干网络状况,也印证了"垄断化"风险的存在,图 10-5 显示,骨干网络在"广度"和"深度"上都变化明显。如表 10-4 所示,核心值(k 值)从 2018 年的 11 增长到 2020 年的 14,节点的连接广度得到增强。同时,骨干网络中的参与港明显增加,参与的港口数量从 31 增长到 59,港口数占比从 22.1% 增长到 35.3%;从航次数目来看,2018 年网络中的航次数目为 1698,2019 年为 2031,年度增长率 19.6%。而 2020 年网络中的航次数目为 2965,相较 2019 年增长率为 46.0%。总体而言,骨干网络节点连接的"广度"和"深度"正在增强,对 LNG 贸易的"垄断化"影响逐渐加深。

但进出口节点的特征变化却存在明显差异。骨干网络中的航次数排名靠前的进口港主要分布在东亚的中日韩三国和南亚的印度,排名变化并不明显,但出口港则不然,2018 年除卡塔尔的拉斯拉凡港和马来西亚的民都洛岛以外,澳大利亚的丹皮尔港、格拉德斯通港、巴罗岛排名前五,显示出当年该国液化天然气产品较广的市场覆盖面。而到了 2020 年得益于"一带一路"倡议下基础设施的完善尤其是亚马尔项目的顺利推进,俄罗斯的萨贝塔港的排名进入前五,表明该港的 LNG 受到全球市场的认可并承担起核心供给任务,这一结果同时也佐证了引用文献曾经提出“伴随着北极航道的进一步开通，全球 LNG 贸易关系将更加丰富”的观点，体现出“新港口快速崛起，传统格局被打破”的骨干网络变化趋势。

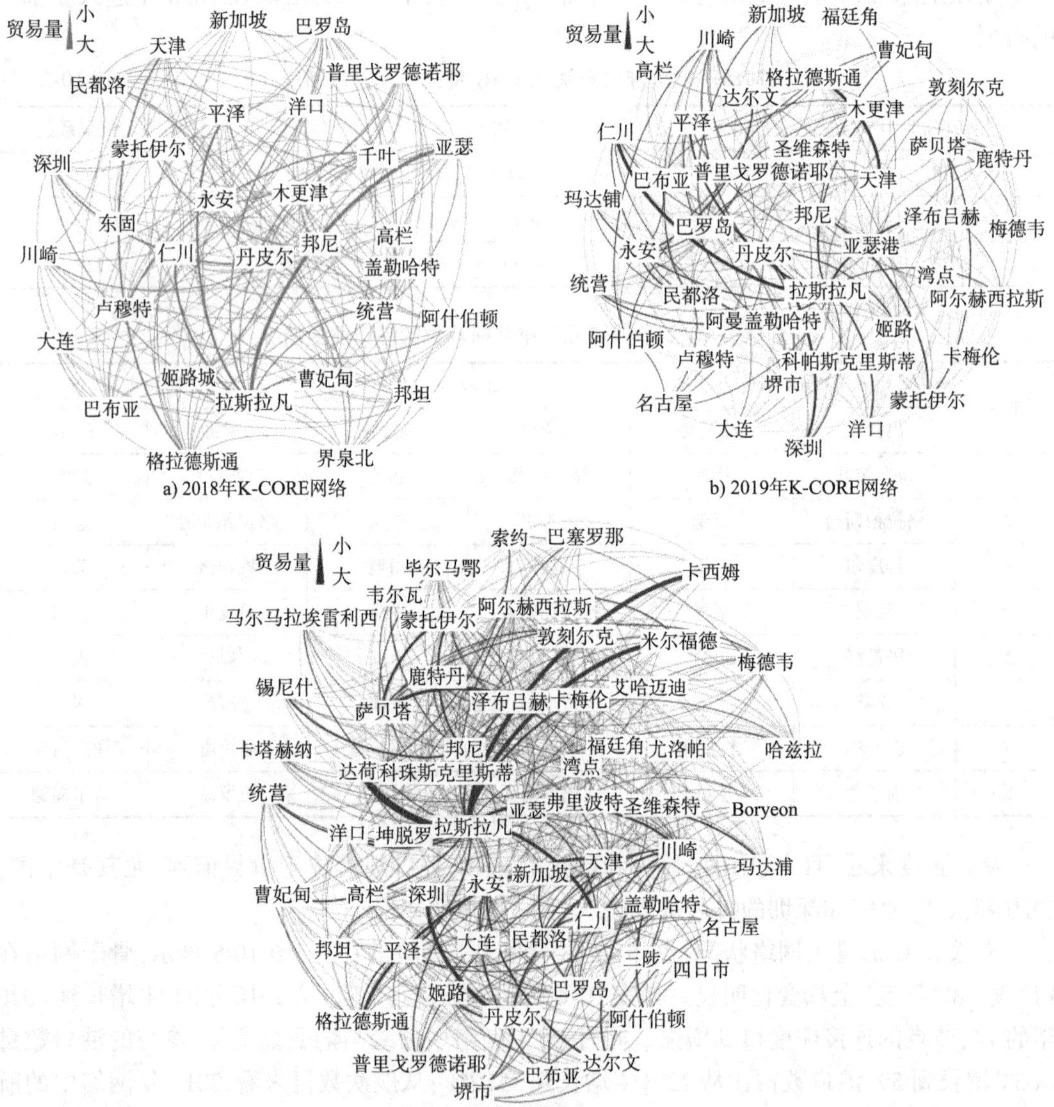

a) 2018年K-CORE网络　b) 2019年K-CORE网络　c) 2020年K-CORE网络

图 10-5　2018—2020 年 LNG 骨干网络特性

2018—2020 年 LNG 骨干网络特性　　表 10-4

年份(年)	k 值	港口数/个	航次数/次	港口数占比	航次数占比
2018	11	31	1698	22.1%	36.4%
2019	12	42	2031	25.5%	37.3%
2020	14	59	2965	35.3%	50.7%

10.3.4　全球 LNG 转运港分析

平均特征路径长度呈现缩短倾向，结果意味着贸易参与港之间可通过更少的转运港便可实现网络连通，反映出更高的贸易效率。2018—2020 年网络的平均最短路径从 2.13 增长到 2.2。横向对比 2013—2017 年的平均特征路径长度，2018—2020 年的数值明显减少，反映出基础设施建设对 LNG 船舶直靠能力的提升能力的保障的提升。但仅从三年内的变化趋势来看，该数值又逐年递增，表明业务新模态已经产生，货物的转运行为存在贸易控制的倾向，对该数值也产生了明显的影响。

表 10-5 中全球 LNG 贸易中介中心度排名前八位的演变情况也说明了该问题，截止到 2020 年，全球共有 21 个转运港口参与贸易中，美国正在从传统的 LNG 能源消费国转型为“进口 + 出口”并行的国家。得益于萨宾帕斯项目、科夫角项目、科珀斯克里斯蒂项目生产线的投产运营，美国在全球 LNG 供应链的地位得到提高，包括亚瑟，弗里波特、湾点在内的港口，在全球 LNG 的转运贸易中占有重要地位。美国通过此方式逐渐把握清洁能源贸易命脉。

2018—2020 年排名前八的中介中心度值和所属港口　　表 10-5

排名	2018 年		2019 年		2020 年	
	港口	中介中心度	港口	中介中心度	港口	中介中心度
1	亚瑟	0.071	亚瑟	0.049	亚瑟	0.040
2	鹿特丹	0.026	泽布吕赫	0.020	新加坡	0.030
3	泽布吕赫	0.014	蒙托伊尔	0.015	弗里波特	0.023
4	蒙托伊尔	0.009	鹿特丹	0.015	鹿特丹	0.019
5	湾点	0.006	湾点	0.014	泽布吕赫	0.010
6	福斯	0.005	阿尔赫西拉斯	0.009	敦刻尔克	0.010
7	杰拜勒・阿里	0.004	梅德韦	0.008	艾哈迈迪	0.010
8	洪宁斯沃格	0.004	敦刻尔克	0.007	蒙托伊尔	0.009

其他非 LNG 生产国也通过这种方式，实现对覆盖地区的货物转售。部分转运港口主要分布于海上的关键交通要道附近，地理上坐拥枢纽之利并在全球的贸易中实现区域转售，如新加坡、土耳其的内姆鲁特湾、印度的科钦等；另一部分转运港依托于本国的大型石油公司，将 LNG 产品从原产国运回本国存储加工后再出口，从而实现货物的转运，如比利时的泽布吕赫、荷兰的鹿特丹、法国的蒙托伊尔等。该类型港口一般位于产业发达的欧洲国家。

本章基于复杂网络理论，利用 2018—2020 年的 AIS 数据构建 LNG 海上运输网络，从全球和中国两个重要视角聚焦网络演化趋势。结果表明：

(1)LNG 贸易规模不断扩大，“垄断化”趋势也正在逐渐加深，从总体看，2018—2020 年期间，发货总航次数、总发货量、参与的船舶数量和平均航次发货量均呈明显增长态势，规模巨大的海上运输网络正在形成。网络的集中度和紧密度逐步增强。同时，骨干网络节点连接的“广度”和“深度”正在增强。相比2019年,2020年骨干网络的核心值(k值)、港口数和航次数均有所增加,LNG贸易的“垄断化”趋势正在逐渐加深。

(2)在全球LNG海上运输网络中,虽然港口重要性排名存在小幅波动,但贸易核心参与国却相对比较固定。核心出口国主要有卡塔尔、澳大利亚、尼日利亚、马来西亚、美国和俄罗斯等。而进口国日本、中国、韩国和印度等的LNG进口规模则位于世界前列,反映出明显的地缘格局。

(3)“转运港”业务新模态在全球LNG海上运输网络中逐渐兴起,截止到2020年共有21个转运港口参与LNG贸易中,网络的平均最短路径值在2018—2020年逐年递增,影响效果明显。从中介中心度排名来看,亚瑟港始终占据第一位,美国目前占据了全球转运的主导地位。

在介绍完本章内容后,可以展开以下思考:

(1)结合当前全球局势,对地区冲突事件影响进行自己的判断,可参考文献[15]。

(2)尝试了解目前互联网上开源的网络数据集,包括SNAP(斯坦福大学提供的一个大型网络数据集集合),Gowalla and Brightkite Location-based Social Networks(包含地理位置标记的社交网络数据,适合研究基于位置的服务和社交网络);熟悉NetworkX包,它是一个用Python编写的用于创建、操作和研究复杂网络结构的库。它提供了丰富的功能来处理图论问题,包括图的生成、可视化、分析和算法实现。本章介绍的很多内容都是由该包实现,尝试了解函数和实验所需数据结构。

(3)同时尝试了解图神经网络和异质信息网络模型,从信息学的角度深刻理解包括图卷积、图注意力机制、知识图谱等内容,并且探究这些技术在航运建模上的应用。

思考题

1. 请解释复杂网络理论的基本概念,并讨论其在航运网络分析中的具体应用。

2. 根据2018—2020年的数据,全球LNG海上运输网络有哪些主要的演化趋势?这些趋势对全球能源格局有何影响?

3. 什么是骨干网络的“广度”和“深度”?在LNG海上运输网络中,骨干网络的“广度”和“深度”如何影响贸易的垄断化趋势?

4. 根据本章内容,分析“一带一路”国家在全球LNG贸易中的参与度及其对全球LNG贸易格局的影响。

5. 转运港在全球LNG海上运输网络中扮演了什么角色?请结合具体港口(如亚瑟港、鹿特丹港等)分析其在中介中心度中的表现。

6. 复杂网络具有哪些主要特征?请解释度、平均最短路径长度、集聚系数和介数等统计量在网络分析中的作用。

7. 请描述K-CORE算法的基本步骤,并解释其在提取LNG海上运输网络骨干网络中的应用。

8. 什么是LNG贸易的“重载化”趋势?请结合2018—2020年的数据,分析重载航线的变化及其对全球LNG贸易的影响。

9. 美国在全球 LNG 转运中占据了怎样的地位？请结合萨宾帕斯项目、科夫角项目等，分析美国如何通过转运港影响全球 LNG 供应链。

10. 复杂网络理论与人工智能的结合有哪些潜在的应用前景？请结合本章内容，讨论复杂网络理论在智能交通、社会计算等领域的应用潜力。

本章参考文献

[1] Yu H, Fang Z, Lu F, et al. Impact of oil price fluctuations on tanker maritime network structure and traffic flow changes[J]. Applied Energy. 2019, 237: 390-403.

[2] Peng P, Yang Y, Cheng S, et al. Hub-and-spoke structure: Characterizing the global crude oil transport network with mass vessel trajectories[J]. Energy. 2019, 168: 966-974.

[3] 彭澎，程诗奋，刘希亮，等. 全球海洋运输网络健壮性评估[J]. 地理学报. 2017, 72(12): 2241-2251.

[4] 许胤龙，吕敏，李永坤. 图论导引 [M]. 2021. 北京：科学出版社.

[5] 任晓龙，吕琳媛. 网络重要节点排序方法综述[J]. 科学通报. 2014, 59(13): 1175-1197.

[6] WANG X F. COMPLEX NETWORKS: TOPOLOGY, DYNAMICS AND SYNCHRONIZATION[J]. International Journal of Bifurcation and Chaos. 2002, 12(5): 885-916.

[7] 吴金闪，狄增如. 从统计物理学看复杂网络研究[J]. 物理学进展. 2004(1): 18-46.

[8] 裴韬，舒华，郭思慧，等. 地理流的空间模式：概念与分类[J]. 地球信息科学学报. 2020, 22(1): 30-40.

[9] 吕琳媛. 复杂网络链路预测[J]. 电子科技大学学报. 2010, 39(5): 651-661.

[10] 马飞，姚兵. 双优无标度网络模型[J]. 中山大学学报(自然科学版). 2017, 56(1): 85-92.

[11] 彭澎. 多源大数据视角下的全球海洋运输网络结构与演化特征[D]. 中国科学院大学，2019.

[12] 余红楚，陈丰，张平. 多指标耦合学习的 LNG 贸易网络链路预测方法[J/OL]. 复杂系统与复杂性科学，1-9 [2024-11-20]. http://kns.cnki.net/kcms/detail/37.1402.N.20241108.1457.008.html.

[13] 龙祖坤，刘玉杰. 地中海邮轮航运网络结构及空间分布特征研究[J]. 大连海事大学学报(社会科学版). 2023, 22(6): 13-23.

[14] 郑玉馨，胡志华，田曦丹. 航道等级差异影响下轴辐式航运网络优化[J]. 中国航海. 2021, 44(4): 71-79.

[15] 禹佳宁，方志祥，胡筱渊，等. 红海袭击事件波及的全球战略物资海运网络变化分析[J/OL]. 武汉大学学报(信息科学版), 1-18[2024-11-20]. https://doi.org/10.13203/j.whugis20240099.

第 11 章

航运经济分析

理论上，空间航运数据可用于跟踪影响海运供求的变量。在实际应用中，单独使用 AIS 数据进行经济分析的局限性十分明显，尽管它仍然是一个非常有用的工具。本章回顾了 AIS 数据如何用于数据驱动的航运市场分析。特别是概述了如何使用 AIS 数据来跟踪货流以及船队效率、供应和需求的关键变量。同时，还强调了船舶跟踪数据在商业分析中的局限性。本章仅涉及散货运输（即散货船或油船）的经济学和分析，因为它代表了完全竞争市场的最纯粹案例，在这种市场中，观察到的供求变化应该对经济结果产生一定影响。因此，在进行航运市场分析时，可以利用 AIS 数据来追踪货物流动、船队效率以及供求的关键变量。然而，也需要结合其他数据和经济模型来获得更全面和准确的分析结果。

海运价格是在供需平衡下确定的[1]：提供运输服务的船舶和需要从 A 地运送到 B 地的货物。运费是在分散的现货市场确定的，船东和货主（租船人）通过被称为船舶经纪人的中间人双边协商单个航程的价格。从短期来看，这个现货货运市场由当地的微型拍卖组成，需要运输的货物与能够在装货港达到一定时间窗口的船舶相匹配。虽然这种拍卖可以被认为是地方性的，但船舶经常在距装货港还有几周的航程时就被承包（固定）下一批货物。因为在何时需要维修船舶和货物方面存在一定的灵活性，所以船舶的实际位置与其参与这些拍卖的能力之间没有强有力的联系。这是稍后将重新讨论的重要一点。虽然通常只计算船舶运力（作为供应的代表）和货物运量（作为需求的代表）；但当考虑一个地区目前的市场平衡时，衡量需求和供应的适当标准是“吨位”，即船舶装载货物航行的距离（满载航程）和船上货物量的乘积。原因是长距离运输更大体积/重量的货物需要更多的船舶来满足需求。在较长的时间（几周左右）范围内，船队能够在全球范围内重新定位，试图利用运输需求和供应的区域不平衡，从而减少非常短期的区域费率差异，使现货货运市场在地理上更加一体化。

因此，可以将使用 AIS 数据观察到的船舶移动看作是一个简单经济机制的结果。首先，船舶需要满足海运的需求，形成一些众所周知的全球贸易模式，如从澳大利亚到中国的铁矿石流动或从海湾地区出口的原油。其次，船东和船舶经营人必须设法在空间和时间上重新定位其空船，以便在宏观层面货物流动的限制下，最大限度地提高船舶的收益。就其最基本的形式而言，这意味着将船舶转移到预计未来船舶供应不足的地区，因此相对于全球平均水平，其运费可能会更高。遥感方面的进步，如利用 AIS 数据跟踪船舶，为以这种方式优化船舶的商业管理创造了新的可能性。

在本章中，我们将回顾 AIS 数据如何在两个关键领域用于船舶商业管理：关键商品贸易流的实时跟踪和货运交易分析。前者可以解释为跟踪海运需求，后者的目标是预测运费本身或其金融衍生品的价格变动方向。

11.1　货流跟踪

AIS 数据在商业分析中的一个常见应用是跟踪主要商品的海运贸易[2-3]。当然，AIS 数据在这个应用领域中存在一定的局限性。该系统在跟踪船舶的位置、速度和航向等方面做得相当好，然而 AIS 数据本身不能提供船舶装载的货物类型或货物体积/重量的任何信息。因此，为了在这种情况下对商业数据分析有用，AIS 数据必须增加其他数据集，如码头和港口代理人位置的地理空间数据或包含货物尺寸和种类等进一步信息的提单①数据。即使有这些信息，分析通常也仅限于主要商品，这些商品通常通过单一用途码头作为同质货物进行交易，例如煤炭、铁矿石、液化天然气和原油。

当考虑这类商品的传统贸易模式时，这种限制的原因就更加清晰明了。通常情况下，卖方和买方之间的一次装运占据了一艘船的全部货物运载能力（即一整船货物），从明确界定的装载区（如海湾地区）出发，使用原油专用码头前往不同的消费区。这意味着使用者若能取得有关船型（如运输原油的油船）的 AIS 数据，只需观察装卸港的位置及船舶的载重量，便可推断出贸易方向及掌握货物大小。然而，如果货物是从非特定货物类型的多用途码头装载的，那么仅仅使用 AIS 数据观察船舶移动不能用来推断船舶运载的货物类型，这限制了 AIS 数据对贸易流量的有效汇总。同样，对于设计上可以运载多种类型货物或在同一港口停靠期间进行装卸作业的不同类型船舶，不可能准确地推断各种类型货物的运载量或转运量，因此也不可能将此类信息汇总为准确的贸易量。

11.1.1　航次划分

在概念层面，根据船舶观测数据生成贸易量数据的算法可描述如下：

---

① 提单是授予货物所有权的文件。它包含有关运输条款的信息，如货物数量，并确认货物已装船。

(1)根据 IMO 编号识别能够运输特定货物的船队。

(2)确定为该船队服务的港口或码头的位置,以及它们是装货码头还是卸货码头。

(3)识别相关船队在一个或多个装货港以及一个或多个卸货港之间的满载航次。

(4)估计每次满载航行的货物体积/重量。

(5)将单个航次的货物总量纳入出口/进口港口或国家的全球贸易矩阵。

在码头的位置及其属性已经确定的情况下,不需要进行步骤(1)。例如,如果已经确定了全球所有可以出口铁矿石的码头,那么监控停靠这些码头的船舶的活动就足够了。然而,如果没有进行这种识别,定位特定船舶类型使用的码头的最简单方法是使用 AIS 数据(如船舶位置和速度)来识别船舶闲置的空间集群(至少大致如此,如船舶速度小于1海里/小时)。值得注意的是,这种集群可能代表船舶通常在货物作业前等待的锚地、货物作业时的码头或海上浮标,甚至可能代表船舶选择的等待下一个货运合同的随机离岸地点。为了准确估计贸易流量,这些离岸地点必须排除在外,尽管这些数据点也可能代表有价值的信息。同样,当目的是监测贸易流量时,可能没有必要区分船舶停靠港口的各种要素(锚地、操纵、码头)。然而,时间和空间分辨率越高,最终可以从数据分析中提取的统计数据就越多,例如延迟到港和港口服务的时间序列。AIS 数据中的航行状态(如航行、系泊、停泊)也可能有助于船舶活动的分类,至少对于交叉检查聚类算法的结果是有用的,但是该字段是由船员输入的,因此可能不准确。

可以根据吃水数据、码头位置或理想情况下两者的组合将单次航行分类为满载或空载(即船上没有货物)。众所周知,AIS 报告的吃水是由船员手动输入的,因此是不准确的,特别体现在挂靠港口期间或之后是否及时更新。因此,仅根据吃水对船舶装载条件(满载或空载)进行分类会导致错误的结果。更可靠的指标通常是港口本身的位置和属性。对于某些货物,如煤和铁矿石,码头的分类通常很简单,因为通常专用于装卸。对于原油等货物,因临时储存和转运中心的广泛使用,而使得地理位置不能准确预测船舶是否已经装卸[2]。

一旦确定了码头及其属性(货物类型、装/卸货),就可以通过提取数据中船舶在相关多边形内停留(速度为0)足够长时间的事件,从船舶的跟踪历史中分离出港口的停靠序列。可能构成装卸操作期限的阈值将因船舶类型和大小而异。从装货港到卸货港的航程自然地被归类为满载航程,而从卸货港到装货港的航程被归类为压载航程。必须注意到存在多港装卸的问题,即船舶在挂靠这些港口中部分装卸,是相对常见的。特别是对于大型油船,这是在根据货物状态识别和分类航程时必须注意到的。此外,需要注意确保所有港口挂靠都被捕获到数据中,并且所有港口挂靠都与货物装卸操作相关,而不是进造船厂维护或加油等。例如,新加坡经常作为散货船的目的地,尽管它没有干散货码头。虽然诸如此类的其他船舶活动对船队的整体生产力至关重要,但要正确跟踪商品贸易流量,就必须在分析中只保留与货物装卸有关的港口挂靠事件。

11.1.2 货物量统计

由于无法获得特定港口装货或卸货的真实货物大小的提单数据,因此必须依赖第三方估计,例如港口代理人在压港报告(Line-up reports)中提供的数据,或者更常见的是,根据AIS 信息中报告的船舶吃水来估计货物量大小。这里的基础思想是,对于散货船和油船来说,船的吃水深度和货物量大小之间有一种大致成比例的关系。

关于估算货运量的各种模型的详细讨论,可以参考文献[4]。鉴于 AIS 数据中人工报告吃水测量的准确性面临众所周知的挑战,一个同样有用的方法可能是简单地假设载重吨(Dead Weight Tonnage,DWT)利用率是一个常数(比如 90% ~95%)。换句话说,如果确定停靠特定港口的散货船的载重吨为 100000 吨,则货物吞吐量估计为 95000 吨。特别是当目的是监测贸易量的变化时,这种简单的近似值估算是可行的。

一旦从 AIS 数据中确定了所选货物装卸的所有港口需求,例如,港口或国家的进口/出口,或使用确定为满载行程的港口对应的国与国之间的贸易矩阵,就能在所选货物的汇总水平上生成贸易量统计数据。在港口专用于单一货物种类的情况下也能按公司产生出口,这是对主要铁矿石出口商(必和必拓、力拓、淡水河谷等)等上市公司进行财务分析的有用输入指标。图 11-1 显示了由 AIS 数据统计的 2022 年澳大利亚港口的月度铁矿石出口量。

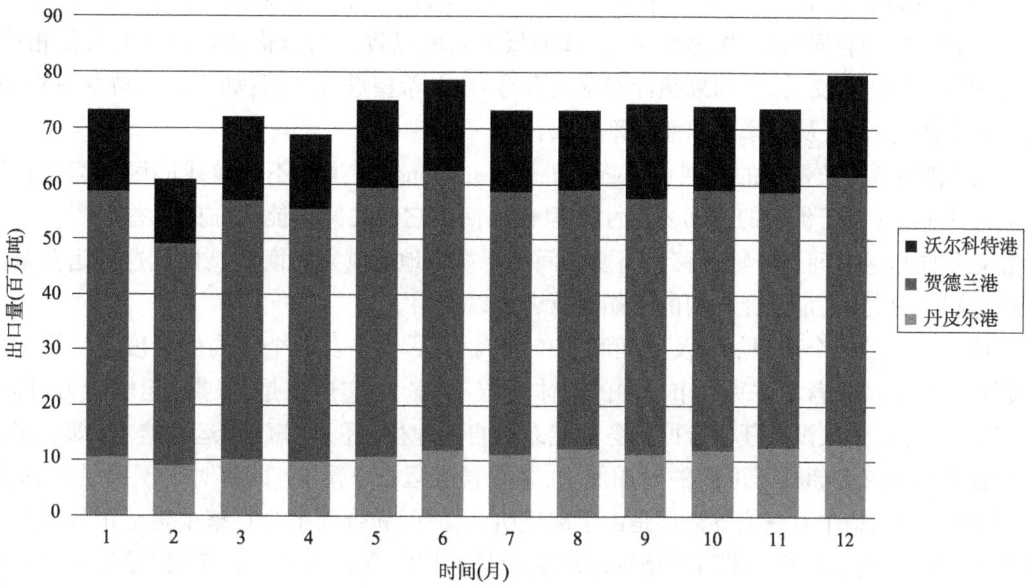

图 11-1　由 AIS 数据统计的 2022 年澳大利亚主要港口的铁矿石出口量

数据来源:HiFleet。

11.2　运费分析

在航运中开发基于 AIS 数据的商业应用的主要驱动力一直是寻求做出更有利可图的交

易决策。这些决定要么涉及船舶的商业管理,要么涉及运费衍生品市场的交易。运费衍生品是金融合约,如期权或期货,其价值来自实物货运市场即期汇率的发展。一个例子是远期运费协议(Forward Freight Agreement,FFA),这是一种有效的合同,允许对市场方向进行押注(关于运费衍生品的详细描述和讨论,参考文献[5])。因此,就衍生品交易而言,货运市场分析的目标很简单,即如何使用 AIS 数据和模型来预测运费的方向?

11.2.1 船东/船舶经营者的商业期许

对于船舶的商业管理,首先需要重新审视船东或船舶经营者如何通过交易船舶赚钱。这里所说的船东是指拥有一支船队的公司,该船队在现货市场上进行程租或期租。船舶经营者通常不拥有船舶,而是以短期或长期合同租赁船舶,并试图以更高的平均价格转租不同合同的船舶,以便从差价中获利。这两种类型的货运市场代理还能,以商定的运费运输货物,即所谓的包运合同(Contract of Affreightment,COA)。

广义而言,现货运输市场的利润来源可能为:

(1)把握周期中的时机(Timing of cycles)。作为船舶经营者,在预期好转之前以较低的价格和较长期的合同租船;作为船东,在预期低迷之前以较高的价格和较长期的合同租船。如在现货市场进行交易时,如果预计费率上升,船东会希望进行短租;如果预计费率下降,船东会希望进行长租,从而增加船舶的平均收益。

(2)抓住地理位置上的机遇(Geographical positioning)。虽然不同航线的区域运费在长期内趋于同步(基于价格的空间协整性),但在短期内它们之间可能存在巨大差异[6]。由于船舶在不同地区之间进行物理移动需要时间来平衡当地的供需失衡[6,7],因此这种运费差异可能会很大且持续,足以让聪明的船舶经营者加以利用。

收入增长的两个来源都涉及时间和定位的因素,尽管是在两个不同的尺度上。第一个问题涉及船东或经营者在货运市场中的总体地位:基本上,它应该是"长期"运输能力(即受益于运费上涨,这是没有任何合同义务的船东的自然地位)还是"短期"运输能力(即承担的货物运输合同义务超过了可用的船舶能力,并受益于运费下降)。即使对于不接受 COA 的公司来说,无论是作为一项政策还是由于缺乏机会,时间和合同组合在整个货运市场周期中都至关重要。接下来的主要问题是管理现货和长期期租合同的组合和期限,通常是多年的时间。当谈到增加收益的第二个来源——短期地理位置时,目标是在考虑到船舶经营者的风险态度的情况下,在全球范围内定位船队,使其收益得到优化。这里的风险态度是指船舶经营者在不确定性下的行为。例如,一家高度规避风险的航运公司更愿意尽早为其船舶获得一份低报酬的合同,同时放弃未来潜在的高利润但不确定的运费飙升的机会(参见关于货运市场中风险态度和行为之间关系的讨论[8])。例如,风险偏好可能是公司可用营运资本多少及其财务杠杆(即债务资本与权益资本的比率)的函数。风险方面在这里很重要,因为如果没有对风险给予应有的关注,例如优化算法可能会建议整个船队在一条路线上交易,如果决定不正确,运费可能会很昂贵。公平地说,直到最近,这种租船决策都是在人类经验的基础上做出的,也许辅以一些关于船队和宏观经济发展的数据,很少来自数据驱动的决策支持系统。

11.2.2 利用 AIS 数据监测市场供需平衡

在以上这种情况下,如何使用 AIS 数据? 主要是,这种类型的数据使研究人员能够估计和监测海运的实际供应和需求。本章前面已经说明了如何能够推导出一艘船上移动的货物量,一次航行是满载还是压载,以及一个完整航次的每一段的持续时间或距离。通过简单地计算货物重量/体积和满载时航行距离的乘积,可以将该信息转换为对每件货物产生的吨·海里或立方米·海里需求的估计。在其他条件相同的情况下,相对于现有的运输供给而言,运输需求的增加将提高运价[1]。因此,现在有了一个工具来监测运输需求,可以非常灵活地细分或汇总:按主要贸易路线、按货物(在最初描述的范围内,即满载同质货物)、按船舶大小范围等。需要格外注意的是:当我们使用 AIS 数据观察一艘船从装货港 A 驶向卸货港 B 时,这实际上并不代表当前的需求——而是过去可能多达几周前货物和船舶匹配(固定)的结果。当前观察到的是已实现的需求,因此,不能排除市场上有货物被推迟或取消,即使它们在某个时候是运输需求的一部分。尽管如此,根据 AIS 数据对吨·海里或立方米·海里的估计比过去研究人员和分析师所能获得的数据有了很大的改进,尤其是因为它可以半自动和接近实时地完成[3]。

同样,AIS 数据无法告诉我们船队的真实运输能力是多少,即船队在全速航行、使用最佳航线和最短港口周转时间时能够产生的最大吨位。同样,在贸易模式、天气和港口条件受到限制的情况下,我们观察到的船舶移动是船队为满足实际需求而做出的反应。因此,使用 AIS 数据试图估计供需平衡,或通常所说的船队利用率,是一项不稳定的工作。

因此,更常见的方法是通过船队效率的代理指标来监控供需平衡的变化。在这里简要总结三种应用场景(平均船舶速度、港口拥堵和闲置船舶数量),以及如何利用 AIS 数据得出它们的估计值。

11.2.2.1 监控船舶速度

根据经典的航运经济理论,船舶应该通过加速到获得的时间价值等于额外燃烧的燃料成本来应对更高的收益。AIS 数据的可用性允许研究人员根据经验测试这一理论[9,10]。假设船舶的对地速度(Speed Over Ground,SOG)在其 AIS 数据中报告,可以将单个船舶的速度信息汇总为平均船舶速度的某种度量,报告的速度代表以不规则间隔报告的瞬时快照,而不是时间间隔内的平均速度。为了调整这一点以及缺失数据的普遍性,研究人员可以使用距离和报告的时间戳来估计两个报告的船舶位置之间的平均速度。另一个需要考虑的问题是,在分析船队行为时,如何汇总单个船舶的速度。例如,这种汇总可以通过船舶类型和船舶大小、航线或全球平均值以及装载条件(即空载或满载航次)来完成。研究表明,由于需要根据合同要求避免延误,满载船舶的速度变化较小。相应地,空载船舶速度的变化更有可能反映业务条件的潜在变化以及船舶经营者想要监控的内容。

例如,图 11-2 显示了 2022 年 1 月 ~2023 年 6 月空载散货船平均航速和波罗的海干散货指数(Baltic Dry Index,BDI)及燃油价格(IFO380)之间的关系。可以得出以下三点结论:

①空载平均航速与 BDI 正相关,与燃料油价格负相关;②燃料油价格高位的时候,空载平均航速与 BDI 相关性更高;③BDI 会受市场预期影响,空载平均航速常可反映市场真实情况。

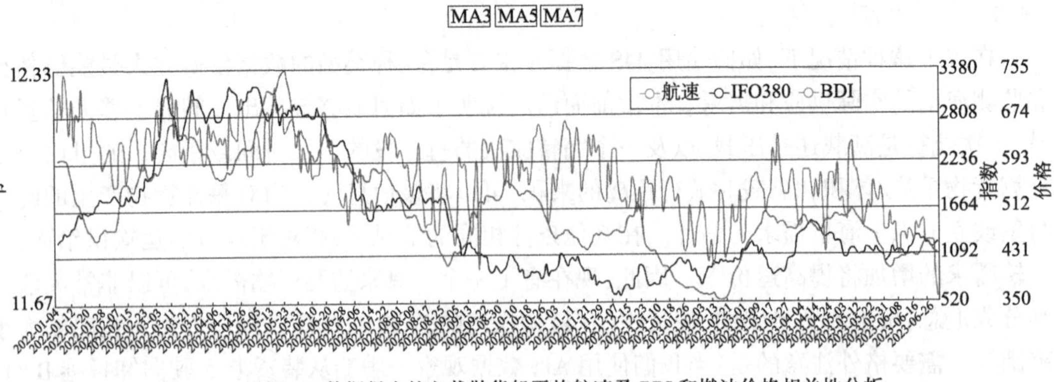

图 11-2 根据 AIS 数据得出的空载散货船平均航速及 BDI 和燃油价格相关性分析

数据来源:HiFleet。

11.2.2.2 监控港口拥堵

另一个使用 AIS 数据监控的船队生产率的驱动因素是港口拥堵,即停泊在锚地等待货物作业的船舶数量及其等待时间。从根本上来说,每艘因港口拥堵而停泊的船舶都会导致供应减少,在其他条件相同的情况下,这将提高运费。例如,港口拥堵是造成 2005—2007 年期间干散货货运市场运费强劲的主要驱动力,因为中国正在增加铁矿石进口,导致巴西和澳大利亚的装货港以及中国的卸货港严重拥堵。

在估计港口拥堵时,可以依靠与货物流跟踪相同的算法的一部分。关键的区别在于,必须确定船舶是在锚地还是在执行货物作业的码头旁,最好能确定船上是否有剩余货物。同样,常用的方法是根据在 AIS 数据观察船舶行为,绘制船舶通常等待和进行货物操作的多边形。

图 11-3 的左图显示了巴西桑托斯港的锚地(黑色多边形)和港口(红色多边形)的分离。在最基本的层面上,港口拥挤程度的衡量可以基于对所有船舶类型的多边形内的船舶(根据 MMSI 或 IMO 编号去重)进行计数。图 11-3 显示了桑托斯港的锚泊船数量和锚泊等待时长情况。

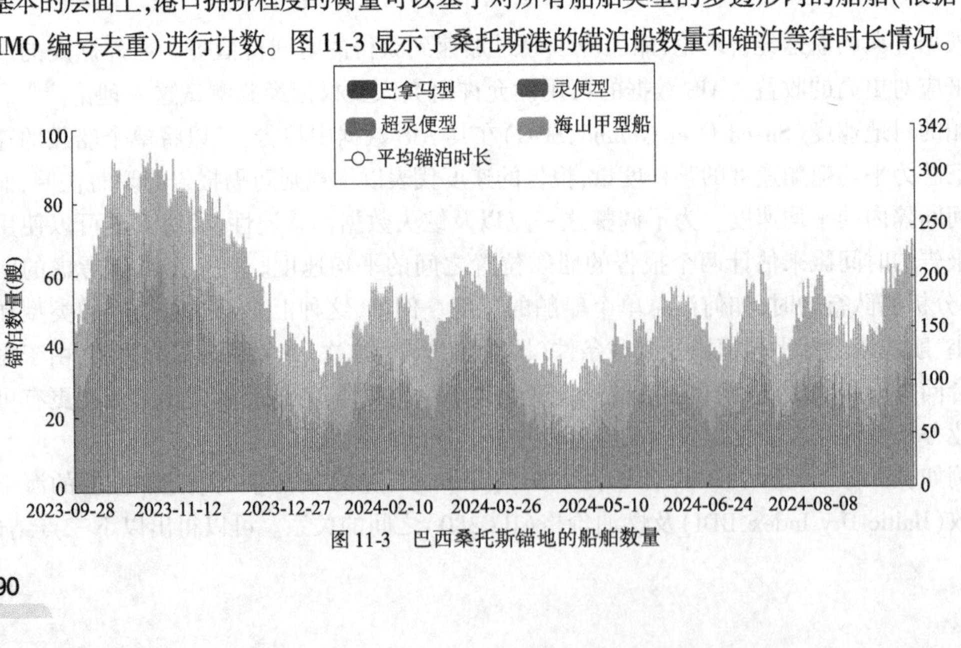

图 11-3 巴西桑托斯锚地的船舶数量

然而,可能需要对这种方法进行改进[11~13]。值得注意的是,对于桑托斯等多种商品港口,可能需要按船舶类型进行区分,以获得与特定码头(如粮食)相关的港口拥堵的更准确估计。此外,为了估计对运输供应的影响,有必要跟踪单个船舶级别的等待时间,在这种情况下,研究人员还需要捕获船舶进出锚地区域的时间戳。等待时间和等待船舶数量的乘积是整体基本面市场平衡的关键驱动力。

在上述分析中需要注意的是:船舶可能在港口的锚地等待,但没有签订合同或等待货运业务开始。这种船舶不属于真正的港口拥堵,因为它们只是在等待新的合同或其他运营(如加油或等待进入干船坞)。船舶在主要出口地区附近停泊是很常见的,如巴西南部的铁矿石出口和海湾地区的原油出口。遗憾的是,仅凭 AIS 数据无法评估停泊在锚地的空船是否处于合同状态或闲置状态。在这种情况下,AIS 数据必须用商业数据,例如定载数据或来自经纪人报告的等待订单船舶(即寻找货物的船舶)的信息来丰富。

11.2.2.3 监控闲置船舶数量

未签订合同的闲置船舶数量可以作为市场供求平衡变化的一个有用的短期指标。原因是这些船舶代表了市场供过于求的现状,因此闲置率的下降是剩余闲置船队前景改善的迹象,反之亦然。

虽然由于上述误差来源(即缺乏合同信息),单靠 AIS 数据无法完美跟踪这一变量,但开发代理指标是可能的。考虑:

统计闲置船舶数量(速度小于 1 海里/小时)且①不在港口锚地或码头多边形内;②船上没有货物(根据 AIS 报告的吃水情况,可能不可靠)。

这个变量代表了一种“复杂的航运模式”[14],它将拾取在公海闲置的船舶,例如,在中国南方沿海或南非附近,船舶没有理由正常等待。由于其船上没有货物,可以肯定船舶没有合同。对于该船舶类型,该变量不会包含停在正常港口或锚地区域内的闲置船舶(参见本章第 3.3 节中的讨论)。因此可能低估了船舶闲置的真实水平。

图 11-4 显示了这种估计的替代变量,用于监测好望角型干散货船的闲置船舶数量。从图中可以明显看出船队的平均收入和闲置船舶数量之间成反比关系。当闲置船舶数量增加时,运费下降,反之亦然。这是因为前一个指标代表了供过于求的衡量标准,即运输需求与可用运力之间的差值。因此,相对于供应的较低需求(即闲置船舶数量的增加),将降低现货运费[1]。

本章讨论了如何利用 AIS 数据为适用于散装货运市场经济分析的变量生成新的时间序列,例如跟踪商品流动和运输需求、港口拥堵和船舶速度。还有许多其他潜在的应用超出了本章的范围,例如网络分析(即港口如何在各种行业内连接,见 Ducruet 等人[15]的文章)和排放核算[16]。

本章也提到了这样一个事实,即 AIS 数据往往必须用其他数据源来丰富才能有用。这主要是将 AIS 数据中的船舶身份数据与船队档案(例如 Clarksons World Fleet Register)中的船舶信息进行匹配,以获得如船舶的载重吨的信息。这使得 AIS 数据中观察到的船舶能够与商业管理中使用的船舶大小和类型类别(例如好望角型、巴拿马型、所有原油油船等)相匹配,或者可以按照船舶所有人来分别分析船队。

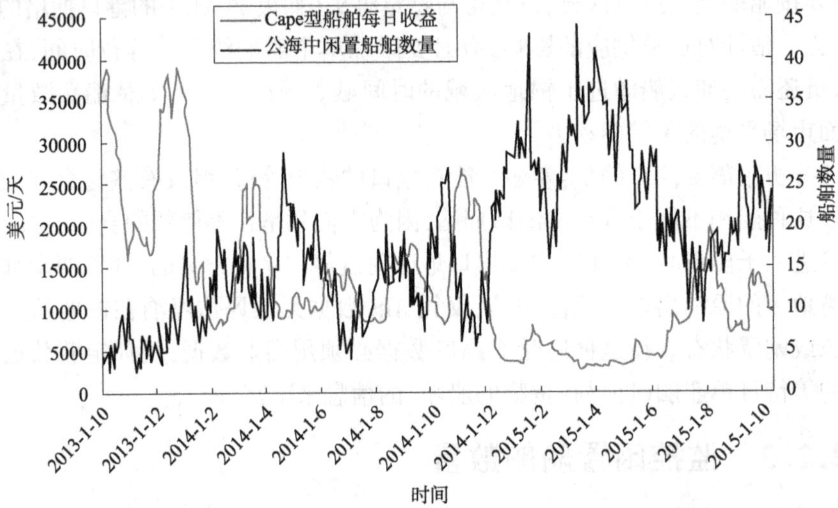

图 11-4 在公海等待的好望角型闲置船舶与平均现货收益的对比

在经济分析中,空间数据的一个更基本的缺点是船舶的位置,或由其历史轨迹给出的船舶的过去行为不能揭示其商业状况,例如是否有合同,如果有,是什么类型的合同(即程租或期租)。这些信息对于估计真实的区域交通供给至关重要。例如,即使可以从 AIS 数据中观察到 30 艘好望角型干散货船空载驶向巴西,对未来运费的影响也取决于其中有多少在抵达前已经(或将要)拥有运输订单。

此外,观察到的船舶移动通常是一段时间前发生在租船市场的交易的结果。例如,在货运市场上,油船的石油货物装载可能发生在定载完成后长达 5 周的时间内[8]。由此可见,目前船舶的空间分布包含的关于运输真实供应的信息有限。也许更重要的是,它没有告诉我们任何关于需求方的信息,因为货物的到达和目的地是一个外在的过程。换句话说,在货运市场上寻找船舶的货物"到达"的时间可以被认为与船舶位于何处无关。相反,这个过程是由商品市场的买卖双方决定的。根据 AIS 数据所能做的最好的事情是通过计算满载船舶的离港次数,得出给定码头货物的历史分布情况(例如,确定每周有 50 ~ 80 艘大型油船货物离开海湾地区)。要更好地监控需求方,需要了解货物的流动,其中大部分是保密数据,掌握在船舶经纪人和租船人手中。在使用 AIS 数据进行货运市场分析时,牢记这些限制非常重要。

思考题

1. 请解释 AIS 数据在航运经济分析中的主要应用,并讨论其在跟踪货流和船队效率方面的优势和局限性。

2. 根据本章内容,描述如何利用 AIS 数据生成贸易量数据的算法步骤,并讨论每一步的关键考虑因素。

3. 为什么 AIS 数据在货物贸易量统计中存在局限性?请结合吃水数据和港口位置,讨论如何克服这些局限性。

4. 在航运市场中，船东和船舶经营者如何通过时间和地理位置的优化来增加收益？请结合AIS数据的应用进行讨论。

5. 如何使用AIS数据来监控航运市场的供需平衡？请结合吨·海里或立方米·海里需求和船队效率的指标进行解释。

6. 根据图11-2，分析空载散货船的平均航速与波罗的海干散货指数(BDI)及燃油价格之间的关系，并讨论其背后的经济学原理。

7. 港口拥堵如何影响航运市场的运费？请结合AIS数据，讨论如何通过监控锚地船舶数量和等待时间来评估港口拥堵情况。

8. 为什么闲置船舶数量可以作为市场供求平衡的短期指标？请结合图11-4，讨论闲置船舶数量与运费之间的反比关系。

9. 尽管AIS数据在航运经济分析中有广泛应用，但它也存在一些局限性。请结合本章内容，讨论这些局限性，并提出可能的解决方案。

10. 为什么AIS数据需要与其他数据源(如船队档案、提单数据等)结合使用？请结合本章内容，讨论这种结合如何提高航运经济分析的准确性和全面性。

本章参考文献

[1] Stopford, M.: Maritime Economics, 3rd edn. Routledge, London(2009).

[2] Adland, R., Jia, H., Strandenes, S.: Are ais-based trade volume estimates reliable? the case of crude oil exports. Marit. Policy Manag. 1-9(2017). https://doi.org/10.1080/03088839.2017.1309470.

[3] Jia, H., Lampe, O., Solteszova, V., Strandenes, S.: An automatic algorithm for generating seaborne transport pattern maps based on ais. Marit. Econ. Logist. (2017). https://doi.org/10.1057/s41278-017-0075-7, https://doi.org/10.1109/IEEM.2016.7798088.

[4] Jia, H., Prakash, V., Smith, T.: Estimating vessel payloads in bulk shipping using ais data. Int. J. Shipp. Transp. Logist. 11, 25(2019). https://doi.org/10.1504/IJSTL.2019.096864.

[5] Alizadeh, A., Nomikos, N.: Shipping Derivatives and Risk Management. Palgrave MacMillan(2009).

[6] Adland, R., Bjerknes, F., Herje, C.: Spatial efficiency in the bulk freight market. Marit. Policy Manag. 44 (4), 413-425(2017). https://doi.org/10.1080/03088839.2017.1298864.

[7] Prochazka, V., Adland, R., Wallace, S. W.: The value of foresight in the drybulk freight market. Transp. Res. Part A: Policy Pract. 129, 232-245 (2019). https://doi.org/10.1016/j.tra.2019.07.003. http://www.sciencedirect.com/science/article/pii/S0965856418312497\.

[8] Prochazka, V., Adland, R., Wolff, F. C.: Contracting decisions in the crude oil transportation market: evidence from fixtures matched with ais data. Transp. Res. Part A: Policy Pract. 130, 37-53(2019). https://doi.org/10.1016/j.tra.2019.09.009. http://www.sciencedirect.com/science/article/pii/S0965856418311650.

[9] Adland, R., Jia, H.: Vessel speed analytics using satellite-based ship position data. In: 2016 IEEE International Conference on Industrial Engineering and Engineering Management(IEEM), pp. 1299-1303(2016).

[10] Adland, R., Jia, H.: Dynamic speed choice in bulk shipping. Marit. Econ. Logist. 20(2), 253266(2018). https://doi.org/10.1057/s41278-016-0002-3.

[11] Andrienko, N., Andrienko, G.: Visual analytics of vessel movement. In: Artikis, A., Zissis, D. (eds.) Guide to Maritime Informatics, chap. 5. Springer(2021).

[12] Etienne, L., Ray, C., Camossi, E., Iphar, C.: Maritime data processing in relational databases. In: Artikis, A., Zissis, D. (eds.) Guide to Maritime Informatics, chap. 3. Springer(2021).

[13] Tampakis, P., Sideridis, S., Nikitopoulos, P., Pelekis, N., Theodoridis, Y.: Maritime data analytics. In: Artikis, A., Zissis, D. (eds.) Guide to Maritime Informatics, chap. 4. Springer(2021).

[14] Pitsikalis, M., Artikis, A.: Composite maritime event recognition. In: Artikis, A., Zissis, D. (eds.) Guide to Maritime Informatics, chap. 8. Springer(2021).

[15] Ducruet, C., Berli, J., Spiliopoulos, G., Zissis, D.: Maritime network analysis: Connectivity and spatial distribution. In: Artikis, A., Zissis, D. (eds.) Guide to Maritime Informatics, chap. 10. Springer(2021).

[16] Smith, T., Jalkanen, J., Anderson, B., Corbett, J., Faber, J., Hanayama, S., O'Keeffe, E., Parker, S., Johansson, L., Aldous, L., Raucci, C., Traut, M., Ettinger, S., Nelissen, D., Lee, D., Ng, S., Agrawal, A., Winebrake, J., Hoen, M., Chesworth, S., Pandey, A.: Third IMO Greenhouse Gas Study 2014. International Maritime Organization, United Kingdom(2015).